Edda Vogt & Fabienne Lindner

Investieren mit Weitblick

AF889422

Wir übernehmen Verantwortung! Okologisch und sozial!

- Verzicht auf Plastik: kein Einschweißen der Bücher in Folie
- Nachhaltige Produktion: Verwendung von Papier aus nachhaltig bewirtschafteten Wäldern, PEFC-zertifiziert
- Stärkung des Wirtschaftsstandorts Deutschland: Herstellung und Druck in Deutschland

Edda Vogt & Fabienne Lindner

INVESTIEREN MIT WEITBLICK

Der praktische Finanz- und Börsenratgeber für jede Lebensphase

GABAL

Externe Links wurden bis zum Zeitpunkt der Drucklegung des Buches geprüft. Auf etwaige Änderungen zu einem späteren Zeitpunkt hat der Verlag keinen Einfluss. Eine Haftung des Verlags ist daher ausgeschlossen.

Ein Hinweis zu gendergerechter Sprache: Die Entscheidung, in welcher Form alle Geschlechter angesprochen werden, obliegt den jeweiligen Verfassenden.

Bibliografische Information der Deutschen Nationalbibliothek
Die Deutsche Nationalbibliothek verzeichnet diese Publikation in der Deutschen Nationalbibliografie; detaillierte bibliografische Daten sind im Internet über http://dnb.d-nb.de abrufbar.

ISBN 978-3-96739-228-9

Lektorat: Doreen Fröhlich, Chemnitz
Umschlaggestaltung: Tina Mayer-Lockhoff, Berlin
Autorenfoto: martinjoppen.de
Satz und Layout: Das Herstellungsbüro, Hamburg, www.buch-herstellungsbuero.de
Druck und Bindung: Salzland Druck GmbH & Co. KG, Löbnitzer Weg 10,
D-39418 Staßfurt, vertrieb@salzland-druck.de

Copyright © 2025 GABAL Verlag GmbH, Schumannstraße 155,
D-63069 Offenbach, info@gabal-verlag.de

Alle Rechte vorbehalten. Vervielfältigung, auch auszugsweise, nur mit schriftlicher Genehmigung des Verlags. Der Verlag behält sich das Text- und Data-Mining nach § 44b UrhG vor, was hiermit Dritten ohne Zustimmung des Verlages untersagt ist.

Wir drucken in Deutschland.

www.gabal-verlag.de
www.gabal-magazin.de
www.facebook.com/Gabalbuecher
www.x.com/gabalbuecher
www.instagram.com/gabalbuecher

PEFC/04-31-2251

PEFC-zertifiziert
Dieses Produkt stammt aus nachhaltig bewirtschafteten Wäldern und kontrollierten Quellen
www.pefc.de

Inhalt

Wichtiger Hinweis zum Haftungsausschluss

Die Aussagen in diesem Buch geben die persönlichen Ansichten und Meinungen der Autorinnen wieder und sind weder als Anlageberatung, Anlageempfehlung noch als Rechtsberatung oder Steuerberatung zu verstehen. Investitionen in Aktien, Anleihen, Bankguthaben, Rohstoffe, Kryptowährungen und andere Finanzprodukte sind mit Risiken verbunden. Allgemein bergen Kapitalanlagen Risiken. Die in diesem Buch enthaltenen historischen Daten bieten keine Gewähr für ähnliche Renditen oder Erträge in der Zukunft. Alle in diesem Buch veröffentlichten Aussagen, Ratschläge, Daten und Berechnungen wurden von der Autorin und vom Verlag sorgfältig erwogen und geprüft. Eine Garantie kann jedoch nicht übernommen werden, ebenso ist die Haftung der Autorin bzw. des Verlags und seiner Beauftragten für Personen-, Sach- und Vermögensschäden ausgeschlossen.

»Vermögensaufbau ist kein Sprint«
Vorwort von Christian W. Röhl

@ Studio Monbijou

Über Geld spricht man nicht, Geld hat man – vorzugsweise auf dem Sparbuch oder dem Festgeldkonto. Das war über Jahrzehnte das Credo des deutschen Finanz-Mindsets. Aktien? Im Leben nicht, viel zu riskant, siehe bloß vor 25 Jahren das Debakel um den »Neuen Markt« und die »Volksaktie« Deutsche Telekom.

Erst in den letzten Jahren ist langsam ein neues Bewusstsein gewachsen. Immer mehr Menschen erkennen, dass Börse kein Casino ist und Aktien kein spekulativer Zeitvertreib für reiche Leute – sondern Teilhabe an realen Unternehmen, an Fortschritt, Innovation und wirtschaftlicher Wertschöpfung ermöglicht. Zu diesem Wandel beigetragen haben – neben der Null- und Negativzins-Phase sowie der allgegenwärtigen Diskussion um die demografische Zeitbombe in der gesetzlichen Rente – vor allem drei Faktoren:

- Das Aufkommen börsengehandelter Indexfonds (Exchange Traded Funds), die nach dem Motto »ETF = einfach, transparent, fair« einen effizienten Zugang zu breit gestreuten Aktien-Portfolios eröffnen;
- der Siegeszug digitaler Investment-Plattformen, auf denen auch Neueinsteiger mit wenigen Klicks ein Depot eröffnen und theoretisch schon ab einem Euro pro Monat kostenfreie Wertpapier-Sparpläne starten können; und
- die Graswurzelarbeit vieler seriöser »Finfluencer«, die mit ihren Büchern, Blogs, Podcasts, YouTube-Videos und Social-Media-Kanälen auf erfrischend neue Art und Weise Finanzbildung vermitteln und Menschen motivieren, sich nicht nur abstrakt für Wirtschaft, Geld und Börse zu interessieren, sondern tatsächlich loszulegen und konsequent dabeizubleiben.

Gerade Letzteres – das Durchhalten – ist essenziell. Denn Vermögensaufbau ist nun einmal kein Sprint, sondern ein Marathon. Und wie auf der gut 42 Kilometer langen Laufroute gibt es auch an der Börse immer wieder Durststrecken. So ist der bei ETF-Sparern beliebte MSCI ACWI Index, der über 2.500 Aktien aus 47 Industrie- und Schwellenländern bündelt, zwischen Anfang 2000 und Mitte 2012 selbst inklusive wieder angelegter Netto-Dividenden nur seitwärts gelaufen – und das unter erheblichen Schwankungen.

Heute steht der MSCI ACWI mehr als viermal so hoch wie vor 25 Jahren, und wer ein solches Aktien-Weltportfolio Monat für Monat mit 100 Euro bespart hat, kommt bei Einzahlungen von 30.000 Euro im November 2024 auf einen Depotwert von über 100.000 Euro. Aber erst einmal hatte man zwölf Jahre investiert und per saldo nichts verdient. Wissenschaftliche Studien, wonach globale Aktien im historischen Durchschnitt Jahresrenditen von 8 Prozent abwerfen, wirken in so einer Phase nicht beruhigend, sondern klingen eher wie Hohn.

Damit wir da nicht irgendwann frustriert die Flinte ins Korn werfen, braucht es mehr als Statistiken und Durchhalteparolen: die tief empfundene Überzeugung, dass das Geld langfristig trotzdem gut aufgehoben ist, gepaart mit ein paar psychologischen Kniffen, die das Durchhalten an der Börse genau erleichtern wie der Energieriegel bei Kilometer 15 der Marathonstrecke.

Genau dabei – die eigene Anlagestrategie nicht nur zu entwickeln, sondern so zu durchdringen, dass man Vertrauen und »Comfort« fühlen kann – hilft dieses Buch. Denn die Autorinnen versammeln darin nicht nur profundes Finanzwissen, sondern verweben dieses mit diversen Lebenswirklichkeiten. Und die sind nicht am Reißbrett entstanden, sondern bündeln die Erzählungen von Menschen, die Fabienne Lindner und Edda Vogt in den letzten Jahren in ihren zahlreichen Seminaren und Workshops kennengelernt haben. Sozusagen das Rüstzeug für den Marathon.

Berlin, im November 2024

Christian W. Röhl
Scalable Capital, Chief Economist

An die Börse, fertig, los!
Vorwort der Autorinnen

Du hast keine Lust, dich mit dem Thema Geldanlage zu befassen? Wir wollen dir mit diesem Buch zeigen, dass es sich lohnt, gar nicht so aufwendig ist und Spaß machen kann.

Du hast Lust und auch schon Informationen gesammelt, weißt aber nicht genau, wie du die ersten konkreten Schritte gehen kannst? Wir sind an deiner Seite und helfen dir, motiviert dranzubleiben.

Du hast verstanden, dass du dich um deine Vorsorge selbst kümmern möchtest, stehst noch vor der letzten wirklichen Hürde, tatsächlich aktiv zu werden? Wir zeigen dir praktische Kniffe, mit denen du leichter starten kannst. Dich schrecken vor allem die Risiken am Aktienmarkt ab? Wir zeigen dir, wie sie sich ohne viel Aufwand managen lassen.

Der erste ETF-Sparplan ist bereits angelegt, jetzt willst du etwas mehr für deinen strategischen Vermögensaufbau tun, aber weißt nicht, wo du anfangen sollst? Wir bieten dir einen Einstieg in andere Anlageklassen.

Dir bleibt leider nicht mehr so viel Zeit für deinen Vermögensaufbau, und du möchtest mit kontrollierten Risiken einen Zahn zulegen? Wir stellen dir einige Instrumente und Methoden dafür vor.

Du möchtest dein aufgebautes Vermögen verbrauchen oder bereits jetzt laufend Ausschüttungen bekommen? Dazu gibt es passende Entnahmepläne. Geldanlage ist aus unserer Sicht in jeder Lebensphase und für alle relevant. Viele schrecken vor vermeintlichen Risiken zurück. Gar nichts zu tun birgt aber das größte Risiko. Lass dein Geld für dich arbeiten!

Die eigene Anlagebiografie ist Teil eines selbstbestimmten Lebens. Wir begreifen sie als Reise und wollen dir mit diesem Buch die geeignete Ausstattung mitgeben. Ein Handbuch für viele Stationen auf dieser Reise, das so weit in die Praxis geht wie möglich, mit ganz konkreten Tipps für die einzelnen Abschnitte deines Wegs, Hinweisen an den Abzweigungen und weiterführenden Empfehlungen, wenn du dein Ziel erreicht hast.

Gute Reise wünschen dir
Edda Vogt & Fabienne Lindner!

Liebe Leserin, lieber Leser,

dieses Buch bietet dir einen echten Mehrwert. In den nun folgenden Kapiteln findest du einige Hinweise auf Videos, zu denen du über den hier abgebildeten QR-Code gelangst. Digitale Zusatzinhalte auf dem eCAMPUS des GABAL-Verlags – bestehend aus Videos der Autorinnen mit anschaulich erklärten Tipps, einem weiteren Interview sowie einem Bonuskapitel zum Verkaufen und Verbrauchen Ihrer Anlagen – ergänzen *Investieren mit Weitblick* und ermöglichen dir einen optimalen Umsetzungserfolg. Den eCAMPUS erreichst du, wenn du den folgenden QR-Code scannst:

1. Wieso anlegen?

Das **erste Kapitel** »Wieso anlegen?« will Lust aufs Thema machen. Eine Analyse, wie zum Beispiel von durchschnittlichen langfristigen Renditen verschiedener Anlageklassen, zeigt, weshalb sich die Beschäftigung mit den eigenen Finanzen lohnt. Denn das achte Weltwunder, der Zinseszinseffekt, rentiert sich für alle Investorinnen und Investoren. Dennoch sind viele blockiert, wenn es um das eigene Vermögen geht. Lass uns zunächst einmal die Grundausrüstung deiner Finanzreise anschauen!

- **Weitverbreitete Mythen:** Wir bleiben in den falschen Glaubenssätzen gefangen, zum Beispiel, Geldanlage sei schwierig und zeitaufwendig, oder man müsse reich sein, um in Aktien zu investieren.
- **Was hindert so viele am Einstieg,** und was können wir dagegen machen?
- **Female Finance:** Warum finanzielle Selbstbestimmung für Frauen besonders wichtig ist.
- **Welche psychologischen Hürden** findest du auf deinem Weg des erfolgreichen Vermögensaufbaus?

E-Mail von Katharina

Liebe Edda, liebe Fabienne,

ich bin 38 Jahre alt, arbeite in einem Großkonzern und habe Geld auf der hohen Kante. Ich weiß nicht so genau, wie ich mit dem Investieren anfangen kann und soll. Ich brauche definitiv finanzielle Sicherheit in meinem Leben und habe tierisch Angst, alles zu verlieren. Meine Eltern haben damals Telekom-Aktien gekauft und viel Geld verloren, nun warnen sie mich davor, in den Aktienmarkt einzusteigen. Gleichzeitig erlebe ich aber auch, wie das Portfolio meines Mannes wächst. Er investiert schon lange und hat jetzt auch Bitcoin gekauft. Wo fange ich an? Wie lege ich los?

Danke euch, Katharina

Angesichts der Tatsache, dass in Deutschland und in der Schweiz nur etwa jede fünfte und in Österreich jede dritte Person in Aktien oder Aktienfonds investiert ist, die meisten sich aber der Dringlichkeit der privaten Altersvorsorge bewusst sind, stellen sich viele dieselben Fragen wie Katharina.

1.1 Los geht's: Deine Finanzbiografie ist eine Reise

Deine Finanzbiografie beschreibt die finanzielle Entwicklung über die Lebensjahre hinweg. Sie zeigt, wie Einstellungen und Erfahrungen im Laufe deines Lebens den Umgang mit Geld prägen und wie du dich finanziell entwickelst.

Wenn wir uns mit der eigenen Finanzbiografie befassen, verstehen wir besser, wie wir mit Geld umgehen. Dieses Verständnis ist wichtig für den Vermögensaufbau und ein finanziell selbstbestimmtes Leben. Ein Leben, das wir leben möchten.

Investitionen sind ein wichtiger Teil und das Hauptthema dieses Buches. Dennoch ist es sinnvoll, am Anfang den eigenen Standort zu reflektieren und gängige Glaubenssätze zu hinterfragen.

Frühe Einflüsse: Verstehen wir unsere persönlichen Finanzen als Reise, dann beginnt sie schon in der Kindheit. Die frühen Erfahrungen und das finanzielle »Zuhause«, das Elternhaus, unsere Erziehung und unser soziales Umfeld, welche Werte und Einstellungen sie dir vermittelten, prägen den Umgang mit Geld maßgeblich.

Wichtige Entscheidungen: Im Laufe des Lebens kommen wir immer wieder an Wegmarken, die unserer Geldreise eine neue Richtung geben – sei es die Wahl der Ausbildung, der Eintritt ins Berufsleben, die nächste Stufe auf der Karriereleiter, der Kauf einer Immobilie oder der Beginn des Ruhestands. Diese Weggabelungen bieten uns die Möglichkeit, uns neu zu orientieren und unseren finanziellen Kurs individuell anzupassen. Solche Entscheidungen sind von den jeweiligen Lebensumständen und Zielen beeinflusst. Sie legen die Reiseroute fest, die wir nehmen – manchmal auf der Überholspur, manchmal mit Umwegen.

Einnahmen und Ausgaben: Die Analyse der Einkommensquellen und der Ausgabenmuster bietet tiefere Einblicke in dein finanzielles Verhalten. Dies beinhaltet auch die Sparstrategien, den Umgang mit

Schulden und das Verhältnis zum Risiko. Diese Analyse bestimmt das Tempo deiner Reise.

Einstellungen und Werte: Die persönliche Philosophie zum Thema Geld spielt eine wichtige Rolle. Ob Geld als Mittel zum Glück oder als notwendiges Übel betrachtet wird, beeinflusst deine Lebensqualität und die finanziellen Entscheidungen maßgeblich. Dies ist die Ausdauer, mit der du unterwegs bist, deine Kondition. Wir haben häufig ein negatives Bild von Geld, was Sprichwörter wie »Geld verdirbt den Charakter« auch zum Ausdruck bringen. Wie stark bist du hiervon geprägt worden? Was ist Teil deines persönlichen Mindsets? Und was davon möchtest du loswerden oder positiv umgestalten?

Letztendlich ist unsere Geldreise ein einzigartiges Abenteuer, das uns animiert, immer wieder neue Herausforderungen zu meistern und persönliche Ziele anzupassen. So wie wir bei einer Urlaubsreise neue Länder entdecken, lernen wir in der Beschäftigung mit unserer Finanzbiografie die eigene finanzielle Identität kennen, die unseren Umgang mit Geld unser gesamtes Leben prägt – mit all ihren Stärken, Schwächen und Besonderheiten.

Eine bewusste Reflexion dieser Geldreise und all der mit ihr verbundenen Faktoren kann dir wertvolle Erkenntnisse für die Zukunft liefern.

1.2 Warum es notwendig ist, Vermögen aufzubauen

Ein zentrales Ziel deiner Finanzreise ist der Aufbau von Vermögen.

Vermögen bedeutet (mehr) finanzielle Sicherheit: Ein solides Vermögen dient als Puffer für unvorhersehbare Ereignisse wie Jobverlust, Krankheit oder Notfälle. Es bietet Sicherheit und Unabhängigkeit, sollte das sichere Einkommen einmal wegfallen.

Es bringt mehr Handlungsspielraum für größere Investitionen wie ein neues Auto und weniger Abhängigkeit von Arbeitgebern und Institutionen.

Ein weiteres Ziel kann auch die Weitergabe an andere Generationen sein.

Vor allem ist der Aufbau von Vermögen inzwischen ein notwendiger Bestandteil der eigenen Altersvorsorge, um bis ans Lebensende ausreichend finanziell ausgestattet zu sein. Das eigene finanzielle Polster gilt als dritte Säule zur gesetzlichen Altersvorsorge und einer möglichen Betriebsrente. Für viele ist es die einzige Säule.

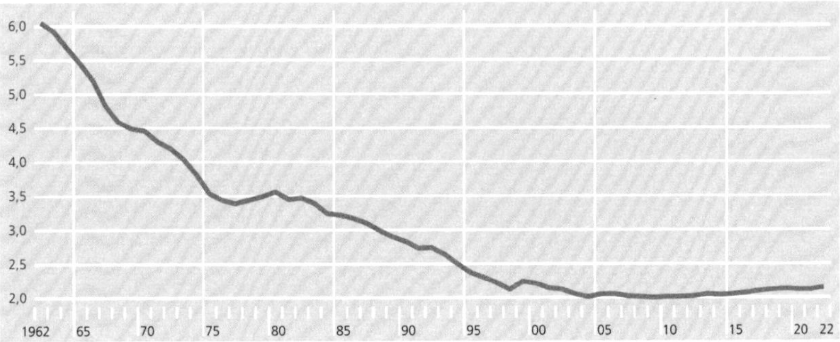

Bild 1: Aktuell stehen einer Person in Rente rund zwei Personen gegenüber, die einzahlen. Anfang der 1960er-Jahre waren es noch sechs Erwerbspersonen. Quelle: Deutsche Bundesbank.

1.3 Hindernisse, die uns im Weg stehen

Nur gut 17 Prozent der Deutschen investieren am Kapitalmarkt, also noch nicht einmal jeder oder jede Fünfte. Der Anteil der Frauen ist noch niedriger, lediglich rund ein Drittel der in Aktien- oder Aktienfonds engagierten Personen sind Frauen, noch nicht einmal jede zehnte in Deutschland lebende Frau.[1] In der Schweiz sind die Zahlen ähnlich, in Österreich halten immerhin 36 Prozent der Männer und 20 Prozent der Frauen Aktien.[2]

Diese Bilanz ist jedoch deutlich besser als noch vor wenigen Jahren. 2014 waren es noch weniger als 9 Prozent in Deutschland beziehungsweise 6 Prozent in Österreich. Gleichzeitig ist heute noch immer sehr viel Luft nach oben.

☺ Funfact: Aktienkultur

»Männer jagen, Frauen sammeln«, heißt es so schön. In der Corona-Pandemie gab es zwar mehr Aktivität in Sachen Geldanlage, doch sprechen die Zahlen des Deutschen Aktieninstituts DAI für sich. Das

Plus bei Männern betrug 2020 2,1 Millionen, bei Frauen waren es etwa 650.000 Neuinvestorinnen.[3]

Einer der Gründe liegt sicherlich an der insgesamt funktionierenden sozialen Absicherung und dem bis vor kurzer Zeit noch gut ausgestatteten Rentensystem. Der Ökonom Eric Böss nannte beim Frankfurter ETF-Forum im Herbst 2024 Otto von Bismarck als Hauptverursacher der Abwesenheit von deutschen Privatanlegerinnen und -anlegern am Kapitalmarkt. Und zwar deshalb, weil der 1891 das Rentensystem eingeführt hat.

Deep Dive: Rentensystem

Dabei unterschied sich das ursprüngliche Rentensystem deutlich vom heutigen. Die Altersgrenze, um Rente beziehen zu können, lag Ende des 19. Jahrhunderts bei 70 Jahren, für viele Menschen damals unerreichbar. In Österreich steht die Finanzierung der staatlichen Altersvorsorge auf solideren Beinen, da viel mehr Gruppen ins Umlageverfahren mit einbezogen werden, auch Beamte und Selbstständige. Das System in der Schweiz ist ebenfalls deutlich besser finanziert, weil die zweite und dritte Säule frühzeitig ausgebaut worden sind. Das deutsche Rentensystem in seiner heutigen Form zeigt inzwischen seine Schwächen, die erste und zweite Nachkriegsgeneration kann es gut tragen.

Glaubenssätze

Neben der Tatsache, dass es viele (noch) nicht als notwendig ansehen, sich mit ihrer finanziellen Zukunft intensiver zu befassen, empfinden die meisten Finanzthemen als eher unangenehm und belastend.

Tief verankerte Glaubenssätze erschweren unseren Umgang mit Geld und Geldanlage. Es ist wichtig, solche irrationalen Überzeugungen zu erkennen und gezielt anzugehen. Nur so können wir unsere Geldreise von negativen Prägungen befreien und einen selbstbestimmten Umgang mit Finanzen entwickeln.

Nimm dir bitte einen Moment Zeit und hör in dich hinein, welchen dieser Mythen – oder auch anderen, die wir nicht genannt haben – du noch nachhängst.

»Über Geld spricht man nicht«

Innerhalb von Beziehungen sprechen wir seltener über das Finanzielle als über unsere sexuellen Vorlieben, und beides tun wir nicht besonders gerne. Auch im Austausch mit Bekannten sind Finanzthemen noch unpopulärer als Gespräche über Sex.[4]

Das hat vor allem kulturelle Gründe:

- Allgemein ist es verpönt, offen über die eigenen Finanzen oder die des Gegenübers zu sprechen. Geld wird als Privatsache betrachtet.
- Bescheidenheit wird als Tugend gewertet, Prahlerei verachtet. Über Geld zu reden könnte als Angeberei empfunden werden.
- Menschen neigen dazu, sich auch finanziell mit anderen zu vergleichen. Viele vermeiden Offenheit über ihr Einkommen oder Vermögen auch deswegen, um keinen Neid zu erregen.
- Wohlhabende Personen legen großen Wert auf Diskretion, um ihre Privatsphäre zu schützen.
- Menschen mit finanziellen Schwierigkeiten thematisieren Geld ungern, oft aus Scham oder dem Gefühl, versagt zu haben.
- Die gute Nachricht ist der Generationenunterschied: Jüngere Menschen sprechen tendenziell mehr und direkter über Geld, was auf einen Wandel in der Gesellschaft hindeutet.

Was kann es uns bringen, offener mit Finanzthemen umzugehen? In Kürze: Der Austausch mit anderen verhilft zu einer besseren Finanzbildung, bringt Transparenz in Beziehungen und erleichtert das Erreichen finanzieller Ziele.

Wir können voneinander lernen, wie wir besser sparen oder investieren. Uns gegenseitig helfen, finanzielle Schwierigkeiten früher zu erkennen und in Angriff zu nehmen. Eltern und andere Bezugspersonen können durch offene Gespräche über Geld schon Kindern wichtige finanzielle Konzepte und Strategien vermitteln.

Info-Tipp: Community

Wenn dein Umfeld, Freunde und Familie so gar keine Lust auf Finanzthemen haben und die beste Freundin genervt auf die nächste Anlageidee reagiert: Such dir Börsenfreunde. In den meisten großen Städten gibt es Börsenstammtische und regelmäßige Börsentage.

Online steht eine Vielzahl von Foren und Diskussionsgruppen zur Verfügung:

- Die Website 4investors.de listet Börsenstammtische in vielen deutschen Städten inklusive Kontaktdaten auf.[5]
- Eine große Community für Frauen unter dem Label ›Madame Moneypenny‹ organisiert dezentral an vielen Orten regelmäßige Treffen, Meet-ups genannt. Termine findest du auf der Website madamemoneypenny.de oder über Facebook.
- Auch andere Social-Media-Netzwerke wie Reddit oder Discord haben eine über Anlagethemen diskutierende Community, die sich teilweise auch offline trifft.

»Ich muss reich sein, um Aktien kaufen zu können«

Dieser Glaubenssatz ist eine weitverbreitete, aber falsche Annahme. Lass ihn uns etwas genauer betrachten:

Früher war der Einstieg an den Aktienmärkten tatsächlich eher Besserverdienenden vorbehalten, da auch die Kaufnebenkosten deutlich höher ausfielen. Heute jedoch bieten viele Depotbanken die Möglichkeit, schon mit kleinen Summen anzufangen. Käufe und Verkäufe sind günstig geworden und lassen sich ebenso schnell wie einfach erledigen.

Bruchstückaktien erleichtern den Einstieg

Etliche Depotbanken bieten inzwischen den Kauf von Bruchstücken der Aktien an, auf Englisch Fractions. Man kann also bereits Teile einer Aktie mit einem hohen Börsenpreis erwerben und muss nicht den vollen Kaufpreis aufbringen.

Indexfonds senken die Einstiegshürde

Exchange Traded Funds (ETFs) sind breit gestreute Indexfonds, die es ermöglichen, mit geringen Summen günstig in den Aktienmarkt zu investieren. Sie gelten als ein Instrument, das geholfen hat, die börsliche Geldanlage zu demokratisieren (↪ Kapitel 7).

Regelmäßiges Sparen am Kapitalmarkt ist entscheidend

Viel wichtiger als ein hohes Anfangskapital ist es, kontinuierlich kleine Beträge in Aktien oder Aktienfonds zu investieren. Denn nur so lässt sich über die Zeit ein Vermögen aufbauen. Das Zaubermittel heißt Zinseszinseffekt. Selbst überschaubare, regelmäßige Investitionen können langfristig beträchtliche Summen ergeben.

ETF-Sparpläne bündeln diese Vorteile beim Vermögensaufbau mit wenig Geld

Fazit: Der Glaube, man müsse reich sein, um in Aktien investieren zu können, ist veraltet. Moderne Finanzinstrumente und Anlagemöglichkeiten machen es möglich, mit kleinen Budgets vom Aktienmarkt zu profitieren. Entscheidend ist der regelmäßige, disziplinierte Vermögensaufbau über einen langen Zeitraum – und das gelingt mit Sparplänen (↪ Kapitel 7.1).

»Ich muss mich richtig gut auskennen, wenn ich an der Börse aktiv sein will«

Dieser Glaubenssatz gehört zu den gängigen Mythen, die viele davon abhalten, aktiv an den Finanzmärkten zu investieren.

Wenn es um die Auswahl einzelner Aktien geht, das Stock-Picking, ist das richtig. Du solltest nur in einzelne Unternehmen investieren, mit denen du dich befasst hast und deren Geschäftsmodell du verstehst. Das Gleiche gilt für Trendthemen und Branchen.

Instrumente wie Fonds und ganz besonders die bereits erwähnten ETFs ermöglichen es dir hingegen, an der Börse erfolgreich zu sein, ohne dich perfekt auszukennen.

Breite Diversifikation ist wichtiger als die Auswahl einzelner Wertpapiere

Durch Investition in breit gestreute Aktienfonds kann man von der Gesamtentwicklung der Aktienmärkte profitieren, ohne jedes Unternehmen im Detail zu kennen.

Emotion und Disziplin sind wichtiger als Expertenwissen

Oft ist es die Beherrschung der eigenen Psyche, die den Unterschied zwischen Erfolg und Misserfolg an der Börse ausmacht – und das umfasst deutlich mehr als tiefes Fachwissen.

Kontinuierliches Lernen steigert den Erfolg

Du musst nicht von Anfang an alles über Finanzmärkte wissen. Durch stetige Entwicklung und Weiterbildung kannst du deine Kenntnisse sukzessive ausbauen. Auch dein Verhältnis zum Risiko wird sich im Verlauf deiner Geldreise verändern.

Zusammengefasst lässt sich sagen: Umfangreiches Expertenwissen ist für den Einstieg an der Börse nicht zwingend erforderlich. Wichtiger sind die richtige Einstellung, Disziplin und ein langfristiger, diversifizierter Investmentansatz. Und natürlich fundierte Informationsquellen.

»Die Börse ist ein Casino«

Dieser Glaubenssatz spiegelt die zentrale Angst vieler vor einem Engagement am Kapitalmarkt wider. Er bezieht sich auf die Risiken, die durch Kursschwankungen und Entwicklungen in den Unternehmen entstehen.

Diese Risiken bestehen natürlich. Aber betrachten wir es einmal so: Die höhere Rendite einer Aktie gegenüber dem Sparbuch ist die Bezahlung für das Risiko, das wir mit dem Kauf eingehen. Risiko und Chance sind an der Börse stets zwei Seiten der gleichen Medaille.

Deswegen geht es bei der langfristigen Geldanlage nicht um die Maximierung des Gewinns, sondern um das Managen der Risiken. Dieses Thema ist so wichtig, dass es sich wie ein roter Faden durch das ganze Buch zieht. An dieser Stelle reicht das Fazit: Wer langfristig orientiert und breit gestreut investiert, kann mit den Risiken umgehen und bekommt im Gegenzug eine höhere Rendite.

Stichwort Spekulation: Kurzfristige, taktische Wertpapiergeschäfte mit dem Ziel, spekulative Gewinne zu erzielen, helfen auch langfristig orientierten Anlegerinnen und Anlegern. Sie machen Wertpapiere handelbarer, was die Transaktionspreise senkt und damit deine Rendite steigert. Auf die Unterschiede zwischen strategischer und taktischer Anlage sowie die Bedeutung der Kosten gehen wir in ↪ Kapitel 8 ausführlicher ein.

»Ich muss mich ständig damit beschäftigen«

Viele haben das Bild eines Profis im strengen Anzug vor Augen, der mehrmals täglich auf seine Börsen-App schaut, die Kurse checkt und zu nichts anderem mehr kommt. Und wie die anderen Glaubenssätze zuvor stimmt auch dieser beim langfristigen Vermögensaufbau nicht.

Richtig ist vielmehr: **Zu viel Aktivität schadet der Rendite sogar!**

Studien[6] zeigen, dass Anlegerinnen und Anleger, die ihr Portfolio zu oft umschichten, also häufiger verkaufen und kaufen, in der Regel schlechtere Ergebnisse erzielen als jene, die »buy and hold« investieren, also kaufen und einfach halten. Transaktionskosten und Steuern zehren an der Performance (↪ Kapitel 8).

Emotionale Kontrolle ist wichtiger als Aktionismus

Oft sind es die Beherrschung der eigenen Psyche und die Disziplin, Ruhe zu bewahren, die über Erfolg oder Misserfolg an den Finanzmärkten entscheiden – mehr als ständige Aktivität.

Regelmäßige Überprüfung reicht

Statt sich täglich mit den Kursentwicklungen zu beschäftigen, genügt es in der Regel, das Portfolio vierteljährlich oder halbjährlich zu überprüfen und gegebenenfalls anzupassen.

Digitale Tools erleichtern das Monitoring

Moderne Finanz-Apps und Online-Konten ermöglichen ein bequemes und wenig zeitintensives Management der eigenen Anlagen.

Zusammengefasst lässt sich sagen: Ständige Beschäftigung mit der Geldanlage ist weder notwendig noch zielführend. Wichtiger sind eine langfristige, disziplinierte Herangehensweise und die Kontrolle der eigenen Emotionen, nicht permanentes Handeln.

Tipp für Faule: Portfolio-Check

Für ganz Bequeme ist es ausreichend, in einen Portfolio-ETF (↪ Kapitel 7) zu investieren und nur regelmäßig zu überprüfen, ob der zeitliche Horizont und die Produktauswahl meiner Anlagestrategie noch stimmt. In einem ruhigen, steigenden Aktienmarkt wie 2009 bis Anfang 2020 und ohne Veränderung der eigenen persönlichen Umstände ist dieser Check alle paar Jahre ausreichend. Ansonsten ist einmal jährlich in Zeiten wie diesen durchaus genug. Vorausgesetzt, die eigene Planung und grundlegende Rahmenbedingungen wie der Wechsel von einer Nullzins- in eine Hochzinsphase ändern sich nicht.

◘ Gastbeitrag von Dr. Birgit Happel

Female Finance – Mehr als nur Geldanlage. Warum finanzielle Selbstbestimmung für Frauen so wichtig ist

@ Alexandria Singer

In einer Welt, die Frauen nach wie vor mit finanziellen Ungleichheiten konfrontiert, ist es essenziell, dass sie ihre wirtschaftliche Zukunft selbstbewusst in die Hand nehmen. Finanzielle Entscheidungen bringen für Frauen besondere Herausforderungen mit sich, die weit über reine Anlagefragen hinausgehen. Diese Hürden sind tief in gesellschaftlichen Normen und Strukturen verwurzelt, beeinflussen die Verteilung unbezahlter Care-Arbeit und prägen die Spar- und Anlagegewohnheiten. Nicht selten gehen Frauen Finanzthemen daher lieber aus dem Weg und schieben sie auf.

»Ich bin jung, ich geb's einfach aus.«

»Finanzen interessieren mich ehrlich gesagt nicht so.«

»Für die Geldanlage habe ich überhaupt kein Geld übrig.«

»Börse ist für mich ein Buch mit sieben Siegeln, dafür habe ich keine Zeit.«

Doch das Bewusstsein für die Anforderungen und die Zuversicht, sie anzugehen, öffnen neue Wege zu finanzieller Unabhängigkeit und Selbstbestimmung. Ein genauer Blick auf die Wechselwirkungen zwischen Finanz- und Lebensentscheidungen zeigt, warum Frauen oft größere Hindernisse überwinden müssen, um finanzielle Sicherheit zu erreichen. Lohnlücke, Gender Lifetime Earnings Gap – die Verdienstlücke über das gesamte Erwerbsleben hinweg –, Gender Investment Gap – weniger Anlagetätigkeit –, Vermögenslücke oder die Rentenlücke sind wichtige Indikatoren der unvollendeten Gleichstellung im deutschsprachigen Raum. Auch der Gender Confidence Gap – geringere

Selbstbehauptung – und der Gender Care Gap – ungleiche Verteilung nicht entlohnter Sorgearbeit – spiegeln eine nach wie vor traditionelle Rollenverteilung wider und verdeutlichen die Kraft gesellschaftlicher Stereotype. Um finanziell selbstbestimmt zu sein, ist es für Frauen entscheidend, eine langfristige Perspektive einzunehmen und ihre Lebens- und Finanzplanung vorausschauend zu gestalten.

Besondere Hürden bei der Geldanlage

Frauen stehen bei der Geldanlage vor spezifischen Barrieren. Rollenbilder, Zuschreibungen und ein geringeres finanzielles Selbstvertrauen führen dazu, dass sie in Bezug auf Finanzdienstleistungen unsicherer sind und weniger investieren, obwohl sie im Vergleich zu Männern oft bessere Spargewohnheiten haben. Doch auch wenn ihre Sparbereitschaft hoch ist, so wird ihre Sparfähigkeit eingeschränkt. Der Gender Pay Gap liegt unverändert bei 18 Prozent, die Teilzeitquote von Frauen bei knapp 50 Prozent, von Müttern bei rund 66 Prozent[7]. Wer geringere finanzielle Spielräume hat, ist weniger in der Lage, zu investieren, was sich selbstredend auch langfristig auswirkt, etwa auf den Aufbau der privaten Altersvorsorge. Daher ist es ratsam, den Vermögensaufbau strategisch zu planen.

Einfluss traditioneller Rollenbilder

Während Frauen oft die Verantwortung für das alltägliche Finanzmanagement in Haushalten übernehmen, scheuen sie sich nicht selten davor, langfristige Finanzentscheidungen zu treffen. Über Generationen hinweg wurden Frauen in die Rolle der Fürsorgerin gedrängt: verantwortlich für die alltäglichen Geldfragen, aber zurückhaltend, wenn es um Investments und langfristige Finanzplanung ging. »Finanzen delegiere ich lieber«, »Frauen und Finanzen, ist das nicht ein Widerspruch in sich?« Jahrzehntelang war es nicht unüblich, dass Frauen mit vermeintlich fehlendem Finanzwissen und ihrer Abneigung gegenüber dem Thema kokettierten. Noch immer ist es in vielen Familien Alltag, dass Frauen die Verantwortung für die Finanzen an ihre Partner abgeben.

Die Vermächtnis-Studie der ZEIT von 2023 zeigt, dass Frauen für 18 von 21 Verantwortungsbereichen im Alltag zuständig sind, während

Männer lediglich drei Bereiche abdecken, darunter Reparaturen, Handwerker und ausgerechnet Finanzen.[8] Die Alltagorganisation und die mentale Belastung betreffen gerade Frauen mit Familienverantwortung besonders stark. Es ist nachvollziehbar, dass sich viele Mütter in ihrer wertvollen freien Zeit nicht in Themen einarbeiten möchten, die sie als trocken, kompliziert oder anstrengend empfinden. Laut einer Studie der Bankenverbands, beschäftigt sich lediglich ein Drittel der Frauen regelmäßig mit der Verwaltung und Planung ihrer Finanzen.[9]

Diese Unsicherheiten sind Ausdruck einer strukturellen Benachteiligung, die in der Geldbiografie®[10] vieler Frauen verankert ist. Das Verständnis von Finanzen, geprägt durch die persönlichen Lebensgeschichten und gesellschaftliche Erwartungen, beeinflusst maßgeblich, wie Frauen mit Geld umgehen. Die Konsequenzen mangelnder finanzieller Eigenständigkeit können gravierend sein, insbesondere wenn das Leben unerwartete Wendungen nimmt, sei es durch das Ende einer Partnerschaft, Arbeitslosigkeit oder gesundheitliche Probleme. Eine solide finanzielle Absicherung ist daher unverzichtbar, um die persönliche Zukunft erfolgreich zu gestalten.

Geldbiografie: Das Zusammenspiel von Geld und Werten

Das Konzept der Geldbiografie, das ich im Rahmen meiner Dissertation biografieanalytisch entwickelt habe, beleuchtet, wie sich persönliche Werte und Einstellungen im Umgang mit Geld über die Jahre formen, auch durch gesellschaftliche und partnerschaftliche Machtverhältnisse.[11] Es zeigt, wie eng Lebens- und Finanzentscheidungen miteinander verwoben sind, und verleiht Geld dadurch die Rolle eines Co-Autors unserer Lebensgeschichte. Insbesondere den Risiken und Opportunitätskosten von Mutterschaft sollten Frauen mit Augenmerk begegnen.[12] Dabei ermöglicht es das Erkunden der eigenen Geldbiografie, finanzielle Prägungen besser zu verstehen, persönliche Muster zu erkennen und bewusster mit Geld umzugehen.

Der Weg zur finanziellen Selbstbestimmung

Um finanzielle Ungleichheit zu überwinden, sind Politik und Unternehmen gefordert, die strukturellen Rahmenbedingungen zu verbessern.

Gleichzeitig ist es für Frauen entscheidend, ihre Zurückhaltung beim Geld abzulegen. Finanzbildungskampagnen sollten geschlechterspezifische Herausforderungen adressieren und das Bewusstsein dafür schärfen, wie eng Erwerbs-, Care- und Geldbiografien miteinander verknüpft sind. Sie können Frauen dazu ermutigen, ihre finanzielle Zukunft aktiv in die Hand zu nehmen, um den weitreichenden Gender Gaps zu begegnen.

Hüten sollten Frauen sich vor überzogenen Renditeversprechen und (Bildungs-)Angeboten, deren Geschäftsmodelle und Qualitätskriterien nicht transparent sind – vor allem, wenn sie später mit dem Vermögensaufbau starten und unter dem Druck stehen, verlorene Jahre aufzuholen.

Der Kapitalmarkt eröffnet Frauen die Chance, früh und mit kleinen Beträgen einzusteigen. Anders als etwa Immobilieninvestments ermöglicht es der Zugang zur Börse, schon in jungen Jahren Vermögen aufzubauen und finanzielle Stärke zu gewinnen.

Let's close the Gender Gaps

Finanzielle Selbstbestimmung von Frauen ist weit mehr als eine persönliche Entscheidung – sie ist ein Schlüssel zu gesellschaftlichem Wandel. Echte Gleichstellung wird greifbar, wenn die Barrieren fallen, die Frauen daran hindern, ihre persönlichen und finanziellen Ziele gleichermaßen zu verfolgen. Der Einblick in die Geldbiografie schafft eine Grundlage für langfristiges finanzielles Wohlergehen.

Indem Frauen lernen, ihr Geld strategisch und souverän zu verwalten, steigern sie nicht nur ihre eigene Lebensqualität, sondern setzen zugleich ein Zeichen für Geschlechtergerechtigkeit.

Birgit Happel ist Inhaberin von Geldbiografien® und Finanzbiografien. Sie setzt sich seit vielen Jahren für die wirtschaftliche Eigenständigkeit von Frauen und die Aufwertung der Carearbeit ein.

1.4 Wieso Anlegen besser ist als sparen

Mehr Rendite

Wenn man einige Regeln beachtet, bringt Investieren am Kapitalmarkt durchschnittlich deutlich mehr Rendite als Sparen.

Die Rendite ist der Gewinn nach allen Kosten. Sie wird meist in Prozent pro Jahr ausgedrückt. Ein Engagement in den deutschen Aktienmarkt hat in den vergangenen zehn Jahren 6,7 Prozent[13] Rendite pro Jahr erwirtschaftet, ein Sparbuch im besten Fall 1 Prozent und das Geld auf dem Girokonto 0 Prozent.

Der stärkste Hebel ist der Zinseffekt

Zeit ist dabei dein wertvollstes Gut. Denn so richtig Spaß macht diese einfache Rendite-Mathematik erst, wenn wir den Zinseszins einbeziehen.

»Der Zinseszins ist das achte Weltwunder. Wer ihn versteht, verdient ihn; wer ihn nicht versteht, zahlt ihn.« Dieses Zitat von Albert Einstein bringt die immense Bedeutung des Zinseszinses für den Vermögensaufbau und die Notwendigkeit, dieses Konzept zu verstehen, auf den Punkt.

😩 Not-so-fun-Fact: Exponentielles Wachstum

Exponentielles Wachstum zu verstehen ist nicht ganz einfach. Doch erinnern wir uns an Corona und wie schnell die Infektionszahlen plötzlich angestiegen sind, können wir Albert Einsteins Vergleich besser nachvollziehen. Auch das war von den meisten nicht erwartetes exponentielles Wachstum.

Dabei gilt das Wort Zins für alle Formen der Rendite, für Zinsen ebenso wie für ausgeschüttete Unternehmensgewinne, die Dividenden oder Kursgewinne. Zinseszins beschreibt die zusätzliche Rendite durch bereits erwirtschafteten Gewinn. Sie führt zu einem exponentiellen Wachstum des Vermögens entlang des Zeitstrahls. Der englische Begriff »Compounding« wird der Kraft dieses Instruments für den Vermögensaufbau gerechter.

Der Zinseszins ist entscheidend für langfristige Anlagestrategien. Je länger dein Kapital investiert ist, desto stärker entfaltet sich der Effekt. Wer früh und kontinuierlich investiert, maximiert die Vorteile.

Kurzum: Der Vermögensaufbau gelingt:

- mit langfristigen, kontinuierlichen Investitionen in renditestarke Anlageklassen am Kapitalmarkt und
- bei Wiederanlage ausgeschütteter Gewinne wie Dividenden oder Zinsen.

Die durchschnittliche Kapitalmarktrendite stellt bereits ein leistungsfähiges Instrument für den Vermögensaufbau dar, wenn Anlegerinnen und Anleger bereit sind, langfristig zu investieren.

Um exponentielles Wachstum besser verstehen zu können, ein Bild dazu. Das ist aus 10.000 Euro geworden, die 30 Jahre im weltweiten Aktienmarkt investiert waren:[14]

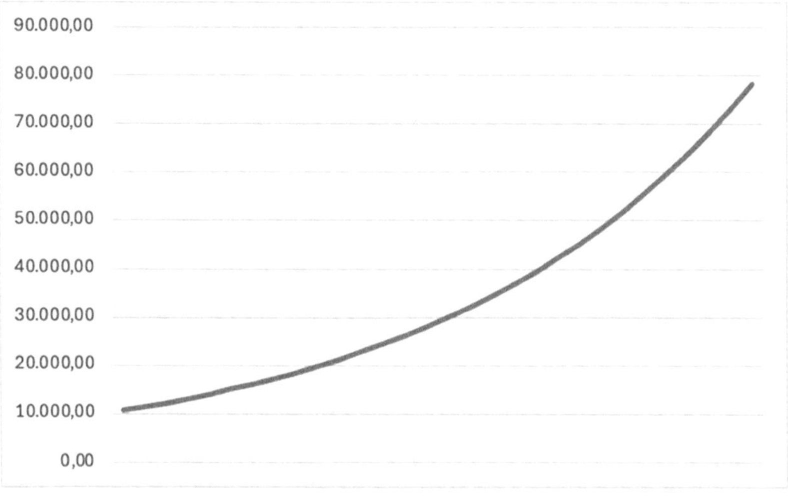

Bild 2: Darstellung von exponentiellem Wachstum.

Eindrücklich wird der Zinseszinseffekt durch die 72er-Regel. Mit dieser einfachen Faustformel lässt sich schnell abschätzen, wie lange es dauert, bis sich investiertes Kapital verdoppelt.[15]

Die Grundformel lautet: **72 / Jahresrendite = Dauer der Verdopplung in Jahren**. Teilt einfach die Zahl 72 durch den jährlichen Zinssatz oder die erwartete Rendite in Prozent. Das Ergebnis gibt näherungsweise die Anzahl der Jahre an, die es dauert, bis sich das investierte Kapital verdoppelt hat.

◘ Gastbeitrag von Kamila Duraj und Prof. Christine Laudenbach

Der Weg zum Aktienmarkt – Was hält uns zurück, und was können wir tun?

@ Duraj: privat

@ Laudenbach: martinjoppen.de

Wissen wir, was wir (nicht) wissen? Für viele von uns hat der Aktienmarkt immer noch etwas Abschreckendes. Dabei ist gerade das langfristige Investieren ein effektiver Weg, Vermögen aufzubauen. Nicht ohne Grund werden aktuell politisch die Einführung eines Altersvorsorgedepots und das Börsen-Kinderstartgeld diskutiert.

In zwei aktuellen Studien haben wir Menschen in Deutschland – mit und ohne Aktienerfahrung – gefragt, was sie zurückhält, was sie spannend oder beängstigend finden und welche Schritte einige von ihnen unternommen haben, um Hürden zu überwinden und Aktionärinnen und Aktionäre zu werden.[16]

Die Hürden: Warum schrecken wir vor Aktien zurück?

»Ich habe keine Ahnung, wie Aktien funktionieren. Da lasse ich lieber die Finger davon.«

Ein zentrales Hindernis ist das gefühlt fehlende Wissen. Viele von uns verstehen nicht genau, wie der Aktienmarkt funktioniert und glauben, dass ein immenses Wissen nicht nur über die Funktionsweise per se, sondern auch über die einzelnen Firmen, deren Aktien man direkt oder über »Aktienbündel« (Fonds oder ETFs) kauft, notwendig ist. Mit diesem Wissen, so glauben sie, kann man dann zwischen guten und schlechten Aktien unterscheiden, Verluste reduzieren und Kurse vorhersagen. Letzteres gelingt in der Regel allerdings nicht einmal den Profis.

Dazu kommt die Vorstellung, das Depot ständig überprüfen zu müssen, was einen enormen mentalen und zeitlichen Aufwand erfordert. Während bei manchen zudem immer noch das Stereotyp existiert, dass Aktien etwas für Reiche sind, scheint zumindest diese Wahrnehmung in der Gen Z aufzubrechen – hier ist die Aktienmarktteilnahme so hoch wie nie, fast zweimal so hoch wie im Bundesdurchschnitt –, allerdings ist der Anteil der investierenden Männer immer noch doppelt so hoch wie der der Frauen. Gerade Frauen haben häufig das Gefühl, dass ihr Wissen noch nicht ausreichend ist, um mit dem Anlegen zu beginnen.

Wie wurden Sparende zu Anlegenden?

Wenn man Menschen, die kürzlich zu Anlegenden wurden, fragt, wie es dazu kam, zeigt sich deutlich der Einfluss des sozialen Umfelds – Freundeskreis und Familie spielen bei Jung und Alt eine wichtige Rolle. Erschreckenderweise kennen aber 55 Prozent der Nicht-Investierenden keine Person, die am Aktienmarkt Geld anlegt. Bei Menschen mit niedriger Bildung ist dieser Anteil noch höher – er liegt bei rund 70 Prozent. Wir lernen aus Erfahrung – der fehlende Zugang zu den Erfahrungen anderer schränkt den Zugang dieser Gruppe zum Aktienmarkt maßgeblich ein. Personen, die keine Vorbilder haben, fühlen sich häufig weniger ermutigt, selbst zu investieren, da ihnen der Zugang zu Wissen und Begleitung in einem vertrauensvollen Umfeld fehlt.

Aber gibt es dafür nicht Experten?

Viele von uns misstrauen Banken und Finanzdienstleistern. Wir befürchten, nicht selten zu Recht, undurchsichtige Kostenstrukturen oder unklare Geschäftsbedingungen. Viele informieren sich über soziale Medien, in denen es durchaus auch tolle Angebote gibt, können aber diese schwer aus der Unmenge an Möglichkeiten herausfiltern – und halten es dann wie der Vogel Strauß, der den Kopf in den Sand steckt.

Was müssen wir denn letztendlich tun und wissen?

Hier gibt es keine Antwort, die für jede Person gleichermaßen gilt – es ist unsere Zukunft, es sind unsere unterschiedlichen Lebensrealitäten, mit denen wir uns auseinandersetzen müssen. Die gute Nachricht ist – wir müssen keine Bilanzen lesen, wir müssen nicht täglich unser Portfolio beobachten, und wir müssen nicht alle volkswirtschaftlichen Zusammenhänge verstehen, um mithilfe des Kapitalmarkts für unser Alter vorzusorgen. Wir können klein anfangen, ein Gefühl für unsere Risikoeinstellung bekommen, Bücher wie dieses lesen, unseren Kindern früh den Zugang zu einem Kinderdepot ermöglichen und selbst Erfahrungen durch learning by doing sammeln. Wir können in breit gestreute Anlageformen zu günstigen Kosten ETFs anlegen, ohne jedes einzelne Unternehmen darin zu kennen. Wir können uns entscheiden, mit unserem Umfeld mehr über Geld zu sprechen, und gemeinsam anfangen.

Christine Laudenbach ist Professorin für Finanzwirtschaft an der Goethe-Universität Frankfurt und leitet die Abteilung »Household Finance« am Leibniz-Institut für Finanzmarktforschung (SAFE). In ihrer Forschung beschäftigt sie sich mit der Frage, wie Entscheidungen privater Haushalte durch finanzielle Bildung, Finanzberatung oder innovative Instrumente zur Selbsthilfe beeinflusst und verbessert werden können.

Kamila Duraj ist Doktorandin an der Goethe-Universität Frankfurt und wissenschaftliche Mitarbeiterin im Bereich »Household Finance« am Leibniz-Institut für Finanzmarktforschung (SAFE). In ihrer Forschung widmet sie sich unter anderem der Teilnahme an Finanzmärkten und finanzieller Bildung.

Video: »Der Weg zum Aktienmarkt«

Scanne den QR-Code auf Seite 12 und sieh dir das ganze Interview von Fabienne Lindner mit Christine Laudenbach an, in dem sie erklärt, was uns von einem Investment abhält und was wir tun können, um diese Hürden zu überwinden.

Von Sachbüchern bis Finfluencern – gute Quellen für Finanzinformationen

Dass Finanzbildung in Deutschland oft als mangelhaft bezeichnet wird, liegt sicher nicht am Angebot an Informationen, denn das ist sehr üppig. Fachbücher, Broschüren der Banken und Börsen, Podcasts, Videokanäle auf YouTube, Trading-Coaches, Börsenbriefe und kostenpflichtige Communitys bis hin zu dem recht neuen Phänomen der Finfluencer*innen – Menschen mit großer Reichweite in den sozialen Netzwerken. Nicht alles davon ist seriös und inhaltlich solide. Es ist schwierig, einen Überblick zu geben, der Bestand hat. In diesem Buch stellen wir an verschiedenen Stellen passende Informationsangebote vor.

Praktisch ist eine Checkliste, wie du selbst bewerten kannst, ob eine Quelle zuverlässig sein könnte.

Um seriöse Finanzinformationen zu erkennen, achte am besten auf diese Punkte:

Cui bono – Wem zum Vorteil?

Was hat diese Person, dieses Unternehmen oder Finanzportal davon, mir dieses Tool zu bieten oder jene Empfehlung zu machen? Bankberatung verdient oft an einer Provision, Finanzportale an Werbung – wichtig ist, dass dieser Zusammenhang zwischen Einnahmen und Inhalt gekennzeichnet wird.

Quelle prüfen

Seriöse Finanzinformationen von etablierten und anerkannten Quellen wie renommierten Finanzportalen, öffentlich-rechtlichen Medien, Wirtschaftszeitungen oder offiziellen Institutionen sind leichter einzuordnen. Dazu gehören auch Vergleichsportale wie *Finanztip* und *Finanztest*, das Magazin der Stiftung Warentest. Auch die Börsen bieten neutrale Informationen. Achte auf ein vollständiges Impressum auf der Website oder in den Profilen auf sozialen Netzwerken.

Vergleiche immer mehrere Quellen zu einer bestimmten Information, einer Einschätzung, Kennzahl oder einer Nachricht, bevor du eine Anlageentscheidung umsetzt.

Überzogen hohe oder garantierte Renditen sind ein Warnsignal. Seriöse Angebote machen keine unrealistischen Versprechungen. Bei Versprechen wie »In 90 Tagen zur ersten Million. Kursrakete! Diese Aktie ist um 300 Prozent gestiegen, der Durchbruch läuft. Der nächste

Tenbagger, der sich schnell verzehnfachen wird. Mit Sicherheit reich werden« sollten bei dir alle Alarmglocken angehen. Auch mit Ängsten wird gelockt: »Bomben in deinem Depot«. Lass dich nicht darauf ein.

Objektivität und Transparenz

Seriöse Quellen bieten ausgewogene Informationen, nennen Vor- und Nachteile und legen ihre Methodik offen.

Aktualität

Die Welt der Finanzen ist schnelllebig. Schau immer, wie alt ein Artikel, eine Broschüre, ein Post oder ein Beitrag ist.

Aggressive Werbung

Seriöse Anbieter setzen nicht auf Druckmittel oder aggressive Werbemethoden. Sei besonders vorsichtig bei unaufgeforderter Kontaktaufnahme.

Qualifikationen, Netzwerke und Verbände

Was befähigt diese Person, mich in Finanzthemen zu beraten? Das ist nicht so einfach, weil es vielfältige Aus- und Weiterbildungen gibt, bei denen Laien schwer unterscheiden können, welche ein Gütesiegel sein können und welche nicht. Auch die Mitgliedschaft in einem Verband sagt erst mal nichts aus.

Pyramidenartig organisierte Strukturvertriebe sind auch im Finanzbereich tätig. Sie arbeiten mit einer Vielzahl an Vermittlern, die zuerst im Kreis der Verwandten und Bekannten überteuerte Finanzprodukte anbieten.

Offizielle Datenbanken und Plattformen

Die BaFin – die Bundesanstalt für Finanzdienstleistungsaufsicht mit Sitz in Bonn und Frankfurt am Main, deren Hauptaufgabe darin besteht, den deutschen Finanzsektor zu überwachen –, bietet Datenbanken zur Überprüfung von Finanzdienstleistern und warnt vor unseriösen Anbietern.

Info-Tipp: »Mit Geld und Verstand«

Unter diesem Namen baut die Bundesregierung seit 2023 eine Plattform für Finanzinformationen auf. Stand November 2024 werden auf der Plattform Inhalte von zwölf öffentlichen Einrichtungen bereitgestellt, darunter die BaFin, die Deutsche Bundesbank und die Deutsche Rentenversicherung. Es ist geplant, das Angebot um qualitätsgeprüfte Informationen privater Organisationen zu erweitern. Unseres Wissens ist eine Vielzahl an Angeboten nach einem Aufruf auch eingereicht worden.

Überteuerte Coaching-Angebote und Communitys

Mit dem wachsenden Angebot an Finanzinformationen in den sozialen Netzwerken steigt auch die Dichte an Profilen mit falschen oder fahrlässigen bis hin zu betrügerischen Informationen. Personen mit hoher Reichweite bieten teure Coachings, Bootcamps und Seminare an, deren Inhalte an anderer Stelle auch kostenlos zur Verfügung stehen, Fake-Profile prominenter Personen locken in WhatsApp-Gruppen. Kostenpflichtige Communitys werben mit falschen Referenzen und vermeintlichen Aktientipps.

Die gute Nachricht: Kritische Stimmen sind ebenso leicht zu finden wie die Angebote. Bitte recherchiere gründlich und suche Erfahrungen anderer im Netz, bevor du ein kostenpflichtiges Angebot buchst.

Tipp: Risikomanagement

Wenn etwas zu gut klingt, um wahr zu sein, ist es das wahrscheinlich auch. Nimm dir Zeit für deine Finanzentscheidungen und lass dich nicht unter Druck setzen. Denk daran: Realistisch über einen längeren Zeitraum sind 7 Prozent Gewinn mit einem breit gestreuten Aktieninvestment. Alles darüber hinaus beinhaltet höhere Risiken und /oder ist nur sehr kurzfristig erzielbar.

Künstliche Intelligenz als Motivation zum Investment

Es gibt noch einen Grund, am Kapitalmarkt zu investieren: Künstliche Intelligenz, die gerade mehr und mehr Einzug in unseren Alltag hält, hat das Potenzial, eine erneute wirtschaftliche Transformation auszulösen. Große Konzerne, ›Bigtechs‹, wie Alphabet oder Microsoft, investieren Milliarden in neue Technologien. Sicher, weil sie mit entsprechend hohen Gewinnen rechnen.

Der Internationale Währungsfonds (IWF) erwartet, dass Künstliche Intelligenz die Entlohnung von Kapital auf Kosten der Arbeit steigern wird. 40 Prozent der Arbeitsplätze weltweit würden betroffen sein, prognostiziert der IWF.[17] Zudem, anders als bei früheren technischen Revolutionen, gehe es diesmal vor allem um hochqualifizierte Jobs. Es bestehe das reale Risiko, dass die Einkommens- und Vermögensschere sich weiter öffne. Die großen Konzerne, die an der Transformation verdienen möchten, sind in den meisten Fällen börsennotiert. Was kannst du machen, wenn deine Haupteinkommensquelle dein Gehalt ist? Du kannst in diese Unternehmen investieren und über Aktien am Gewinn teilhaben. Das geht nur über den Kapitalmarkt.

☞ Checkliste

Nimm dir einen Moment Zeit und überlege dir:

- welche Glaubenssätze du in Bezug zu Geld hast,
- welche Einkommensquellen du hast und wie du bereits investiert bist,
- wie lang dein Zeithorizont ist und
- welche kurz-, mittel- und langfristigen Ziele du hast.

♥ Persönlicher Tipp

Vielleicht ist der Gedanke noch etwas sperrig, dass es Spaß machen kann, sich mit der eigenen Geldreise zu befassen, zu investieren. Vielleicht denkst du immer noch, es ist viel zu kompliziert und das Thema unverständlich. Damit bist du nicht allein. Wir hören bei Seminaren und auf Börsentagen sehr oft: »Das ist für mich alles komplettes Kauderwelsch, ich habe noch gar nichts gemacht und weiß nicht, wo ich anfangen soll.«

Denk an deine letzte Wanderung: Der Berg vor dir, und da reicht auch schon einer im deutschen Mittelgebirge, sieht aus der Ferne wie eine unbezwingbare Wand aus. Je näher du herankommst, desto mehr verschiebt sich die Perspektive – und desto leichter wirst du den Gipfel erreichen, und zwar mit einem Schritt nach dem anderen.

Gastbeitrag von Marile Glöcklhofer

Regeln für den Börsenerfolg – von starken Frauen lernen

@ Florian Freund

Ich arbeite seit über 30 Jahren mit Begeisterung an der Börse und kann es bestätigen: Die Börse kennt nicht nur eine Richtung. Auf starke Phasen mit neuen Kursrekorden folgen Korrekturen. Das macht die Börse so spannend wie unvorhersehbar, und gerade darin liegt auch der Reiz.

Viele Börsenweisheiten wollen Orientierung geben. Geflügelte Worte gibt es von Größen wie Warren Buffet und den Rockefellers, von George Soros und André Kostolany, und alle enthalten ein Körnchen Wahrheit.

Doch eines fällt auf: Auf einen weiblichen Börsenguru warten wir bisher vergeblich. Deshalb habe ich die Stimmen starker Frauen aus anderen Bereichen auf Phänomene der Börsenpsychologie umgemünzt!

1. Keine Panik

Blicken wir ein wenig zurück: Im Frühjahr 2020 – zu Beginn der Corona-Pandemie – gab es einen starken Kurs-Einbruch, der DAX verlor massiv und fiel von 13.750 Punkten Mitte Februar bis knapp 8.500 Punkte Mitte März. Doch genauso schnell waren die Verluste wieder aufgeholt, der DAX schloss das Jahr mit rund 13.718 Punkten. Deswegen gilt der Satz von Nina Simone »Ich kann euch sagen, was Freiheit für mich bedeutet: ohne Angst leben« auch für eure Geldanlage.

Die Angst vor einem finanziellen Verlust ist im gleichen Gehirnareal angesiedelt wie die Angst vor dem Tod. Kämpfen oder fliehen sind unsere schnellsten Reaktionen. Unser Gehirn schüttet Kortisol aus, die Devise lautet dann: Fight or flight – Kämpfen oder Fliehen.

Verkaufen entspricht dem Fliehen – doch in den meisten Fällen ist es klüger, einmal tief durchzuatmen. Kluge Investorinnen steigen jetzt sogar in den Markt ein, denn sie kaufen nun billig. Panik ist ein schlechter Ratgeber!

2. Wahrnehmung hinterfragen

»Jeder Mensch hat ein Brett vor dem Kopf – es kommt nur auf die Entfernung an.«
Marie von Ebner-Eschenbach

Wie wir Informationen verarbeiten und welche Schlüsse wir ziehen, ist eine wesentliche Frage bei der Kapitalanlage. Wir können unmöglich die ganze tägliche Informationsflut verarbeiten, also haben wir Filtermechanismen entwickelt. Nur außergewöhnliche Reize können jederzeit durchdringen: etwa Todesangst und Sex.

Anders formuliert: Schlechte Nachrichten ergeben aufmerksamkeitsstarke Schlagzeilen. Und wir nehmen besser wahr, was wir schon kennen. Wir haben Schubladen, die wir ziehen können. Wissenschaftlich ausgedrückt: Wir bedienen uns verschiedener Heuristiken, um eine komplexe Wirklichkeit verdaulich zu machen. Für dein Depot bedeutet das: Höre nicht auf jeden Tipp und nutze verschiedene Informationsquellen. Gerade Gegenargumente sollte man sich genauer ansehen.

3. Ego einschätzen

»Ich habe keine Angst vor Stürmen. Ich lerne, wie ich mein Schiff steuern muss.«
Louisa May Alcott

Wir kennen das aus dem Arbeitsalltag oder vom Sport: Erfolge schreiben wir gern unserer eigenen Leistung zu, Misserfolge liegen am Kollegen oder der Chefin, am Schiedsrichter oder dem schlechten Wetter. Wenn wir an der Börse permanent Erfolg haben, fast schon egal, in welche Aktien wir investieren – und solche Phasen gibt es immer wieder –, halten wir uns auf einmal für ausgefuchste Börsenprofis. Ist ja einfach, kann ja jeder. Jetzt tut eine gesunde Selbsteinschätzung not, Hochmut kommt vor dem Fall. Es gilt, das Depot so aufzustellen, dass es auch Schlechtwetterphasen standhält.

4. Risiko einschätzen

»Zu sagen was ist, bleibt die revolutionärste Tat.«
ROSA LUXEMBURG

Chance und Risiko sind zwei Seiten derselben Medaille, und wenn man mehr Rendite erzielen möchte, muss man ein höheres Risiko eingehen. Trotzdem fallen wir immer wieder darauf rein: Wir wählen das Investment, das uns die höchste Rendite verspricht und blenden das Risiko aus.

Doch gerade in Bärenmärkten mit anhaltend niedrigen Bewertungen der Unternehmen werden ›Burggraben‹- oder ›Moat‹-Aktien interessant, deren Geschäftsmodelle viel weniger anfällig für große Schwankungen sind. Nichts gegen Investitionen in spannende Wachstumswerte, doch die Basis eines Wertpapierdepots sollten Titel bilden, deren Geschäftsmodell langfristig trägt.

5. Strategie einhalten

Stehe zu deiner Strategie, auch wenn der Wind von vorne kommt. »Der mutigste Akt ist immer noch, selbst zu denken. Und zwar laut.« Coco Chanels Aufforderung gilt ganz besonders für deine Geldanlage.

Mache nicht den verbreiteten Fehler, bei Korrekturen an den Märkten panikartig auszusteigen, um dann bei Erholungsphasen zu lange mit dem Einstieg zu warten.

Vertraue deinem gesunden Menschenverstand, denke langfristig und gehe besonnen vor, dann bist du vor den gröbsten Fehlern an der Börse (und nicht nur dort) gefeit.

Auf der anderen Seite wusste schon Katherine Hepburn: »Wer sich an alle Regeln hält, verpasst den ganzen Spaß.«

Marile Glöcklhofer ist seit 1990 bei der Börse München. Sie kann aus eigener Erfahrung sagen, dass es an der Börse nie langweilig wird. Vom Zurufhandel zu Kryptos und Social Media – so könnte man den Berufsweg von Marile Glöcklhofer beschreiben. Ein besonderes Anliegen ist ihr das Thema Female Finance.

2. Finanzplanung für Rookies

Im **zweiten Kapitel** geht es um die Basis einer erfolgreichen Anlagestrategie: den Überblick über deine eigene finanzielle, aber auch persönliche und emotionale Ausgangssituation. Wer die eigene Vermögensstruktur versteht und Ziele angemessen definiert – es muss nicht immer ganz konkret sein –, hat automatisch einen Plan und bleibt diszipliniert. So wie dir eine gute Routenplanung hilft, dein Wanderziel zu erreichen, erleichtert Finanzplanung die Realisierung deiner Lebensziele. Dies beinhaltet folgende Überlegungen, aus denen sich Handlungsempfehlungen ergeben:

- Was bedeutet Geld für mich?
- Wo stehe ich? Wie sehen meine Bilanz und Vermögensstruktur aus?
- Soll ich in Geldwerte oder Sachwerte investieren?

E-Mail von Selina

Letztes Jahr ist mein Vater verstorben, und so kam ich zu einem mittleren sechsstelligen Betrag. Seitdem liegt das Geld verteilt auf unterschiedlichen Konten. Eine Freundin hat mich darauf hingewiesen, dass »nur« 100.000 Euro pro Konto abgesichert sind. Ich habe ein ganz schlechtes Gewissen, etwas mit dem Geld zu tun, und möchte mich eigentlich auch gar nicht damit befassen. Es macht mich einfach unfassbar traurig, da es mir zeigt, dass mein Vater nicht mehr da ist. Dennoch ist mir bewusst, dass dies nicht in seinem Sinne wäre, also möchte ich den Wert des Geldes zumindest mal erhalten. Ich bin hier aber völlig überfordert und traue mich nicht, das alleine zu machen. An wen kann ich mich denn wenden? Ich habe ein bisschen Angst, dass nicht ganz in meinem Sinne gehandelt wird und die Berater eher nur auf die eigene Provision bedacht sind. Tausend Dank!

Liebe Grüße,
Selina

- - - - -

Viele Menschen machen zumindest einmal in ihrem Leben eine Erfahrung wie Selina. Plötzlich ist eine größere Summe Geld aus einer Lebensversicherung, einem Erbe oder aus anderen Gründen da. Nichts zu tun ist eine häufige, emotional auf den ersten Blick vielleicht verständliche, in jedem Fall aber schlechte Reaktion. Der sinnvollste Weg für dich, verantwortungsvoll mit deinem Erbe umzugehen, führt dich in den Kapitalmarkt. Wie bei einer echten Wanderung erleichtert eine ordentliche Planung deinen Anlageerfolg. Welches Ziel hast du, wie gut ist deine Kondition, wie viel Proviant kannst du mitnehmen, welche Raststätten gibt es unterwegs, und welche Guides kannst du buchen, um sicher dein Ziel zu erreichen?

2.1 Die wichtigsten Schritte einer Finanzplanung

Stell dir dein Einkommen im Verlauf deines Lebens einmal bildlich vor. So sieht der typische, klassische Verlauf aus, du kannst daraus sehr einfach deine eigene Finanzreise ableiten.

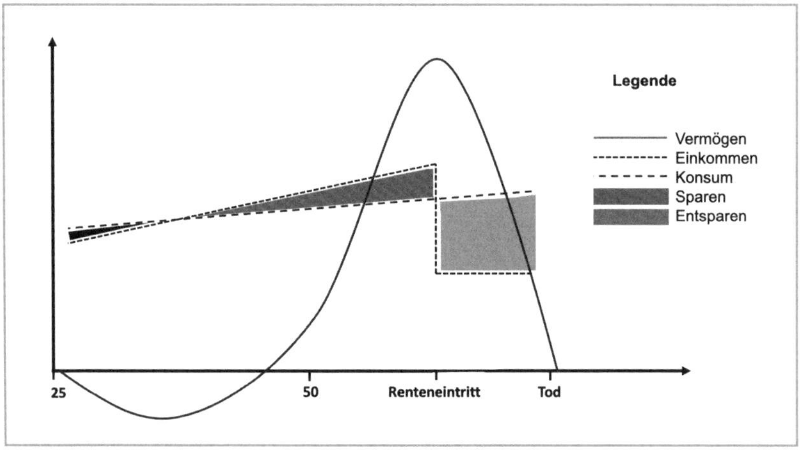

Bild 3: Lebenszyklusmodell mit leicht steigendem Konsum.
Quelle: Martin Weber et. al: *Die genial einfache Vermögensstrategie*.

Da wir uns in diesem Buch mit Geldanlagen für den Vermögensaufbau befassen, wollen wir nur schematisch die wichtigsten Schritte einer detaillierten Finanzplanung skizzieren.

Aktuelle Situation analysieren

Bevor du mit der eigentlichen Planung beginnst, ist es wichtig, deine aktuelle finanzielle Lage genau zu erfassen.

Erstelle eine detaillierte Übersicht über Einnahmen und Ausgaben

Tool-Tipp: Budgetplaner

Wer ein genaues Budget erstellen möchte, sollte sich überlegen, wohin das Geld geht. Es gibt online einige Helfer, die dich dabei unterstützen. Viele Angebote sind zumindest in einer Basisversion kostenfrei. Hier kommt es darauf an, was du genau benötigst und wie wichtig dir einzelne Features sind.

Online gibt es einige Haushaltsrechner, zum Beispiel finanztip.de/rechner/haushaltsrechner. Wer eine App bevorzugt, kommt mit *Finanzguru* ziemlich weit. Manche Banken bieten bereits die Klassifizierung der Ausgaben im Konto an, was einen guten Überblick ermöglicht. Du kannst auch ein klassisches Kalkulationsprogramm einsetzen.

Erfasse dein Vermögen

Liste dein gesamtes Vermögen auf, also Ersparnisse, Immobilien, Wertpapieren etc. Das ist die Habenseite deiner persönlichen Bilanz.

Protokolliere ebenso alle Verbindlichkeiten und Schulden. Das ist die Sollseite.

Tool-Tipp: Netto-Vermögensrechner

- *Finanzfluss* bietet einen Netto-Vermögensrechner: finanzfluss.de/rechner/nettovermoegensrechner
- Ausführliche Erklärungen und ein Tool zum Herunterladen findest du in einem Finanzblog auf https://excel-vorlagen.net/vermoegensaufstellung-excel.

Ziele definieren

Lege klare und realistische finanzielle Ziele für verschiedene Lebensphasen fest:

- Kurzfristige Ziele (ein bis fünf Jahre): z. B. Notgroschen aufbauen, Konsum- oder Ausbildungsschulden tilgen.
- Mittelfristige Ziele (fünf bis zehn Jahre): z. B. Eigenheim erwerben, Studium der Kinder finanzieren, in Rente gehen, Restlaufzeit des Hauskredits tilgen.
- Langfristige Ziele (zehn+ Jahre): z. B. Altersvorsorge aufbauen, finanzielle Unabhängigkeit erreichen, das Ausgeben planen.

Budget erstellen – vier Faustregeln

Eine detaillierte Ausgabenplanung hilft dir, deine Finanzen zu kontrollieren und Sparpotenziale zu identifizieren. Es gibt etliche Faustregeln, wir stellen dir vier davon vor:

50/30/20-Regel

Dies ist eine der populärsten und am häufigsten empfohlenen Budgetierungsmethoden:

- 50 Prozent für Grundbedürfnisse und notwendige Ausgaben
- 30 Prozent für persönliche Wünsche und Freizeitaktivitäten
- 20 Prozent zum Sparen und Investieren

60/40-Regel

Eine etwas vereinfachte Version erhöht die Flexibilität zwischen persönlichen Wünschen und finanzieller Vorsorge, lädt jedoch dazu ein, am Investieren zu sparen und stattdessen mehr auszugeben:

- 60 Prozent für feste Ausgaben und Grundbedürfnisse
- 40 Prozent für flexible Ausgaben, Sparen und Investieren

70/20/10-Regel

Diese dritte Regel hilft dir, die laufenden Ausgaben im Rahmen zu halten, und ist dabei flexibler als die anderen. Dennoch unterstützt sie dich dabei, konsequent für die Zukunft vorzusorgen. Der Anteil für den Vermögensaufbau bleibt fix:

- 70 Prozent für Ausgaben
- 20 Prozent für Sparen und Investieren

- 10 Prozent für – je nach persönlicher Situation – Schuldenabbau, weitere Investments oder Spenden

Das Sechs-Konten-Modell

Diese Methode ermöglicht eine sehr spezifische Zuweisung von Geld für verschiedene Lebensbereiche. Dabei wird das Einkommen auf sechs verschiedene Konten verteilt:

- 55 Prozent Lebenshaltungskosten
- 10 Prozent langfristiges Sparen/Investieren
- 10 Prozent Bildung
- 10 Prozent Spaß/Freizeit
- 5 Prozent Spenden
- 10 Prozent finanzielle Freiheit

Notgroschen aufbauen

Ein Notgroschen ist die gängige Bezeichnung einer Cash-Reserve für unerwartete Ausgaben. Empfohlen werden drei bis sechs Monatseinkommen. Wer ein Auto hat, selbstständig ist oder andere mitfinanziert, liegt besser am oberen Ende der Spanne.

Diesen Notgroschen solltest du weder in den Aktienmarkt investieren noch als Festgeld anlegen. Du solltest das Geld jederzeit einsetzen können, wenn du es brauchst. Ohne Rendite auf dem Girokonto oder im Sparschwein wird es aber nur weniger wert, was nicht sein muss. In ↪ Kapitel 4 findest du einige Alternativen.

Schulden managen

Solltest du Schulden haben, ist es sinnvoll, dich um deren Abbau zu kümmern. Wie du das angehst, hängt ganz von deiner Situation und den Konditionen ab. Viele fühlen sich mit Schulden einfach unwohl.

Tipp: Schulden nicht um jeden Preis tilgen

Es kann besser für deinen Vermögensaufbau sein, eine langfristige Immobilienfinanzierung mit niedriger Verzinsung nicht abzulösen, obwohl du das Geld zur Verfügung hast. Je nach Lebensplanung und Kreditkonditionen ist es möglicherweise renditeträchtiger, zu investieren und Vermögen aufzubauen.

Bedenke bitte zweierlei: Erstens bleibt dein Verhältnis zu Schulden ebenso wenig konstant im Verlauf deiner Anlagereise wie deine Risikobereitschaft. Du kannst es regelmäßig entsprechend deiner Lebenssituation hinterfragen und deinen Lebensumständen anpassen.

Zweitens entfällt ein erheblicher Anteil der Privatverschuldung im deutschsprachigen Raum auf die Finanzierung von Immobilien, viele sehen in Wohneigentum eine Art von Altersvorsorge. Das birgt erhebliche Risiken: Die Bindung des Großteils deines Vermögens in einer Immobilie ist ein Klumpenrisiko, dein Investment ist also nicht breit genug gestreut. Die Konzentrierung auf ein Objekt macht dich anfälliger für Wertverluste, Sanierungsbedarf und sich ändernde Lebensumstände können zu einer großen Belastung werden. Aus dieser Perspektive wird selbst genutztes Wohneigentum oft nicht als Investition, sondern als Konsum gewertet. Eine vermietete, finanzierte Immobilie hingegen gilt als Investition.

Altersvorsorge planen

Unser Verhältnis zur Altersvorsorge ist zwiespältig: Wir bewegen uns in einem Spannungsfeld zwischen dem Wunsch nach staatlicher Absicherung und der Erkenntnis, selbst vorsorgen zu müssen. Begrenzte finanzielle Möglichkeiten und vor allem Wissenslücken stellen die größten Hürden dar. Ebenso wie die »Aufschieberitis«. Dabei ist eines sicher: Je früher wir mit unserer Altersvorsorge anfangen, desto leichter wird es.

Seit der Rentenreform 2001 fußt der gesellschaftliche und politische Konsens auf dem Drei-Säulen-Modell der Altersvorsorge:

- der gesetzlichen Rentenversicherung als Basisversorgung und Pflichtversicherung für die meisten Arbeitnehmerinnen und Arbeitnehmer,
- der betrieblichen Altersvorsorge, die von Arbeitgebern organisiert wird,

- und der privaten Altersvorsorge mit allen Vorsorgemaßnahmen wie Lebensversicherungen, Riester-Rente, Rürup-Rente oder deiner Kapitalanlage.
- Der private Vermögensaufbau am Kapitalmarkt wird heiß diskutiert, ist aus unserer Sicht aber unverzichtbar und das zentrale Thema dieses Buchs. Trotzdem möchten wir an dieser Stelle auf die beiden anderen Säulen kurz eingehen.

Gesetzliche Altersvorsorge

Informiere dich über staatliche Rentenleistungen (falls du in die Rentenkasse einzahlst).

Beitragszahlerinnen und -zahler bekommen einmal im Jahr eine Rentenauskunft der Deutschen Rentenversicherung mit Angaben über alle im Versicherungskonto gespeicherten rentenrelevanten Zeiten, die erwirtschafteten persönlichen Entgeltpunkte und die, Stand heute, zu erwartende Rentenhöhe. Außerdem enthält die Auskunft Informationen darüber, welche Rente man bei einer Erwerbsminderung bekommen würde und welche Höhe eine Hinterbliebenenrente hätte. Und, was wohl viele interessiert: Auf wie viel man verzichten würde bei vorzeitiger Inanspruchnahme der Rentenleistungen. Außerdem fordert die staatliche Rentenkasse Versicherte in der Regel im Alter von 43 Jahren automatisch zur Kontenklärung auf. Hier werden alle Versicherungszeiten hinterlegt.

Die Kalkulation, wie viel Rente du tatsächlich bekommst, ist nicht ganz trivial. Du hast weniger Rentenanspruch durch längere Ausfallzeiten durch Krankheit, Kindererziehung oder Arbeitslosigkeit. Das Rentenniveau liegt – Stand 2024 – bei 48 Prozent vom letzten Bruttolohn und ist bis 2039 festgeschrieben. Eine dauerhafte Fixierung soll gesetzlich geregelt werden. Das ist der Anteil des Durchschnittseinkommens, den die gesetzliche Rente in Deutschland abdeckt – wenn du die vollen 45 Beitragsjahre erreicht hast und somit über 45 Rentenpunkte verfügst. Vor Abzug der Steuern. In Österreich mit etwa 77 Prozent und der Schweiz mit rund 60 Prozent sind die durchschnittlichen Rentenniveaus deutlich höher.

Tool-Tipp

Im Internet gibt es etliche gute Renten- und Rentenlückenrechner.

Auf der Website der Deutschen Rentenversicherung kannst du verschiedene Szenarien durchrechnen: deutsche-rentenversicherung.de. Und *Finanzfluss* bietet eine gute, leicht bedienbare Schätzung: finanzfluss.de/rechner/rentenrechner.

Betriebliche Altersvorsorge als zweite Säule

Ungefähr die Hälfte aller Deutschen in einem Beschäftigungsverhältnis können eine betriebliche Altersvorsorge in Anspruch nehmen, die auch als die zweite Säule der Altersvorsorge definiert wird. Diese kann allerdings sehr unterschiedlich gestaltet sein.

Bei der Entgeltumwandlung zahlen Arbeitnehmerinnen und Arbeitnehmer einen Teil des Bruttogehalts in einen Vertrag zur betrieblichen Altersvorsorge ein, meist in eine Direktversicherung. Seit 2002 besteht rechtlicher Anspruch darauf. Teilweise ist diese Form der betrieblichen Altersvorsorge staatlich gefördert. Es gibt eine ganze Reihe unterschiedlicher branchenbezogener Pensionskassen. Andere Arbeitgeber bieten individuelle Vereinbarungen mit Versicherungen an. Auch die Höhe des Arbeitgeberanteils schwankt stark.

In der Schweiz ist die betriebliche Altersvorsorge etablierter. In Österreich spielt die zweite Säule eine geringere Rolle, da die staatliche Säule wegen ihrer besseren Finanzierung von vielen als ausreichend betrachtet wird.

Tipp

Erkundige dich bei deinem Arbeitgeber, welche betrieblichen Vorsorgeleistungen angeboten werden. Im Zuge des demografischen Wandels sind solche Zusätze ein wichtiges Kriterium im Wettbewerb um Fachkräfte. Das gilt auch für die vermögenswirksamen Leistungen.

Vermögenswirksame Leistungen

Vermögenswirksame Leistungen (VL) sind freiwillige Zahlungen des Arbeitgebers an Arbeitnehmerinnen und Arbeitnehmer zum Vermögensaufbau. Der maximale Betrag liegt bei 40 Euro netto (!) pro Monat, also 480 Euro im Jahr. Die Leistungen werden direkt vom Arbeitgeber in eine von dir gewählte Anlageform eingezahlt.

Viele Arbeitnehmerinnen und Arbeitnehmer versäumen es, vermögenswirksame Leistungen in Anspruch zu nehmen. Denn man muss sich selbst darum kümmern, da Arbeitgeber dieses Angebot häufig nicht proaktiv anbieten. Die VL sind unserer Meinung nach die einfachste Form, dir selbst eine Gehaltserhöhung zu schenken. In der Vergangenheit wurde die Leistung häufig in Bausparplänen bespart. Doch auch hier können Investments im Kapitalmarkt, vor allem in Aktien, interessant sein.

Vermögenswirksame Leistungen sind ein guter Einstieg in die dritte Säule der privaten Altersvorsorge, dem langfristigen Vermögensaufbau. Denn es ist möglich und für die meisten sinnvoll, die VL in ETF-Sparpläne zu investieren, die deutlich höhere Renditechancen als klassische VL-Anlagen wie Bausparverträge bieten und deutlich niedrigere Gebühren haben als aktiv verwaltete Fonds. Eine breite Streuung lässt sich ohne weiteren Aufwand realisieren.

Tipp: VL-Sparplan

Im Moment gibt es wenige Anbieter für VL-ETF-Sparpläne, darunter die FNZ-Bank (ehemals ebase/Finvesto) und Oskar. Comdirect bietet sie via FNZ-Bank an.

Um die Leistungen in ETFs anzulegen, benötigst du ein Depot bei einem dieser Anbieter. Du legst den Sparplan an und bekommst eine Bestätigung für deinen Arbeitgeber, den du dann informierst, damit er die Einzahlungen leisten kann.

Erkundige dich, ob du zusätzlich eine Arbeitnehmersparzulage beantragen kannst. Stand 2024 liegen die Grenzen bei 40.000 Euro zu versteuerndem Jahreseinkommen für Alleinstehende und 80.000 Euro für Verheiratete oder Personen in eingetragener Lebenspartnerschaft. Beantragt wird die Zulage mit der Einkommensteuererklärung.

Tipp: keine Laufzeitbindung

Klassische VL-Sparverträge sind oft mit einer Sperrfrist von sieben Jahren versehen. Das gilt für die VL-ETF-Sparpläne nicht mehr. Erkundige dich aber unbedingt nach den Gebühren.

Riester- und Rürup-Rente

Die Riester-Rente ist eine staatlich geförderte private Altersvorsorge und wurde 2002 als Teil der Rentenreform eingeführt. Förderberechtigte erhalten Zulagen und Steuervorteile.

Kritisiert wird sie inzwischen vor allem wegen hoher Kosten und komplexer Verträge. Die durchschnittliche Auszahlung liegt 2024 bei 132 Euro monatlich.[18]

Konsens ist 2024, dass sich die Riester-Rente nur für wenige lohnt. Meist wird empfohlen, bestehende Verträge individuell zu prüfen und eventuell ruhend zu stellen, statt zu kündigen, denn dann müssen mögliche staatliche Förderungen nicht zurückgezahlt werden.

Tipp: Riester überprüfen

Wenn du eine Riester-Rente abgeschlossen hast und wissen willst, was du am besten damit machst: Viele Verbraucherzentralen prüfen gegen eine geringe Gebühr solche Verträge.

Die Rürup-Rente, auch als Basisrente bekannt, ist eine steuerlich geförderte private Rentenversicherung, die 2005 eingeführt wurde. Primär für Selbstständige und Freiberufler konzipiert, ist sie auch für Angestellte zugänglich.

Hierbei handelt es sich um ein kapitalgedecktes System im Gegensatz zur umlagefinanzierten gesetzlichen Rentenversicherung

Die Rürup-Rente hat vor allem steuerliche Vorteile: Beiträge können als Sonderausgaben von der Steuer abgesetzt werden. Dafür erhalten die Versicherten lebenslang eine monatliche Rente. Sie eignet sich vor allem für Selbstständige mit hohem Einkommen.

Langfristiger Vermögensaufbau

Deine langfristige Anlagestrategie als wesentlicher Bestandteil der dritten Säule für die Altersvorsorge ist das zentrale Thema dieses Buches. Die durchschnittliche Aktienmarktrendite von über 7 Prozent und der Zinseszinseffekt sind starke Argumente für die Tragfähigkeit genau dieser Säule.

Versicherungen optimieren

Einige Versicherungen, wie deine Haftpflichtversicherung, die Krankenkasse und gegebenenfalls eine Berufsunfähigkeitsversicherung, sind notwendig, andere, wie etwa eine Brillen- oder eine Skibruchversicherung, vielleicht eher unnötig. Sie kosten dich Geld, das du auch in deinen Vermögensaufbau stecken kannst. Ob du weitere Versicherungen abschließen möchtest, ist ziemlich individuell, Rechtsschutz, Zahnzusatz- und Hausratsversicherungen können durchaus sinnvoll sein. Auch hier gibt es entsprechende unabhängige Beratungsangebote bei unabhängigen Versicherungsmaklern. Überprüfe am besten regelmäßig deinen Versicherungsschutz und passe ihn an deine Lebenssituation an. Schau dann auch nach günstigeren Angeboten.

Tipp: Versicherungen checken

Es gibt eine ganz pragmatische Regel, welche Versicherungen notwendig sind und welche nicht. Frag dich einfach, ob dich ein abgedecktes Risiko in echte Probleme bringen würde, wenn du es selbst tragen müsstest. Wie oft verlierst du deine Brille, und was ist dein Reisegepäck wert, zum Beispiel.

Finanzplanung regelmäßig überprüfen und anpassen

Eine effektive Finanzplanung ist ein fortlaufender Prozess. Überprüfe deine Finanzsituation und deine Ziele mindestens einmal jährlich und passe sie an veränderte Lebensumstände wie Heirat, Kinder oder Jobwechsel an.

Bei komplexen Fragen oder größeren Vermögen kann es für dich sinnvoll sein, professionelle Beratung in Anspruch zu nehmen.

Tipp: Verabrede dich mit deinen Finanzen

Leg am besten einen festen Zeitraum im Jahr fest, an dem du deine Finanzplanung überprüfst, etwa in den Tagen zwischen Weihnachten und Silvester. Die Finanz-Coachin Claudia Müller vom Female Finance Forum nennt es ihren Dagobert-Duck-Tag.

◘ Gastbeitrag von Lisa Hassenzahl

Finanzplanung als Schlüssel zur erfolgreichen Strategie

»Ich habe das Gefühl, ich brauche einen Masterplan, bevor ich anfange.«

»Ich hätte gern einen Überblick über meine Finanzen und möchte verstehen, wo ich stehe.«

»Woher weiß ich denn, welche Kapitalanlage oder welche Versicherung am besten zu meiner Situation passt?«

Es gibt noch viele weitere Beispiele, und vielleicht hast du auch schon einmal einen ähnlichen Gedanken gehabt. Die gute Nachricht lautet: Es gibt eine Antwort, nämlich Finanzplanung!

Vielleicht ist dir der Begriff der Finanzplanung schon einmal begegnet, oder du hast deine eigene Finanzplanung bereits erstellt. Allerdings ist das, was einem häufig als »Finanzplanung« oder »privater Finanzplan« begegnet, nur ein kleiner Ausschnitt dessen, was eine professionelle Finanzplanung eigentlich kann. Es ist daher nicht verwunderlich, dass in vielen Fällen der Wunsch nach einem Gesamtüberblick offen bleibt und nach wie vor Unklarheit darüber besteht, welche Kapitalanlage eigentlich die richtige ist.

Meistens beschränkt sich die Finanzplanung auf die folgenden Schritte:

Erster Schritt: Ziele definieren – manchmal ist der Weg das Ziel

Es ist möglich, sich mehrere Ziele zu setzen, aber man sollte nicht zu kleinteilig vorgehen. Ein Ziel, das eigentlich alle haben, ist die Finanzierung des Ruhestandes. Für manche ist dieses Ziel aber vielleicht noch viel zu weit weg, dann sind »Vermögensaufbau« oder etwas konkreter »X Euro im Depot bis Jahresende« auch mögliche Ziele.

Zweiter Schritt: Einnahmen und Ausgaben – Spar- und Investitionspotenzial ermitteln

Bei vielen löst dieser Schritt nicht gerade Begeisterung aus, da er sich nach Buchhaltung anhört und man sich zudem mit der einen oder anderen Ausgabe konfrontiert sieht, die man lieber verdrängt hätte. Hierbei solltest du immer darauf achten, den Aufwand angemessen auf dein Ziel abzustimmen. Bei den meisten kommt es nicht auf jede kleine Ausgabe an, es geht um das große Ganze und um die Frage: Wie viel müsste eigentlich am Ende des Monats übrig sein? Und falls dies nicht der Fall ist: Wo ist das Geld? Auf diese Weise kannst du Sparpotenziale ermitteln und festlegen, wie viel du investieren beziehungsweise für den Aufbau einer Rücklage verwenden kannst. Das ist also ein wichtiger Schritt.

Dritter Schritt: Vermögen und Schulden – die Privatbilanz

Tipp der Expertin: Wie beim ersten Schritt muss auch hier nicht alles perfekt sein. Ungefähre Werte oder notfalls »Erinnerungswerte« mit 1 Euro reichen aus, du kannst die Werte zum Beispiel bei deinen Versicherungen (Rückkaufswert) auch nachträglich ergänzen, wenn du sie bei der Versicherung abgefragt hast. Es geht in erster Linie darum, erst einmal alles zu erfassen, denn dann wird es eigentlich spannend!

An dieser Stelle hören die meisten auf, aber eine Privatbilanz kann viel mehr. Auf der nächsten Seite folgt eine beispielhafte Bilanz eines Ehepaares:

Neben einem Überblick zu Vermögenswerten und Schulden sieht man außerdem:

Wem welche Vermögenswerte gehören: Hier ergeben sich manchmal ganz neue Erkenntnisse und können Ungleichgewichte in der Verteilung des Vermögens aufgedeckt werden. Das ist zum Beispiel wichtig für fundamentale Lebensereignisse wie Berufsunfähigkeit oder Tod und somit für die Nachfolgeplanung.

Wie die Vermögenswerte steuerlich einzuordnen sind: Was ist steuerfrei, worauf muss noch Steuer gezahlt werden?

Vermögenswerte				
A. Immobilien & Sachwerte				
Immobilien (eigengenutzt)				
ETW München	gemeinsam	400.000		
Immobilien (vermietet)				
ETW Berlin	Hanna (Erbe)	200.000	200.000	600.000
B. Versicherungen				
Kapitalversicherungen				
Allianz	Hans	37.754		
AXA Colonia	Hans	52.000		
Debeka	Hanna	27.200	116.954	
Rentenversicherungen				
Riester	Hans	26.000		
Riester	Hanna	6.500		
Hannoversche Leben Rürup	Hans	60.000	92.500	209.454
C. Geld & Wertpapiere				
Liquidität				
Girokonto	gemeinsam	2.500		
Cashkonto	Hans	15.000		
Bundesanleihen	Hans	10.000	27.500	
Einzelaktien				
Aktien Dax	Hans	20.000	20.000	
Gemischte Depots				
Investmentfonds	Hans	80.000	80.000	
Gold, Edelmetalle				
Goldmünzen	Hans	5.000	5.000	132.500
D. Beteiligungen				
				941.954

Verbindlichkeiten				
A. Immobilien & Sachwerte				
Immobilienkredite				
ETW München	gemeinsam	80.000	80.000	80.000
B. Versicherungen				
C. Geld & Wertpapiere				
D. Beteiligungen				
Verbindlichkeiten				**861.954**
Nettovermögen				**861.954**
				941.954

Welche »Charaktereigenschaften« die Vermögensstruktur hat: Handelt es sich überwiegend um eher illiquide Vermögenswerte (Immobilien oder Versicherungen), sind die Anlagen überwiegend konservativ (Kontoguthaben oder Versicherungen mit Garantie)?

Vor allem der letzte Punkt ist hilfreich, wenn es um die Frage nach den passenden Kapitalanlagen und einer sinnvollen Anlagestrategie geht. Sind die bestehenden Vermögenswerte eher konservativ und haben eine geringe Renditeerwartung, sollten künftige Investitionen renditeorientierter ausfallen beziehungsweise aus der Bilanz lässt sich nach der Analyse der einzelnen Bestandteile eine zu erwartende Rendite errechnen, dann stellt sich die Frage: Passt diese zu meinem definierten Ziel, zum Beispiel um das gewünschte Zieleinkommen im Ruhestand zu erreichen, oder muss ich meine Anlagestrategie entsprechend anpassen?

Zugegeben, ganz einfach ist die Detailanalyse der einzelnen Vermögenswerte nicht. Bei Wertpapieren ist es noch recht überschaubar, bei Versicherungen kann es schon schwieriger werden, und auch die Steuerbetrachtung ist hier nicht ohne.

Genau aus diesem Grund enden die privat erstellten Finanzplanungen oft nach der Aufstellung der Bilanz, und viele Fragen bleiben offen. Dabei holen wir uns in anderen Bereichen doch auch Unterstützung von Expertinnen oder Experten und geben zum Beispiel unsere Steuererklärung an einen Steuerberater. Warum also nicht auch bei der Finanzplanung? Vielen ist gar nicht bewusst, was Finanzplanung noch alles kann und dass sie genau die Fragen beantwortet, die eingangs gestellt wurden.

Dabei ist es wichtig, sich an Expertinnen und Experten zu wenden, die nach entsprechenden Standards arbeiten und gut ausgebildet sind. Das Financial Planning Standards Board Deutschland ist hier zum Beispiel eine gute Anlaufstelle, da es sich um den Dachverband der Certified Financial Planner© handelt. Das ist ein Siegel, das weltweit vergeben wird und ein hohes Fachwissen voraussetzt.

Abschließend gilt: Die Finanzplanung muss immer zu der eigenen Situation passen. Oft reichen sicher die genannten Schritte. Rückt der Ruhestand aber näher, und die Bilanz wird größer, lohnt sich eine professionelle Ruhestandsplanung, denn sie gibt einen konkreten Weg vor und beruhigt die Nerven.

Lisa Hassenzahl, Certified Financial Planner, ist Finanzplanerin in Darmstadt und berät mit ihrem Unternehmen Her Family Office vor allem Frauen in Fragen der Vermögensstrukturierung und Anlagestrategie.

Video: »Finanzplanung als Schlüssel zum Erfolg«

Scanne den QR-Code auf Seite 12 und sieh dir ein Beispiel für eine persönliche Bilanz an, vorgestellt von Lisa Hassenzahl.

2.2 Hilfe gesucht – wie du dich beim Vermögensaufbau unterstützen lassen kannst

Es gibt viele Möglichkeiten, bei der Geldanlage Beratung hinzuzuziehen, und ausreichend Angebote, die dir helfen können, fundierte Entscheidungen zu treffen, um deine finanziellen Ziele zu erreichen. In diesem Kapitel sorgen wir für Übersicht.

Professionelle Finanzberatung

Bankberatung

Die Anlageberatung bei der Hausbank ist sicherlich die gängigste Form, hat aber häufig einen schlechten Ruf. Einer Studie[19] zufolge trauen nur 20 Prozent der Menschen im Allgemeinen einer Anlageberatung, und selbst bei der zuletzt in Anspruch genommenen Beratung liegt das Vertrauen gerade einmal bei 61 Prozent. Viele informieren sich lieber selbst, anstatt sich auf Bankberater zu verlassen. Männer nutzen einer anderen Studie zufolge vor allem Online-Finanzseiten und Internetforen (39 beziehungsweise 34 Prozent). Frauen sind noch skeptischer. Sie verlassen sich eher auf Freunde und Familie (42 Prozent) als auf Bankberater (34 Prozent)[20].

»Es sollte nicht Bankberater heißen, sondern Bankverkäufer.« Dieser oft vernommene Satz trifft den Kern der Problematik in der Bankberatung ziemlich gut. Tatsächlich gibt es mehrere Gründe, warum wir Gespräche mit der Bank häufig eher als eine Verkaufsveranstaltung empfinden. Die provisionsbasierte Bankberatung bildet einen Interessenkonflikt zwischen den Bedürfnissen der Kundschaft und den Gewinnzielen der Bank, was zum Angebot unnötiger Produkte führen kann. Ähnlich wie bei Immobilienmaklern, die nach einem erfolgreichen Hausverkauf eine Courtage erhalten, werden in der Finanzwelt auch Provisionen gezahlt.

Viele Banken zahlen eine leistungsorientierte Vergütung, also Provisionen, die die Bankberaterinnen und -berater bei einem Vertragsabschluss erhalten. Die Bankberatung unterliegt oft klar definierten Vertriebs- und Umsatzzielen.

Eine Bezahlung der Beratung über Provisionen wird im Allgemeinen kritisiert, denn es fördert den Verkauf von Produkten mit hohen Provisionen und undurchsichtigen Kostenstrukturen.

Es ist uns wichtig, zu betonen, dass viele Bankberaterinnen und Berater versuchen, einen guten Job zu machen. Gleichzeitig sind sie Teil eines systemischen Problems mit einer schwierigen Position zwischen den Erwartungen ihrer Arbeitgeber und den Bedürfnissen der Kundinnen und Kunden.

Tipp: Beratung

Sei dir bewusst, dass du von einer klassischen Bank eher ein Verkaufsgespräch als eine unabhängige Beratung bekommst. Du erwartest ja auch nicht, dass dir in einem Autohaus der Marke ABC zu einem Auto von XYZ geraten wird, auch wenn es besser zu deinem Bedarf passt.

Unabhängige Finanzberatung

Wenn also die provisionsbasierte Beratung problembehaftet ist, dann ist die Suche nach einer honorarbasierten Unterstützung naheliegend. Diesen Service bieten unabhängige Finanzberaterinnen und Finanzberater, die produktunabhängig arbeiten und dir aus einer breiteren Palette von Anlagemöglichkeiten das für dich passende Produkt empfehlen können. Dafür wird in der Regel ein Honorar fällig.

Hand aufs Herz: Für viele Dienstleistungen sind wir es schlichtweg gewohnt, Geld zu bezahlen. Warum nicht auch für unsere Investitionsentscheidungen?

Tipps: Honorarbasierte Finanzberatung

Es gibt einige Online-Verzeichnisse, um einen passenden Kandidaten auszuwählen: das Honorarberater-Register des Verbunds Deutscher Honorarberater, die Plattform Berater-Lotse und das Register unabhängiger Honorar-Anlageberater der BaFin. Einige Banken haben sich auf Honorarberatung spezialisiert.

Überprüfe als Erstes Qualifikationen und Zulassungen: Übliche Abschlüsse sind CFP (Certified Financial Planner) oder CFA (Chartered Financial Analyst).

Schau auf Kundenbewertungen und frage nach Referenzen von bestehenden Kundinnen und Kunden. Erkundige dich auch bei Bekannten und Freunden nach Empfehlungen und Erfahrungen.

Honorarberaterinnen und Honorarberater arbeiten auf Stundenbasis, nicht gegen Provision. Der Satz beträgt typischerweise 150 bis 300 Euro pro Stunde.

Die meisten bieten kostenlose Erstgespräche an. Kläre mit der Beraterin beziehungsweise dem Berater deine Ziele und das Vorgehen bei der Beratung. Kosten und Arbeitsweise sollten dir jederzeit klar verständlich und transparent sein. Bei einer einfachen Depotstruktur und etwas eigener Vorarbeit sollten ein, zwei Sitzungen reichen. Der Vorteil: Du bekommst professionelles Feedback auf deine eigenen Entscheidungen. Bei einer komplexeren Vermögensverteilung kannst du dir ein Angebot für eine ausführliche Analyse machen lassen und dann entscheiden, was es dir wert ist.

Vermögensverwaltung

Eine Vermögensverwaltung übernimmt die aktive Betreuung größerer Vermögen. Sie entwickelt umfassende Anlagestrategien und setzt diese, anders als bei der Beratung, auch um. Vergütet wird die Verwaltung meist prozentual zum Vermögen. Die Kosten liegen typischerweise zwischen 0,5 und 2,5 Prozent des verwalteten Vermögens. Bei einigen Anbietern werden Transaktionskosten für Wertpapierkäufe und -verkäufe getrennt berechnet. Manche erheben auch zusätzliche Gebühren bei guter Performance.

Verbraucherzentralen

Viele Verbraucherzentralen bieten unabhängige Beratung zu Finanzthemen. Sie helfen bei der Bewertung von Anlageprodukten und Verträgen, auch bei Rürup- und Riester-Renten.

Digitale Unterstützung

Robo-Advisor

Ein Robo-Advisor ist eine digitale Form der automatisierten Anlageberatung und Vermögensverwaltung, die computergestützte Modelle für die Anlageentscheidungen nutzen.

Basierend auf deinen Antworten in einem Online-Fragebogen zu Risikoprofil, der finanziellen Situation und den Anlagezielen erstellt der Robo-Advisor einen Anlagevorschlag, meist ein diversifiziertes Portfolio mit ETFs. Die Aufteilung auf Anlageklassen und Wertpapiere wird laufend überwacht und gegebenenfalls angepasst – Stichwort Rebalancing. Dazu kommen wir im Detail in ↪ Kapitel 7.4.

Die Automatisierung ermöglicht deutlich niedrigere Kosten im Vergleich zur klassischen Vermögensverwaltung. Zudem sind die Mindestanlagebeträge bei einem Robo-Advisor deutlich niedriger.

Ein weiterer Vorteil ist die Transparenz: Der Online-Zugang zu deinem Depot bietet dir einen Überblick in Echtzeit. Es gibt verschiedene Arten von Robo-Advisors: Passive Angebote fokussieren auf breite Marktindizes und regelmäßiges Rebalancing zu sehr niedrigen Gebühren. Aktive Robo-Advisors versuchen, durch taktische Anpassungen Marktchancen zu nutzen. Hybride Modelle mischen die beiden Ansätze.

Tool-Tipp: Robo-Advisor-Vergleiche

- brokervergleich.de
- handelsblatt.com/vergleich/robo-advisor-vergleich

Tipp: Diversifikation

Der Algorithmus eines Robo-Advisors ist für uns eine Blackbox, wir können die zugrunde liegenden Mechanismen nicht in Gänze nachvollziehen. Lege also auch hier nicht alle Eier in einen Korb, d. h. investiere nicht in ein Modell allein.

Finanz-Apps und -Tools

Eine ganze Reihe von Tools können dir den Überblick über das Vermögen und die Investments erleichtern. Watchlists vereinfachen dir, die Kursentwicklung von Wertpapieren im Auge zu behalten, für die du dich interessierst. Das ist besonders bei kurzfristigen taktischen Investments nützlich. Portfolio-Tools tracken verschiedene Depots, visualisieren die Streuung über Anlageklassen, Regionen, Branchen und Merkmale wie Unternehmensgrößen. Dazu gibt es jede Menge nützlicher Kennzahlen. Sie unterstützen dich bei der Umsetzung von langfristigen Anlagestrategien, außerdem kannst du deine Lernkurve besser beobachten.

Tipp: Portfolio tracken

Wenn du mal Wertpapiere verkaufst, leg sie mit dem Verkaufspreis in eine Watchlist oder ein Portfolio-Tool. War es zu früh oder genau richtig? Das hilft dir auch bei der Weiterentwicklung deiner Anlagestrategie. Je aktiver du wirst, desto wichtiger ist es, eine Art Börsentagebuch zu führen.

Tool-Tipp: Depot einlesen

Einige Tools sind bereits in der kostenlosen Version sehr nützlich, zum Beispiel kannst du teilweise automatisch dein Depot einlesen. Und alle bieten eine Exportfunktion, falls du das Tool wechseln möchtest:

- Finanzmanager von extraetf.com
- Portfolio-Tracker von parqet.com
- Copilot von finanzfluss.de
- portfolio-performance.info: eher umständliche Open-Source-Anwendung, dafür kostenlos und mit großer hilfsbereiter Community

Finanzportale und -blogs

Etliche etablierte Websites bieten aktuelle Kurs- und Handelsinformationen, Analysen und Ratgeber zu Finanzthemen. Sie helfen beim Aufbau von Finanzwissen und Verständnis für verschiedene Anlageformen.

Anlegerforen und -communitys

Online-Communitys ermöglichen den Austausch mit anderen Anlegerinnen und Anlegern, die Strategien, Marktentwicklungen und einzelne Wertpapiere diskutieren.

Tipp: Nutze die Schwarmintelligenz

Bleib stets kritisch, denn insbesondere im großen weiten Web wird auch sehr viel Unsinn gepostet.

Einige Ideen:

- Getquin ist eine Finanz-Community und Social Media für Investmentbegeisterte.
- wikifolio ist eine Plattform, auf der du die Handelsideen anderer in Musterportfolios, den wikifolios, verfolgen kannst. Viele der Betreiberinnen und Betreiber eines offenen Musterdepots erklären ihre Trades und ihre Strategie.
- Im Social-Media-Netzwerk Reddit wird aktiv über Investments diskutiert. Es ist 2020 prominent geworden durch die Meme-Stocks von Boards wie wallstreetbets und dem deutschen Pendant r/mauerstraßenwetten. Meme-Stocks sind Aktien, bei denen sich eine ganze Community zusammentut, um sich gegen große Investoren zu stellen.

- Auch auf Discord gibt es etliche Investment- und Trading-Communitys. Meist betreiben Podcast-Hosts Discord-Server.
- Madame Moneypenny hat eine große Finanz-Community für Frauen auf Facebook.
- Das Hashtag #fintwit vereint eine lose, große Community, die sich von Ex-Twitter, heute X, ausgehend weiterentwickelt hat. Stand Herbst 2024 wächst die Community auf Threads weiter. Bemerkenswerterweise sind Umgang und Seriosität im Moment auf beiden Plattformen einigermaßen intakt. Es lohnt einen Blick in große Accounts, wenn du dort aktiv bist.

☞ Checkliste

- Definiere deine Ziele.
- Skizziere dein persönliches Drei-Säulen-Modell (Rente, Betriebsrente, Kapitalmarktanlagen) beziehungsweise überlege dir, wie du dich für dein Alter absichern möchtest.
- Definiere dein Budget, das du investieren möchtest.
- Überlege, was du benötigst, um zu starten: Depot eröffnen, Robo-Advisor auswählen etc.

♥ Persönlicher Tipp

Zwei Gedanken zu dieser ersten Etappe deiner Finanzreise: Trenn dich von dem Klischee, dass Finanzangebote trocken und langweilig sind, falls du das noch denkst. Es gibt viel zu entdecken: neue Apps, oft von jungen Gründerinnen und Gründern an den Start gebracht, die aus einem Hobby ein Beruf gemacht haben, lebendige Communitys, witzige Bücher und YouTube-Videos, unterhaltsame Podcasts. *»Mach aus deinen Finanzen ein Life-Style-Thema«,* empfiehlt Vermögensverwalterin Lisa Hassenzahl nicht nur, aber insbesondere Frauen. Auch wenn es nicht so weit in Deutschland verbreitet ist, überlege dir, ob du nicht bereit bist, Geld für eine fundierte und unabhängige Finanzplanung oder -beratung auszugeben – schließlich zahlen wir für viele Dienstleistungen ebenfalls, weil wir es so gewohnt sind.

Interview: »Die SEASN-App – dein digitaler Zwilling für die persönliche Finanzplanung«

Scanne den QR-Code auf Seite 12 und lies den Gastbeitrag von Prof. Andreas Hackethal.

Gastbeitrag von Prof. Alexandra Wuttig

Was du beim Investieren rechtlich beachten solltest – dein Überblick für jede Lebensphase

@ Sebastian Nagel

Wenn du beginnst zu investieren, denkst du vermutlich zuerst an Renditen, Märkte und Strategien. Doch egal, in welcher Lebensphase du dich befindest – es gibt einige rechtliche Aspekte, die du auf dem Schirm haben solltest. Ob du als Single investierst, in einer Partnerschaft lebst, verheiratet oder geschieden bist: Die Eigentumsrechte, Vollmachten und Depotführung unterscheiden sich je nach deiner Situation. Auch wenn du für deine Kinder vorsorgen möchtest, gibt es wichtige Punkte, die beachtet werden sollten. Lass uns gemeinsam einen Blick darauf werfen, was in den verschiedenen Phasen relevant ist.

Investieren als Single

Als Single hast du den Vorteil, dass dein Depot ganz allein dir gehört und du sämtliche Entscheidungen selbst treffen kannst. Dennoch ist es wichtig, Vorsorge für den Fall zu treffen, dass dir etwas passiert. Denn wenn du durch Krankheit oder Unfall handlungsunfähig wirst, ist es notwendig, dass eine Person deines Vertrauens deine finanziellen Angelegenheiten regeln kann. Dafür gibt es die Möglichkeit, Vollmachten zu erteilen. Was solltest du tun?

- **Depotvollmacht:** Überlege, ob du einer Person eine Depotvollmacht geben möchtest. Diese regelt, wer im Notfall auf dein Depot zugreifen darf.
- **Vorsorgevollmacht:** Diese Vollmacht geht noch einen Schritt weiter. Sie ist sinnvoll, wenn du möchtest, dass eine Vertrauensperson nicht nur deine finanziellen, sondern auch andere persönliche

Angelegenheiten regeln kann, falls du einmal nicht mehr dazu in der Lage bist.

Investieren in einer Partnerschaft

Lebst du in einer Partnerschaft ohne Trauschein, gehören deine Depots und Investitionen rechtlich weiterhin nur dir. Es gibt keine automatische Verknüpfung zwischen euren Vermögenswerten, es sei denn, ihr trefft eine entsprechende Vereinbarung. Solltest du wünschen, dass dein Partner oder deine Partnerin im Ernstfall Zugriff auf dein Depot erhält, muss dies ausdrücklich schriftlich geregelt werden. Was solltest du tun?

- **Eigentumsrechte klären:** Das Depot gehört ausschließlich der Person, die es eröffnet hat. Möchtet ihr gemeinsame Rechte oder ein Gemeinschaftsdepot, müsst ihr dies klar vereinbaren. Bitte auch beachten, dass Gemeinschaftskonten auch nur gemeinsam gekündigt werden können.
- **Vollmachten einrichten:** Sorge dafür, dass dein Partner eine schriftliche Vollmacht erhält, damit er im Notfall Zugriff auf das Depot hat und Entscheidungen treffen kann. Das kann aber auch eine andere Person deines Vertrauens sein.
- Denke auch daran, die Vollmacht zu widerrufen, sollte sich der Beziehungsstatus ändern. Am besten jährlich einen fixen Termin festlegen, an dem du alle Vollmachten überprüfst.

Investieren als verheiratetes Paar

In der Ehe können Investitionen je nach Güterstand unterschiedlich gehandhabt werden. Lebt ihr in einer Zugewinngemeinschaft – dem Standard im deutschsprachigen Raum –, bleibt das Depot im Besitz des Ehepartners, der es eröffnet hat. Allerdings wird der Zugewinn des Depots während der Ehe im Fall einer Scheidung in den Zugewinnausgleich einbezogen. In einer Gütergemeinschaft gehört das Depot beiden Ehepartnern gemeinsam, während bei Gütertrennung jeder seine eigenen Vermögenswerte behält. Was solltest du tun?

- **Güterstand überprüfen:** Je nachdem, ob ihr in einer Zugewinngemeinschaft, Gütertrennung oder Gütergemeinschaft lebt, ändert sich die Eigentumsfrage. Dies ist besonders im Falle einer Scheidung relevant.
- **Vollmachten und Erbrecht berücksichtigen:** Selbst in der Ehe ist es ratsam, Vollmachten zu erteilen, damit der überlebende Partner im Todesfall sofort über das Depot verfügen kann, ohne lange auf Erbschaftsformalitäten zu warten. Auch hier regelmäßig die vorhandenen Vollmachten überprüfen, ob sie noch zu der aktuellen Lebenssituation passen.

Investieren für Kinder

Viele Eltern möchten frühzeitig für ihre Kinder vorsorgen, sei es durch Sparpläne oder Depots. Hierbei gibt es einige rechtliche Punkte, die du beachten solltest. Wenn du ein Depot auf den Namen deines Kindes eröffnest, gehört das Geld rechtlich gesehen dem Kind – auch wenn du bis zu seiner Volljährigkeit die Verfügungsgewalt hast. Besonders bei großen Schenkungen oder Erbschaften solltest du das Schenkungssteuerrecht berücksichtigen. Was solltest du tun?

- **Depot für das Kind eröffnen:** Achte darauf, dass das Depot auf den Namen des Kindes läuft. Bis zur Volljährigkeit hast du zwar die Verwaltung, aber rechtlich gehört das Geld dem Kind.
- **Schenkungssteuer beachten:** Unbedingt das Schenkungssteuerrecht im Auge behalten, solltest du größere Summen anlegen.
- **Testament und Nachlass regeln:** Um sicherzustellen, dass das Vermögen des Kindes im Falle deines Todes gut verwaltet wird, ist es ratsam, frühzeitig testamentarische Regelungen zu treffen.

Was sonst noch wichtig ist

Sorgfalt bei der Wahl des Depotanbieters

- **AGB und Depotbedingungen prüfen:** Die Allgemeinen Geschäftsbedingungen (AGB) sowie die Konditionen der Depotführung sollten sorgfältig gelesen werden. Manche Anbieter haben Klauseln,

die sich auf Haftung, Gebühren oder Zugriffsrechte im Falle von Vollmachten auswirken können.
- **Sitz des Anbieters:** Achte darauf, wo der Depotanbieter seinen Sitz hat. Je nach Rechtslage (z. B. in der EU oder im Ausland) können sich Unterschiede im Rechtsschutz oder der Insolvenzabsicherung ergeben.

Vermögensverwaltung und Beratungsprotokolle

- **Vermögensverwaltungsverträge:** Wenn du eine professionelle Vermögensverwaltung beauftragst, sollten die vertraglichen Rechte und Pflichten klar definiert sein. Insbesondere die Haftung bei Fehlinvestitionen und das Vorgehen bei Konflikten sollten im Vertrag geregelt sein.
- **Beratungsprotokolle:** Bei Anlageberatungen sind Banken verpflichtet, ein Beratungsprotokoll zu erstellen. Dieses sollte sorgfältig geprüft und aufbewahrt werden. Bei falschen Anlageempfehlungen oder späteren Streitigkeiten kann dies ein wichtiges Beweismittel sein.

Fazit

In jeder Lebensphase gibt es rechtliche Aspekte, die beim Investieren bedacht werden sollten. Ob als Single, in einer Partnerschaft oder als Elternteil – die Eigentumsverhältnisse, Vollmachten und Fragen des Erbrechts sollten immer klar geregelt sein, um spätere Komplikationen zu vermeiden. Besonders bei Veränderungen im Leben, wie einer Heirat oder Scheidung, ist es wichtig, sich rechtzeitig abzusichern. So schaffst du die Grundlage für langfristigen finanziellen Erfolg ohne rechtliche Stolpersteine.

Hier sind die Checklisten für die jeweiligen Lebensphasen und Themen:

1. Checkliste: Investieren als Single
   - **Depotführung:** Depot gehört ausschließlich dir.
   - **Vorsorgevollmacht:** Prüfen, ob eine Person im Notfall Zugriff auf das Depot benötigt. Empfehlung zur notariellen Beurkundung der Vorsorgevollmacht.
   - **Depotvollmacht:** Depotvollmacht erstellen, falls eine andere Person Zugriff haben soll.
   - **Testament:** Bei größeren Vermögen frühzeitig eine testamentarische Regelung in Betracht ziehen.

2. Checkliste: Investieren in einer Partnerschaft
   - **Eigentum am Depot:** Das Depot gehört dem Partner, auf dessen Namen es eröffnet wurde.
   - **Vollmachten:** Falls ein Partner im Notfall Zugriff auf das Depot haben soll, schriftliche Vollmacht einrichten.
   - **Vorsorgevollmacht:** Absicherung durch eine umfassende Vorsorgevollmacht für beide Partner. Empfehlung zur notariellen Beurkundung der Vorsorgevollmacht.
   - **Erbrecht und Testament:** Vorsorge für den Todesfall, um den Nachlass eindeutig zu regeln. Ohne haben Partner keinen Zugriff auf den Hausstand oder Vermögen.

3. Checkliste: Investieren als verheiratetes Paar
   - **Güterstand prüfen:** Zugewinngemeinschaft (gesetzlich), Gütertrennung oder Gütergemeinschaft.
   - **Eigentum am Depot:** Klären, wem das Depot im Falle der Scheidung oder des Todes gehört.
   - **Vollmachten:** Depotvollmacht und Vorsorgevollmacht für den Ehepartner einrichten. Empfehlung zur notariellen Beurkundung der Vorsorgevollmacht.
   - **Testament und Erbrecht:** Testament aufsetzen, um den Ehepartner im Erbfall abzusichern.
   - **Nach Scheidung:** Prüfen und anpassen, ob Expartner noch Zugriff auf das Depot hat.

4. Checkliste: Investieren nach der Scheidung

- **Depot prüfen:** Eigene Depots und Investitionen nach der Scheidung auf Besitzverhältnisse prüfen.
- **Vollmachten anpassen:** Expartner sollte keine Vollmachten mehr über das Depot besitzen.
- **Neuregelung der Vollmachten:** Neue Vollmachten für vertrauenswürdige Personen festlegen.

5. Checkliste: Investieren für Kinder (als Single oder verheiratet)

- **Depot eröffnen:** Depot auf den Namen des Kindes eröffnen.
- **Verfügungsgewalt:** Bis zur Volljährigkeit des Kindes behalten die Eltern die Verfügungsgewalt.
- **Schenkungssteuer beachten:** Schenkungen und Erbschaften für das Kind müssen steuerrechtlich korrekt behandelt werden.
- **Testament erstellen:** Bei größeren Vermögen klare testamentarische Regelungen treffen.
- **Vollmachten für andere Elternteile:** Wenn ein Elternteil verstirbt, sollte der andere im Sinne des Kindes Zugriff auf das Depot haben.

6. Checkliste: Investieren für Kinder (als alleinerziehender Elternteil)

- **Depotführung:** Das Depot für das Kind sollte rechtlich abgesichert sein (Name des Kindes).
- **Vollmachten:** Prüfen, wer im Notfall Zugriff auf das Depot hat, insbesondere bei eigener Handlungsunfähigkeit.
- **Schenkungen und Erbschaften:** Steuerrechtliche Rahmenbedingungen klären.
- **Testament und Nachlassregelungen:** sichern im Todesfall den Zugriff des verbleibenden Sorgerechtsinhabers auf das Vermögen des Kindes.

7. Sorgfalt bei der Wahl des Depotanbieters

- **AGB prüfen:** Lies die allgemeinen Geschäftsbedingungen des Anbieters sorgfältig.

- **Einlagensicherung prüfen:** achte auf die Einlagensicherung, insbesondere bei ausländischen Anbietern.
- **Konditionen vergleichen:** prüfe die Gebührenstruktur und Vertragsklauseln erschiedener Anbieter.
- **Regulierung beachten:** stelle sicher, dass der Anbieter von einer anerkannten Aufsichtsbehörde reguliert wird (z. B. BaFin in Deutschland).

8. Checkliste: Vermögensverwaltung und Beratungsprotokolle
   - **Beratungsprotokolle aufbewahren:** Lass dir bei jeder Anlageberatung ein Protokoll aushändigen und bewahre es gut auf.
   - **Inhalt prüfen:** das Protokoll auf Richtigkeit und Vollständigkeit prüfen.
   - **Vermögensverwaltungsvertrag:** Vertrag gründlich lesen und Haftungsfragen klären.
   - **Regelmäßige Überprüfung:** regelmäßig die Leistungen der Vermögensverwaltung überprüfen.

Diese Checklisten bieten eine schnelle Orientierung über die wichtigsten rechtlichen Schritte und Vorsorgemaßnahmen in den verschiedenen Lebensphasen.

Alexandra Wuttig ist Kanzlerin der IU Internationalen Hochschule und Professorin für Entrepreneurship, Innovation und Recht im IU Fernstudium. Ihre Forschungsschwerpunkte liegen im Bereich Innovation, insbesondere in der Untersuchung der Auswirkungen von Innovationen auf Unternehmen mit Fokus auf Künstliche Intelligenz, Leadership und Diversity. Neben ihren Aufgaben an der IU engagiert sich Wuttig ehrenamtlich für die Gleichstellung der Frauen und ist Mitgründerin mehrerer Start-ups.

3. Vom Sparen zum Investieren

Auf deiner Finanzreise wirst du vielleicht feststellen, dass du mit dem mitgebrachten Proviant gerade so auskommen kannst. Vielleicht ist es angenehmer, hier und da unterwegs aufzustocken.

Im **dritten Kapitel** thematisieren wir die **Grundbegriffe des Investierens** und klären:

- wie Chancen und Risiken zusammenhängen,
- welche Risiken es gibt, und wie man mit ihnen umgehen kann,
- was strategisches Investieren vom taktischen Timing unterscheidet
- und wie die drei Regeln – langer Zeithorizont, breite Diversifikation und niedrige Kosten – teure Fehler verhindern.

Du erfährst außerdem, über welche Vehikel du investieren kannst – **direkt**, über **Fonds** oder **ETFs**.

E-Mail von Hannah

Hallo ihr,

ich lese überall, ich sollte etwas für meine Altersvorsorge tun. Und das möchte ich jetzt auch. Ich weiß nicht so ganz, wo ich anfangen soll, und habe Angst, etwas falsch zu machen und all mein Geld zu verlieren. Ich überlege, Aktien von XY zu kaufen, da mein Freund dort arbeitet. Es ist eine coole Marke, das Geschäftsmodell scheint solide zu sein, und ich kann mich mit dem Unternehmen identifizieren. Mein Bankberater hat mir allerdings einen neuen Fonds empfohlen. Ich will aber selbst loslegen. Ist das der richtige Weg?

Liebe Grüße,
Hannah

- - - - -

So wie Hannah geht es vielen. Immerhin ist sie von einem Unternehmen überzeugt, das ist schon mal positiv. Aber zum Risikomanagement gehört zwingend die Regel: auf keinen Fall alles auf eine Karte setzen.

In diesem Kapitel wollen wir dir einige Grundsätze der Geldanlage verständlich machen. Einmal verinnerlicht, kannst du deine ganze finanzielle Entwicklung darauf aufbauen. Die Vorarbeit, das Budget zu kalkulieren, über Ziele und das eigene Verhältnis zum Risiko nachzudenken, hast du ja bereits geleistet.

Vergiss nicht: Wie beim Wandern entwickelst du im Verlauf deiner Geldreise Kondition und Trittsicherheit.

3.1 Sparen versus Investieren

Sparen bedeutet heutigen Verzicht für späteren Konsum. Egal, ob du auf ein Ziel sparst – etwa eine Weltreise oder eine besondere Handtasche – oder Geld für die dritte Säule der Altersvorsorge, der privaten Vorsorge, beiseitelegst.

Spareinlagen sind die im deutschsprachigen Raum am weitesten verbreitete Sparform, auf die 2023 40 Prozent des Vermögens entfielen, sei es als Bargeld im Strumpf oder Sparschweinchen, als Posten auf dem Sparbuch, als Tages- und Festgeld oder, etwas fortgeschrittener, in Geldmarkt-ETFs[21]. Im Kontext dieses Buchs gehört das in die Anlageklasse Cash[22] (↪ Kapitel 4).

Cash bringt im besten Fall eine Verzinsung. Los geht das bei 0,1 Prozent bis hin zu einigen Promille unterhalb des Leitzinses, wenn du es geschickt anstellst. Die angesparten Euro bringen allerdings eine Verzinsung unterhalb der Inflation, und somit verlierst du real an Kaufkraft.

Der größte Vorteil von Bargeld ist seine sofortige Verfügbarkeit, falls du schnell Geld brauchst – deine Liquidität.

Wenn du investierst, gibst du jemandem Geld – einem Unternehmen, einer Bank oder einem Staat. Dafür erwartest du eine Entlohnung. Und zwar umso mehr, je höher du die Risiken einschätzt, die du eingehst.

Die Chance von Investments gegenüber dem Sparen sind potenziell höhere Gewinne. Andererseits gehen damit auch Risiken einher, die du aber kontrollieren kannst. Die Risiken im Griff zu haben ist der zentrale Erfolgsfaktor beim Vermögensaufbau. Deinen monetären Anlageerfolg misst du am Gewinn, den du nach Abzug aller Kosten und Steuern gemacht hast, der Rendite.

3.2 Chance und Risiko

Chancen und Risiken sind untrennbar miteinander verbunden.

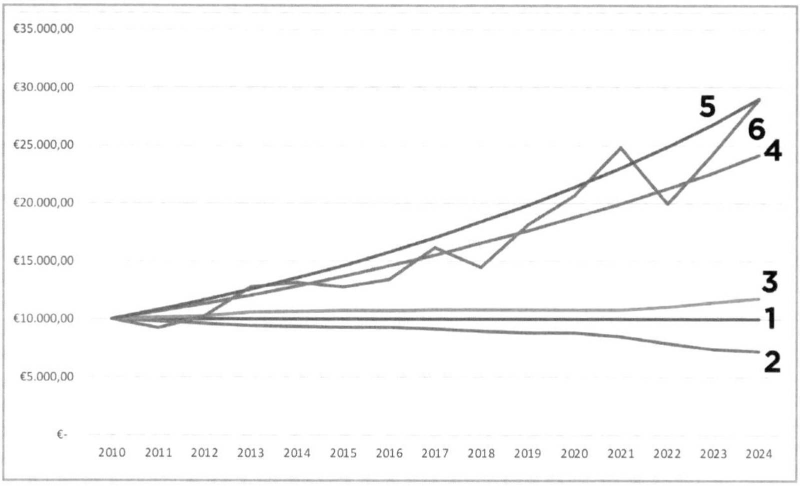

Bild 4: Übersicht möglicher Renditen verschiedener Anlageformen von 2007 bis 2023.

Die Grafik zeigt, welche Rendite dir verschiedene Anlageformen in den vergangenen 15 Jahren gebracht hätten:

- 10.000 Euro in Cash sind nominal immer noch 10.000 Euro (1).
- Real, das heißt abzüglich der Inflation, hast du nur noch eine Kaufkraft von 7.230 Euro (2).
- Aus dem Festgeld mit der durchschnittlichen Verzinsung sind circa 11.800 Euro geworden (3).
- Hättest du in einen aktiv verwalteten Aktienfonds investiert, hättest du jetzt immerhin 24.150 Euro (4).
- Am meisten Gewinn hätte ein weltweit investierter Indexfonds erzielt: Aus deinen 10.000 Euro wären 28.980 Euro geworden (5). (↪ Kapitel 7.4)

- Was aussieht wie ein Bergpfad, ist die tatsächliche Entwicklung des Welt-Indexfonds (6). (↪ Kapitel 7.4)

Die höheren durchschnittlichen Gewinne am Aktienmarkt sind die Entlohnung für das größere Risiko, das mit der Anlageklasse Unternehmensbeteiligung einhergeht.

So bringt ein weltweit gestreutes Engagement in 2.000 Aktien über fünf Jahre einen Zuwachs von knapp 77 Prozent. Dafür nimmst du Schwankungen von gut rund 15 Prozent in Kauf.[23]

Bei Schuldverschreibungen wie etwa Anleihen erwarten Käuferinnen und Käufer mehr Zinsen vom Anbieter. Und zwar umso höhere Verzinsung, je größer die Möglichkeit ist, dass dieser wegen wirtschaftlicher Probleme keine Zinsen zahlt oder insgesamt das Geld nicht zurückzahlen kann.

Relativ sichere Anleihen von Staaten, großen Unternehmen oder Banken können die Risiken deines Depots deutlich senken, sie reduzieren aber auch die durchschnittliche Rendite.

Nimmst du zu einem ähnlichen Aktieninvestment knapp die Hälfte Anleihen mit guter Bonität dazu, erhältst du nur noch fast 30 Prozent Rendite. Dafür sind die Schwankungen um 4 Prozent geringer.

Die Risiken und wie du mit ihnen umgehen kannst

Wenn dir wie der Mehrheit der Deutschen – 63 Prozent – ohne Depot schon kleinste Kursschwankungen Angst machen und dich nervös werden lassen, lass dich dennoch nicht vom Investieren abhalten. Es gibt Wege, damit umzugehen.[24]

Mach dir bewusst, was passiert, wenn du kein Risiko eingehst – Stichwort Inflation. Während deiner Geldreise geht es auch darum, Risikokompetenz zu entwickeln. Wir können lernen, Risiken kompetent und intelligent zu bewerten und zu steuern.

Ein systematischer Ansatz zum Umgang mit Risiken, der auch für die Geldanlage gilt, umfasst diese zwei wesentlichen Schritte: Zunächst wollen wir die Risiken erkennen, um sie dann in puncto mögliche Schadenshöhe und Eintrittswahrscheinlichkeit zu bewerten.

Als Nächstes wählen wir geeignete Strategien zum Umgang und überprüfen danach regelmäßig die gewählten Strategien, passen sie notfalls an.

»An der Börse sind 2 mal 2 niemals 4, sondern 5 minus 1. Man muss nur die Nerven haben, das Minus 1 auszuhalten«, lautet einer der bekanntesten Sätze von André Kostolany, den viele als den großen Altmeister der Geldanlage verehren.

Auf die spezifischen Risiken von Aktien oder Anleihen sowie Wege, ihnen zu begegnen, gehen wir später im Detail ein. Hier vorab einige wichtige Grundlagen. Wenn du drei Erfolgsfaktoren beachtest, kannst du nicht wirklich etwas falsch machen.

Preisschwankungen

Der aktuelle Wert deines Investments schwankt ständig. Mal weniger, mal mehr. Denn Marktpreise werden von Angebot und Nachfrage bestimmt, und diese hängen von den Erwartungen der Kaufenden und Verkaufenden ab: Erwartungen an die Rendite, die ein Wertpapier zukünftig abwerfen kann, Erwartungen an Ausschüttungen wie Dividenden oder Zinszahlungen und an mögliche Kursgewinne.

Die Schwankungen der Börsenpreise bezeichnet man als Volatilität. Sie ist ein wichtiger Faktor für fortgeschrittenere, taktische Strategien und beim Einsatz von Derivaten wie Optionen. Über das konkrete Risiko sagt die Volatilität jedoch wenig aus. Sie kann dir aber ein Gefühl dessen vermitteln, auf welche Kursschwankungen du dich einlässt, eine Art »Wie-viel-Nerven-muss-ich-haben-Indikator« sozusagen.

Eine andere nützliche Größe ist das Maximum Drawdown, der größtmögliche Verlust innerhalb eines gewählten Zeitraums, wenn du zum höchsten Preis gekauft hast und zum niedrigsten Kurs hättest verkaufen müssen.

Beide Kennzahlen sind für viele Wertpapiere online verfügbar, zum Beispiel auf den Factsheets der Wertpapiere bei Finanzportalen.

Allerdings sind sie für die strategische langfristige Geldanlage nicht wichtig. Da geht es eher darum, die Volatilität einfach auszusitzen beziehungsweise nicht verkaufen zu müssen. Langfristig geht es am Aktienmarkt bergauf.

Deep Dive: Volatilität

Die Intensität der Preisschwankungen, die Volatilität, wird in Prozent gemessen. Sie gibt die durchschnittliche Schwankungsbreite innerhalb eines bestimmten Zeitraums um den Mittelwert an. Mathematisch ist das die Standardabweichung.

Für deutsche Aktien gilt eine Volatilität von 15 bis 20 Prozent als normal. Das bedeutet Schwankungen von plus 20 Prozent und minus 20 Prozent um den Durchschnittspreis. Der gängige Volatilitätsindikator ist der VDAX für die 40 Aktien im wichtigsten deutschen Index DAX, dem Leitindex für deutsche Unternehmen. Durch den DAX werden die Kursentwicklungen aller enthaltenen Unternehmen dargestellt, indem ein gewichteter Durchschnitt gebildet wird. US-amerikanische Werte schwanken ein wenig stärker. Hier wird häufig der VIX als Indikator genutzt, der die Volatilität der 500 größten Aktien im S&P 500 widerspiegelt, dem meistbeachteten Index der Welt.

Grundsätzlich gilt: Die Preise der Aktien von Technologie- und Wachstumsunternehmen schwanken stärker als die aus klassischen Branchen. Die kleiner und mittelgroßer Unternehmen – ›Small und Mid Caps‹ – schwanken stärker als die Aktien großer Konzerne, die Large Caps oder auch Blue Chips, also Aktien großer Unternehmen mit hohen Börsenumsätzen.

Marktrisiken

Es gibt zwei unterschiedliche Arten von Risiken durch Preisschwankungen. Wenn sich der ganze Markt nach unten bewegt, etwa wegen eines politischen Konflikts, schlechter Konjunkturprognosen oder Auswirkungen gesetzlicher Entscheidungen auf eine Branche, spricht man von einem systematischen Risiko. Das unsystematische Risiko bezieht sich auf das einzelne Wertpapier.

Wertpapiermärkte bewegen sich grundsätzlich zyklisch. Das heißt, sie schwanken. Langfristig geht es im Schnitt nach oben. Dahinter stehen Produktivitätssteigerungen, Gewinne, Inflation etc. Das Ausmaß der Schwankungen ist unterschiedlich, ebenso der Zeitablauf, beides ist nicht vorhersehbar.

So hat sich der japanische Aktienmarkt nach einer unbeschreiblichen Boomphase in den 1980er-Jahren erst jetzt, gut 30 Jahre später, wieder von seinem Einbruch erholt.

Einzelwertrisiken

Den möglichen Verlust eines einzelnen Wertpapiers bezeichnet man als unsystematisches Risiko, etwa wenn ein Unternehmen schlechte Ergebnisse veröffentlicht oder in einen Skandal verwickelt ist, bis hin zum Totalverlust durch Insolvenz.

Das ist gar nicht so selten. Abseits von den aufsehenerregenden Pleiten wie Wirecard oder KTG Agrar verschwinden etliche Unternehmen von den Kurszetteln. Von den rund 400 Unternehmen im regulierten Markt der Frankfurter Börse sind zurzeit neun in einem Insolvenzverfahren. Hinzu kommt eine mögliche Einstellung des Handels an der Börse nach Übernahme des Unternehmens. Bei einem Squeeze-out werden kleinere Anteilspakete zwangsweise ausgezahlt und bei einer Restrukturierungen nach StaRUG ohne Kompensation entwertet.

Wo Risiken vorhanden sind, gibt es häufig auch Chancen. Der Preis einzelner Aktien kann sich vervielfachen.

Du ahnst es schon: Natürlich gibt es auch gute Strategien für den Umgang mit dem Einzelwertrisiko. Die einfachste ist die Diversifikation.

Ein Vergleich der Preisentwicklung der Bayer-Aktie mit dem DAX ist ein gutes Beispiel für das Einzelwertrisiko.

Bild 5: Kursverlauf der Aktie der Bayer AG (unten) und DAX (oben).

Auf deiner Geldwanderung erwartet dich kein stetig ansteigender Weg, sondern ein Auf und Ab, das in der Summe jedoch stets nach oben führt. Du wappnest dich mit einem Höhenprofil, beziehst Höhenmeter und Steigung in deine Planung mit ein. Nicht so gut planbar sind Faktoren wie Gegenwind und Untergrund. Dafür baust du Zeitpuffer und Umwege ein.

3.3 Drei Erfolgsfaktoren im langfristigen Vermögensaufbau

Wegweiser Zeithorizont

Das Klischee des Traders, der eine Aktie billig kauft, um sie kurz darauf teurer zu verkaufen, sitzt tief, greift aber viel zu kurz. Es ignoriert die unterschiedlichsten Motive der Akteurinnen und Akteure im Wertpapierhandel. Sicher, Rendite ist das gemeinsame Ziel. Der größte Unterschied liegt jedoch im zeitlichen Horizont eines Investments. Die Frage, die du dir zu Beginn stellen solltest, lautet, wie lange du Geld anlegen möchtest, bis du es benötigst. Das entscheidet über den jeweiligen Weg, den du einschlägst.

Wir unterscheiden zwischen erstens Cash – Bargeldhaltung mit sehr kurzfristigem Zeithorizont bis zu einem Jahr. Zweitens mittelfristigen taktischen Investments mit einem Zeithorizont bis zu sechs, sieben Jahren. Und drittens längerfristigem, strategischem Vermögensaufbau.

»Kurzfristig ist es riskant, in Aktien zu investieren, langfristig ist es riskant, nicht in Aktien zu investieren.« Diesen wichtigen Unterschied fasste Warren Buffet, der wohl berühmteste Investor der Welt, in einem Satz zusammen.

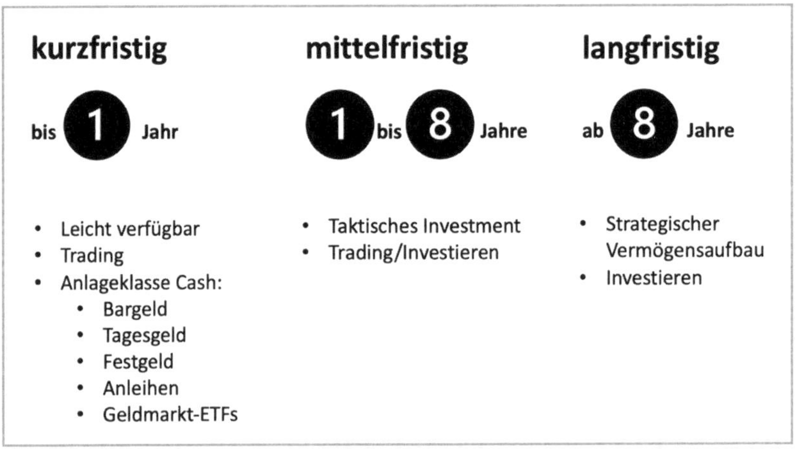

Bild 6: Drei verschiedene Zeitbänder, drei unterschiedliche Ansätze.

Bargeld und andere Cash-Formen sind Mittel, über die du sofort verfügen kannst. Sie müssen nicht auf dem Girokonto oder im Sparschwein renditefrei durch die Inflation entwertet werden, auch dafür gibt es Alternativen.

Taktische versus langfristige Geldanlage

Wer taktisch Geld anlegt, reagiert auf aktuelle Marktbedingungen und versucht, kurzfristige Chancen zu realisieren. In dem Versuch, von kurzfristigen Marktineffizienzen oder Trends zu profitieren, werden einzelne Wertpapiere möglichst günstig gekauft und teurer verkauft. Das Ziel beim Trading, wie diese Herangehensweise auch genannt wird: die Renditechancen kurzfristig zu optimieren und damit eine höhere Rendite zu erzielen als der Gesamtmarkt, der als Benchmark dient.

Die strategische Geldanlage basiert auf langfristigen Rendite- und Risikoerwartungen. Fokussiert auf einen längeren Anlagezeitraum, oft mehrere Jahre oder Jahrzehnte, bleibt die Zusammensetzung des Depots weitgehend stabil und wird nur selten verändert. Das Ziel ist der langfristige Vermögensaufbau bei möglichst optimalem Gleichgewicht zwischen Rendite und Risiko.

Kaum jemand verfolgt jedoch nur eine dieser Anlagestrategien. Auch sehr aktive Anlegerinnen und Anleger betreiben neben ihren taktischen Trades den langfristigen Vermögensaufbau, oft streng getrennt zwischen Risikokapital und Zukunftssicherung. Und wir alle brauchen Bargeld für unsere laufenden Ausgaben.

Wer neu in der Investmentwelt ist, fängt wahrscheinlich damit an, Cash zu halten und alles andere langfristig anzulegen, lässt also den taktischen Teil (erst mal) aus. Wer taktisch investiert, setzt sich stärker mit den Risiken auseinander und ist bereit, mehr Zeit in die Geldanlage zu investieren.

Eine sehr umfangreiche Studie aus dem Jahr 1991 kam zu dem Ergebnis, dass 90 Prozent des Erfolgs aus strategischem Vermögensaufbau resultieren und nur 10 Prozent aus taktischen Käufen und Verkäufen.[25] Neuere, weniger fundamentale Untersuchungen bestätigen diese Tendenz.

Ein gutes Hilfsmittel zur Veranschaulichung sind ›Renditedreiecke‹. Es gibt sie zum Beispiel vom Deutschen Aktieninstitut, kurz DAI, für die 40 Aktien im DAX. Oder aber vom Dividendenadel für einen weltweit gestreuten Aktien-Indexfonds.

Im Renditedreieck kannst du die durchschnittliche Jahresrendite für jeden beliebigen Kauf- und Verkaufszeitpunkt der vergangenen 50 Jahre ablesen. Je grüner, desto höher. Du siehst auf einen Blick: Am Rand, also bei kurzer Haltedauer, gibt es einige Jahre im Minus beziehungsweise ohne Gewinn. Die Rendite bezieht sich auf den potenziellen Gewinn bei Verkauf, berücksichtigt aber keine Kosten und Steuern.

Ein langer Zeithorizont dient nicht nur dazu, Kursschwankungen auszusitzen, sondern auch, um mit kleinen Beträgen erträgliche Renditen zu erwirtschaften. Denn je länger dein Geld für dich arbeiten kann, umso stärker greift der Zinseszinseffekt (↪ Kapitel 1.4).

Tipp: Blickfang Renditedreieck

Scalable Capital bietet aktualisierte Renditedreiecke für verschiedene Anlagesituationen, ob Sparplan oder Einmal-Order, unter Einbezug von Kosten und Inflation. Tipp: Ausducken und an den Kühlschrank hängen, wenn es an den Aktienmärkten mal ruppig wird.

Bild 7: Performance weltweit-gestreuter Aktien-ETFs auf sehr lange Sicht. Quelle: https://de.scalable.capital/cwr-cash-wealth-returns

»Time in the market beats timing the market«, die Zeit im Markt schlägt den Versuch, die besten Zeitpunkte zum Ein- und Ausstieg zu finden. Das ist einer der bekanntesten Sätze des Ökonomen Kenneth Fisher. Wer einen langfristigen Vermögensaufbau mit dem Ansatz anstrebt, dass vor allem die Zeit im Markt Rendite bringt, weiß: JETZT ist der beste Moment, um loszulegen, weil ich nie weiß, wohin sich die Aktienpreise bewegen.

Tipp: Loslegen

Wenn du dich entschlossen hast, langfristig in Aktien zu investieren, dann war der beste Moment gestern, und der zweitbeste ist heute. Der Zinseszinseffekt arbeitet für dich, solange du auf die beiden anderen Erfolgsfaktoren achtest: breite Streuung und vertretbare Kosten.

Erfolgsfaktor Risikostreuung

Das führt uns direkt zum zweiten Erfolgsfaktor: die Verteilung deiner Investments auf verschiedene Anlageklassen, respektive Wertpapiere, Diversifikation genannt. Denn was nützen dir der lange Anlagehorizont oder das exponentielle Wachstum deines Anteils, wenn das Unternehmen, in das du investiert bist, insolvent geht und du einen Totalverlust erleidest? Den kannst du dann nicht mehr aussitzen.

Risikostreuung begleitet dich auf deiner ganzen Geldreise und ist auf mehreren Ebenen relevant.

»Diversification is the only free lunch in investing«, Risikostreuung ist das einzig Kostenlose beim Investieren. Dieses Zitat wird dem Ökonom Harry Markowitz zugeschrieben, der für seine Portfolio-Theorie einen Nobelpreis bekommen hat. Er drückt damit aus, wie einfach und ohne weiteren Aufwand die Verteilung deiner Investments auf verschiedene Anlagen das Risiko herausnimmt.

Gleich zu Beginn, auf der ersten Ebene, baust du deine finanzielle Zukunft am besten auf mehreren Säulen auf, zum Beispiel staatliche Altersvorsorge, geförderte Sparformen und Aktienfonds.

Auf der zweiten Ebene verteilst du das Geld, das du investierst, auf verschiedene Anlageklassen. Anlageklassen kategorisieren Wertpapiere und andere Vermögenswerte mit ähnlichen Eigenschaften und grenzen sie von anderen ab, deren Preisschwankungen nicht im Gleichklang verlaufen.

Auf der dritten Ebene streust du ebenfalls die Investments möglichst breit, indem du dir nicht nur eine Aktie ins Depot legst, sondern möglichst viele aus verschiedenen Ländern und Branchen.

Die wichtigsten Anlageklassen sind Aktien, Anleihen, Bargeld, Immobilien, Edelmetalle, Kryptowährungen und Rohstoffe. Für Fortgeschrittene gibt es direkte Beteiligungen, Peer-to-Peer-Kredite oder Private Equity, also die Beteiligung an Unternehmen, die nicht an der Börse notiert sind. Aber auch Kunst, Oldtimer oder Rotweine gelten als Anlageklasse – zumindest solange du das Auto nicht im Alltag fährst und den Rotwein nicht trinkst.

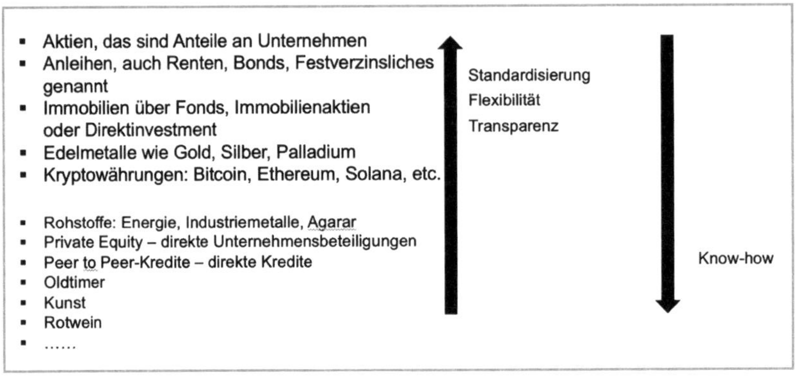

Bild 8: Verschiedene Anlageklassen, der Grad ihrer Standardisierung, Flexibilität im Handel und Transparenz versus das benötigte Know-how.

Auf die ersten drei Anlageklassen, Aktien, Anleihen und Cash, gehen wir in den nächsten Kapiteln ein, auf andere später.

Video: »Drei Erfolgsfaktoren für den langfristigen Vermögensaufbau«

Vorgestellt von Fabienne Lindner und Edda Vogt. Scanne den QR-Code auf Seite 12, um zum Video zu gelangen.

Gastbeitrag von Dr. Gerd Kommer

Asset-Allokation: Was Rendite und Risiko des Portfolios tatsächlich bestimmt

Manchen Leser, manche Leserin wird es überraschen: Die Entscheidung, die sich statistisch am stärksten auf die Rendite-Risiko-Kombination eines Portfolios aus Kapitalmarktanlagen auswirkt, ist die Auswahl der in dem Portfolio enthaltenen Anlageklassen (engl. Asset Classes) und deren Gewichtung. Hingegen kommt es statistisch kaum auf die in den einzelnen Anlageklassen enthaltenen individuellen Wertpapiere an. Das gilt jedenfalls dann, wenn das Portfolio nicht dauerhaft nur aus einigen wenigen Einzelwerten besteht.

@ Gerd Kommer Invest GmbH

Anlageklassen sind sachlogisch sinnvoll definierte Kategorien von Anlagen (Assets), wie z.B. Aktien, Anleihen, Geldmarktanlagen (bargeldartige Anlagen), Immobilien, Rohstoffe und Sammlerobjekte. Einen Überblick über zehn Haupt-Anlageklassen und ihre Sub-Anlageklassen gibt die folgende Tabelle.

Die Haupt-Assetklassen (Anlageklassen) kurz erläutert

Haupt-Assetklasse	**Beispiele für Sub-Assetklassen**	**Erläuterung**
Cash, Geldmarktanlagen	Physisches Bargeld, unverzinsliche und verzinsliche Bankguthaben, Geldmarktfondsanteile, Staatsanleihen bis 18 Monate Restlaufzeit. Es darf kein Wechselkursrisiko bestehen.	»Cash« ist die Anlageklasse mit dem niedrigsten Risiko und der geringsten erwarteten Rendite. Cash-Anlagen in Form von Bankeinlagen sollten nur bis zur Grenze der gesetzlichen Einlagensicherung bei einer einzelnen Bank oder nur in Staatsanleihen der höchsten Bonitätsstufen AAA bis A+ (Rating) vorgenommen werden. Diese Assetklasse gilt als »risikofrei« oder risikoarm, gemessen an den Risiken Volatilität, Ausfallrisiko und Liquidität.
Immobilien	Direktanlagen in Wohnimmobilien, Gewerbeimmobilien.	Neben den links genannten Hauptsegmenten kann man Immobilien weiter nach Standorten im Inland oder Ausland, nach Büroimmobilien, Einzelhandelsimmobilien, Hotels usw. unterscheiden.

Haupt-Assetklasse	Beispiele für Sub-Assetklassen	Erläuterung
Anleihen (Renten) unterschiedlicher Bonität und Laufzeit	Anleihen mit einer Restlaufzeit ab circa 18 Monaten, insbesondere Staatsanleihen, Pfandbriefe, andere Bankanleihen, Unternehmensanleihen solider Bonität (Investment Grade), Hochzinsanleihen (Sub-Investment Grade, »Junk Bonds«), Schwellenländeranleihen, Wandelanleihen, inflationsgesicherte Anleihen usw.	Wichtige Unterscheidungsmerkmale bei Anleihen sind: Land des Emittenten (Schuldner), Kreditwürdigkeit des Emittenten (Rating), Währung, Laufzeit, Besicherung usw. Allgemein sind die wichtigsten Risikotreiber bei Anleihen ihre Laufzeit, das Bonitätsrisiko des Emittenten und ihr Wechselkursrisiko.
Aktien	Exemplarische Unterscheidungen: Standardwerteaktien, Nebenwerteaktien, Growth-Aktien, Value-Aktien, Technologieaktien, Immobilienaktien, Rohstoffaktien, deutsche Aktien, japanische Aktien, Schwellenländeraktien usw.	Die genannten Beispiele umfassen nur einen kleinen Teil der wichtigsten Gruppen (Sub-Anlageklassen) von Aktien. Die aus Anlegersicht wichtigste Aufteilung in Anlageklassen bei Aktien basiert auf sogenannten Faktorprämien, z. B. Small Size, Value, Low Volatility, Quality, Momentum.
Devisen (Fremdwährungen, »FX« – Foreign Exchange)	Verzinsliche Cash- oder Geldmarktanlagen (siehe oben) in fremden Währungen.	Die erwartete inflationsbereinigte Rendite von Wechselkursschwankungen ist bei kleinen Anlagesummen null, weil Transaktionskosten und Währungskursverluste die möglicherweise höheren Zinserträge langfristig ausgleichen.
Edelmetalle	Gold, Silber, Platin, Palladium.	---

Rohstoffe in Gestalt von Rohstoff-Termin-geschäften	Energierohstoffe, Basismetalle, Agrarrohstoffe, Mineralien.	Direkte Investments in Rohstoffe sind mit Ausnahme von Edelmetallen unmöglich. Möglich sind nur Rohstofftermingeschäfte z. B. in Form von Rohstoff-ETFs (ETPs – Exchange Traded Products).
Derivate	Call-Optionen, Put-Optionen, Optionsscheine, Contracts for Differences (CFDs), Futures.	Zwar basieren Derivate auf einem zugrunde liegenden anderen Asset (Underlying), sie sind aber aufgrund ihrer spezifischen Rendite-Risiko-Charakteristika als eigenständige Haupt-Assetklasse zu sehen.
Krypto-währungen	Bitcoin oder eine der anderen mehr als 10.000 Kryptowährungen.	Die älteste Kryptowährung Bitcoin ist weniger als 20 Jahre alt. Aus diesem Gründen sind Aussagen über Kryptowährungen-Investments als besonders unsicher einzustufen.
Sammler-objekte	Kunst, Antiquitäten, Luxusuhren, Oldtimer-Autos, Sammlerweine, NFTs (Non-Fungible Tokens) und vieles andere.	Das Hauptproblem dieser Anlageklasse besteht in der Unklarheit hinsichtlich ihrer tatsächlichen Langfristrendite und ihres Risikos. Ferner sind solche Investments normalerweise sehr illiquide und verursachen beträchtliche Lager-, Verwaltungs- und Versicherungskosten.

In die meisten dieser Haupt- und Subanlageklassen kann man über ETFs zu geringen Kosten investieren.

»Verpackte« Finanzprodukte stellen in der Regel keine eigene Anlageklasse dar. Beispiele: Kapitallebensversicherungen, Investmentfonds (auch ETFs), Zertifikate, Hedgefonds, Private-Equity-Fonds, geschlossene Immobilienfonds, Peer-to-Peer-Kredite, Crowdfunding. Diese Produkte sind lediglich Verpackungen für eine oder mehrere darin enthaltene echte Anlageklassen.

Einzelne Assets innerhalb einer Anlageklasse weisen statistisch erstaunlich ähnliche Eigenschaften in Bezug auf Rendite, Risiko und Liquidität auf. Beispielsweise produzieren die allermeisten Unternehmensanleihen mit identischem Rating und identischer Restlaufzeit ähnliche Renditen und Renditeschwankungen. Das Gleiche gilt für Aktien innerhalb einer Branche. Die Renditen dieser Wertpapiere entwickeln sich im Zeitablauf sehr ähnlich und reagieren auf positive oder negative Markteinflüsse oft identisch.

Auf der Basis der Forschung[26] lässt sich der Sachverhalt so zusammenfassen: Über 90 Prozent der Rendite und etwa 90 Prozent des Risikos eines Aktienportfolios werden von den in ihm enthaltenen Anlageklassen bestimmt. Weniger als 10 Prozent der Rendite und des Risikos geht auf die innerhalb der einzelnen Anlageklassen enthaltenen konkreten Wertpapiere zurück. Diese Aussage gilt vermutlich auch für Anleihen.

Warum ist das so? Eine einfache Antwort lautet: Eine Anlageklasse wird dadurch definiert, dass die in ihr sachlogisch zusammengefassten Wertpapiere vergleichbare Merkmale hinsichtlich Rendite, Risiko und Liquidität aufweisen. Das liegt daran, dass die Investmentprojekte, Unternehmen und Staaten über längere Sicht weitgehend den gleichen marktmäßigen, volkswirtschaftlichen, rechtlichen und politischen Einflüssen ausgesetzt sind. Außerdem konkurrieren sie miteinander auf vielfältige Weise, ahmen sich somit zum Teil gegenseitig nach.

Wer also sein Portfolio in Bezug auf Rendite, Risiko und Liquidität im Einklang mit einer Schlüsselerkenntnis aus der Wissenschaft steuern möchte, sollte den Investmentfokus auf Anlageklassen legen, weniger auf einzelne Wertpapiere. Mit ETFs lässt sich das leicht umsetzen.[27]

Dr. Gerd Kommer ist Gründer und Hauptgesellschafter der Gerd Kommer Invest GmbH, ein BaFin-reguliertes Vermögensverwaltungsunternehmen mit Sitz in München. Er hat mehrere Bücher zu Investmentthemen veröffentlicht.

Deep Dive: Korrelation als Maß für die Risikostreuung

Korrelation in der Geldanlage bezieht sich auf den statistischen Zusammenhang zwischen verschiedenen Anlageklassen oder Wertpapieren. Wenn du verschiedene Aktien kaufst, die nicht stark miteinander korreliert sind, kannst du dein Risiko verringern. Wenn eine Aktie aus einer Branche schlecht abschneidet, könnte eine andere aus einer anderen Branche gut laufen und dein Gesamtverlust wird kleiner. Die Korrelation ist wichtig innerhalb einer Anlageklasse, aber auch in Bezug auf die unterschiedlichen Anlageklassen, wie Anleihen, Gold, Private Equity.

Gemessen wird die Korrelation mit dem Korrelationskoeffizienten, der Werte zwischen -1 und +1 annehmen kann. Ein Wert von +1 bedeutet, dass sich beide Geldanlagen exakt gleich entwickeln. Ein Wert von -1, dass sie sich genau die gegenläufige Richtung anstreben, 0 zeigt keinen Zusammenhang.

Korrelation hilft bei der Zusammenstellung gut diversifizierter Portfolios. Ziel ist es, Anlagen mit geringer oder negativer Korrelation zu kombinieren, um das Gesamtrisiko zu reduzieren.

Tool-Tipp: Korrelation überprüfen

Ein kostenloses iPad-Tool ermöglicht dir, die Wertentwicklung und das Risiko verschiedener Aufteilungen auf Anlageklassen wie Anleihen, Cash, Aktien, Gold und Immobilien zu vergleichen. Es zeigt dir die Macht der Diversifikation. Im App-Store unter AAAnalyzer verfügbar.

Erfolgsfaktor Kosten

Ein wichtiges, über deine Rendite entscheidendes Kriterium bei deinem Vermögensaufbau sind die Kosten. So wie der Zinseszins dein Vermögen mit vergehender Zeit exponentiell steigert, wirken Kosten zunehmend dagegen. Ein Promille, also 0,1 Prozentpunkte, mehr oder weniger an Verwaltungsgebühr klingt auf den ersten Blick ziemlich unwesentlich, doch auf lange Sicht macht es einiges aus.

Welchen Effekt unterschiedliche Kostensätze auf ein Investment von 10.000 Euro nach 30 Jahren haben, veranschaulicht diese Beispielrechnung. Ausgangspunkt ist die Rendite eines Welt-Index von durchschnittlich 7,5 Prozent seit 1994 bis Ende 2023.

Kostensatz	Effektive Rendite	Endwert nach 30 Jahren[28]
0,1 Prozent	7,4 Prozent	92.073,31 Euro
0,5 Prozent	7,0 Prozent	81.661,70 Euro
1,0 Prozent	6,5 Prozent	70.286,88 Euro

Natürlich kosten Finanzdienstleistungen etwas. Die Frage ist eher: Welchen Service möchtest du in Anspruch nehmen, und wie viel bist du bereit zu bezahlen? Auf deiner Anlagereise wirst du immer wieder dem Thema Kosten begegnen. So herrscht Konsens, dass aktiv verwaltete Fonds wegen ihrer Kosten häufig von passiven Ansätzen, vor allem mit ETFs, in ihrer Performance überholt werden. Und gilt das Konzept der Riester-Rente mit aktivem Fondsmanagement in vielen Fällen als wenig rentabel, weil es schlicht zu teuer ist.

Das Thema Kosten zieht sich durch dieses gesamte Buch – seien es Gesamtkosten eines Fonds, Ausgabeaufschläge, Bankspesen oder Handelsspannen. Auch die Steuern, die auf Gewinne fällig werden, sind eine Kostenart. Während du an den Steuern wenig ändern kannst, außer du nutzt deinen jährlichen Steuerfreibetrag, hast du bei den Kosten volle Kontrolle, auch wenn es manchmal etwas komplizierter ist. Es gibt viele versteckte Gebühren und indirekte Kosten. Im Folgenden versuchen wir, dir so viele Wegunebenheiten wie möglich aufzuzeigen. Beim Thema Kosten solltest du auch die ›Opportunitätskosten‹ im Auge haben. Das heißt nichts anderes als: Was kostet es dich, nicht investiert zu sein? Welche Gewinne oder Nutzen entgehen dir?

Tipp: Sparplankosten checken

Nimm Kosten als Belastung für deine Rendite bitte ernst. Auch wenn der Unterschied zwischen 1 und 1,5 Prozent pro Sparplanrate gering aussieht, ergibt sich daraus langfristig eine bedeutende Differenz.

Tool-Tipp: Kostenrechner nutzen

Finanzfluss bietet einen übersichtlichen Kostenrechner: finanzfluss.de/rechner/etf-kostenrechner.

4. Erste Bausteine fürs Vermögen

Im **vierten Kapitel** beschäftigen wir uns mit den wichtigsten drei Anlageklassen zum Einstieg: Cash, Anleihen, Aktien. Anlageklassen sind die Bausteine, aus denen du nach und nach dein Vermögen zusammensetzt. Cash ist wie Traubenzucker auf deiner Finanzreise, schnell verfügbare Energie, während Anleihen wie Müsliriegel länger anhalten und Aktien wie eine ausgedehnte Pause beachtliche Energievorräte bringen können.

Du erfährst:

- welche **Cash-Investments** ein bisschen Rendite bringen,
- wie du in **Anleihen** investieren kannst und
- wie du in klaren Schritten eine passende Anleihe findest.

Außerdem befassen wir uns mit Chancen und Eigenheiten von **Aktien** sowie der spannenden Frage, was die **Aktienpreise** bewegt.

E-Mail von Carsten

Liebe Fabienne, liebe Edda,

ich habe mich in letzter Zeit etwas mit dem Thema Geldanlage beschäftigt und hätte da ein paar Fragen an euch.

Ich habe gehört, dass die Zinsen wieder etwas gestiegen sind, und frage mich, ob es da vielleicht Möglichkeiten gibt, mein Geld kurzfristig und sicher anzulegen, ohne dass es komplett von der Inflation aufgefressen wird.

Deswegen habe ich mich mit Anleihen beschäftigt. Das klingt für mich ganz interessant, aber ich bin mir noch nicht sicher, wie ich da am besten einsteigen kann. Könnt ihr mir vielleicht erklären, welche Möglichkeiten es gibt, in Anleihen zu investieren? Ich habe von einzelnen Anleihen, Anleihenfonds und ETFs gehört, aber weiß nicht genau, was für mich am sinnvollsten wäre. Ich habe manchmal das Gefühl, dass die Kurse ziemlich willkürlich schwanken. Gibt es bestimmte Faktoren, die besonders wichtig sind und die ich im Auge behalten sollte?

Ich wäre euch super dankbar, wenn ihr mir bei diesen Fragen etwas auf die Sprünge helfen könntet.

Grüße, Carsten

\- - - - -

Carstens Überlegungen geben die grundlegenden Fragen vor einem konkreten Investment gut wieder, nämlich in welche Anlageklassen du investieren willst. Schauen wir uns als Erstes mal Cash als Anlageklasse an.

4.1 Anlageklasse Cash

Cash als Anlageklasse bezieht sich auf sofort verfügbare Geldmittel und kurzfristige Anlagen mit sehr geringem Risiko.

Bargeld

Konkret in Form von Scheinen oder Münzen. Im Schnitt bewahren Deutsche 1.364 Euro zu Hause oder im Schließfach auf, allerdings ziemlich ungleich verteilt: 25 Prozent halten überhaupt kein Bargeld, 5 Prozent über 5.000 Euro.[29]

Sparbuch

Festverzinstes Sparguthaben in der Regel mit dreimonatiger Kündigungsfrist für größere Beträge.

Die klassische Form des Sparens ist immer noch beliebt, wenn auch mit stark abnehmender Tendenz. 2023 lag noch rund ein Zehntel des 4,5 Billionen Euro gehaltenem Cash in Deutschland auf Sparbüchern[30], weil es früher ordentliche Zinsen auf die Sparbucheinlagen gab. Das ist heute nicht mehr so – und einige Sparbücher sind wohl in Schubladen in Vergessenheit geraten.

Tagesgeld auf Girokonto oder Verrechnungskonto

Die meistverbreitete Form der Cash-Haltung in Deutschland ist das Tagesgeld. Inzwischen gibt es etliche Banken, die für Neukunden Lockangebote mit recht hohen Zinsen bereithalten. Meist gelten diese jedoch nur für einen kurzen Zeitraum.

Einige Online-Banken bieten eine gute Verzinsung für ein Verrechnungskonto. Das ist ein Zwischenkonto für Geldtransaktionen im Zusammenhang mit dem Wertpapierdepot. Beispiele sind der Kaufpreis für Wertpapiere, Ordergebühren und ausgezahlte Dividenden. Bedenke aber bitte, dass auch bei dieser Sparform Steuern auf Gewinne anfallen.

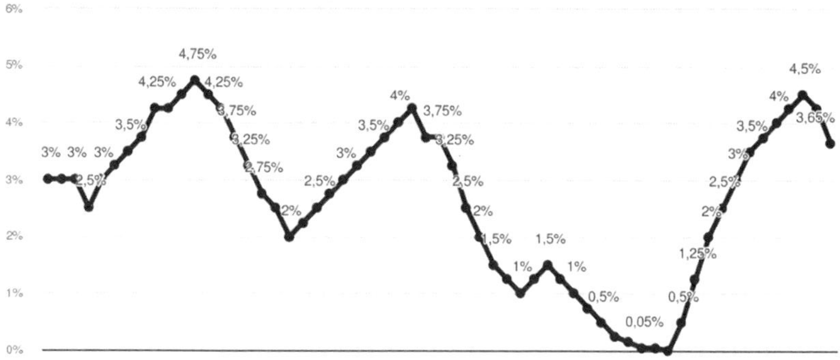

Bild 9: Entwicklung des Zinssatzes der Europäischen Zentralbank von 1999 bis 2024. Quelle: statista.com.

Tipp: Zinshopping

Für Sparfüchse kann es sich durchaus lohnen, von einem kurzfristigen Tagesgeldangebot zum anderen zu wechseln. Vergleichsportale erleichtern die Recherche: finanztip.de, test.de und tagesgeldvergleich.net. Vorsicht Falle: Sei dir aber bewusst, dass du aktiv dranbleiben musst. Viele Banken informieren dich nicht, wenn das Startangebot ausläuft.

Tipp: Bankwechsel

Die Zinswende, die 2022 von der Europäischen Zentralbank (EZB) eingeläutet wurde, ist von vielen Banken sehr zögerlich bis gar nicht an die Kundinnen und Kunden weitergegeben worden. Unter anderem fallen 23 Prozent der Volksbanken und 19 Prozent der Sparkassen negativ auf, die die Verzinsung des Tagesgelds nicht erhöht haben.[31] Das ist angesichts der Beliebtheit von Cash als Sparform ein Hemmnis für die Vermögensbildung in Deutschland. Deswegen: Wechsle die Bank oder leg dein Cash anders an. Der Notgroschen ist hiervon natürlich ausgeschlossen.

Festgeld

Festgeld, alternativ Termingeld, ist eine Form der Geldanlage, bei der ein festgelegter Betrag für einen bestimmten Zeitraum zu einem festen Zinssatz bei einer Bank angelegt wird. Der Zinssatz bleibt über die gesamte Laufzeit unverändert, am Ende erhältst du den Betrag plus die Verzinsung zurück.

Festgeld bietet oft höhere Zinsen als Tagesgeldkonten. Je länger die gewählte Laufzeit, desto höher ist in der Regel die Verzinsung. Die Rendite ist von Beginn an berechenbar. Außerdem kannst du in einer Phase sinkender Zinsen die höhere Verzinsung fixieren.

Festgeld gilt als sichere Anlageform. In der EU greift die gesetzliche Einlagensicherung bis zu 100.000 Euro pro Person und Bank.

Der größte Nachteil: Während der Laufzeit ist das angelegte Geld in der Regel nicht verfügbar.

Für die Suche nach guten Festgeldangeboten eignen sich die oben genannten Vergleiche ebenfalls.

Geldmarkt-ETFs

Es ist wichtig, an dieser Stelle die Geldmarkt-ETFs zu nennen, da sie eine sehr gute Möglichkeit darstellen können, mit der Cash-Komponente deines Portfolios wenigstens etwas Rendite zu erwirtschaften.

Geldmarkt-ETFs sind börsengehandelte, passiv gemanagte Fonds, die in kurzfristige und hochliquide Geldmarktpapiere investieren.

Stand Herbst 2024 werden in Deutschland gut ein Dutzend Geldmarkt-ETFs angeboten. Die drei größten in Bezug auf Handelsvolumen und verwaltetem Vermögen stammen von der DWS, von Amundi und Lyxor. Sie bilden den Euro Short-Term Rate (€STR) ab, der 2021 den EONIA ablöste. Der €STR ist der Zinssatz, zu dem sich Banken über Nacht Geld leihen. Dieser EZB-Referenzzinssatz liegt unter dem Leitzins, ist ihm aber näher als die meisten anderen Finanzprodukte.

Andere enthalten ultrakurzlaufende Anleihen oder beziehen sich auf die Geldmärkte der USA und Großbritannien.

Link-Tipp: €STR-Zinssätze

Die aktuellen €STR-Zinssätze werden auf der Website der EZB veröffentlicht: ecb.europa.eu/stats/financial_markets_and_interest_rates.

Hauptvorteil der Geldmarkt-ETFs sind die höheren Renditen, denn sie geben Zinserhöhungen in der Regel schneller und vollständiger weiter. Sie sind bequem, denn es ist kein »Tagesgeld-Hopping« nötig, um die Konditionen zu erhalten. Und die investierbaren Summen sind nicht begrenzt: Im Gegensatz zu Tagesgeldkonten gibt es keine Maximalbeträge für die volle Verzinsung.

Bei Geldmarkt-ETFs fallen die für diesen Wertpapiertyp typisch niedrigen Gesamtkosten zwischen 0,05 und 0,15 Prozent pro Jahr an. Zudem gelten für Geldmarkt-ETFs alle Vorteile von ETFs im Allgemeinen.

Sie sind flexibel: Anteile können börsentäglich gehandelt werden, sind damit ähnlich liquide wie Tagesgeld. Sie sind als Fonds Sondervermögen und damit vor einer Insolvenz des Anbieters geschützt. Darüber hinaus gilt dieser Schutz auch für beliebig große Summen, anders als die Einlagensicherung für maximal 100.000 Euro.

Sie sind transparent: Geldmarkt-ETFs haben eine einfache, nachvollziehbare Gebührenstruktur ohne versteckte Gebühren oder Prämien.

Einen Nachteil haben sie jedoch: Die schnelle Reaktion auf Zinsänderungen wirkt natürlich auch bei fallenden Zinsen – dann negativ. Mit Festgeld kannst du den Effekt fallender Zinsen hinauszögern.

Geldmarkt-ETFs eignen sich für alle, die eine sichere liquide Anlageform suchen, die etwas höher rentiert als klassische Tagesgeldkonten.

Tipp: Geld »parken«

Praktisch funktioniert ein Geldmarkt-ETF so: Du kaufst für die Summe, die du sicher verwahren möchtest, Anteile zum Beispiel für je 150 Euro und verkaufst diese bei Bedarf wieder. Der Verkaufspreis enthält dann die Verzinsung. Nach einem Jahr sind das zum Beispiel 155,70 Euro. Kurzfristig schwanken die Preise leicht, was dich aber nicht irritieren muss. Wie wenig, siehst du im Chart.

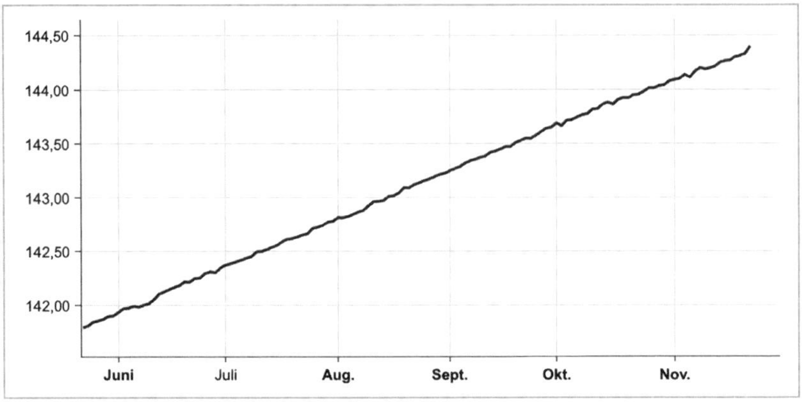

Bild 10: Preisentwicklung des meistgehandelten Geldmarkt-ETFs, des Xtrackers II EUR Overnight Rate Swap UCITS ETF 1C, über sechs Monate. Quelle: boerse-frankfurt.de.

Ob sich ein Geldmarkt-ETF für dich lohnt, hängt von der Höhe der Summe ab, die du parken möchtest, und den Kosten, die eine Order bei deiner Depotbank ausmacht. Zieh einfach alle Kosten, die Handelsgebühren für Kauf und Verkauf, die Handelsspanne um 0,1 Prozent pro Transaktion und die Gesamtkostenquote ab, dann hast du deine Nettorendite – leider vor Steuer, das gilt aber für Fest- und Tagesgeld auch.

Ultrakurzlaufende Anleihen

Anleihen mit einem Restlauf unter einem Jahr sind auch eine gute Möglichkeit, Geld zu parken.

Die wichtigsten Vorteile: Beim Einstieg bekannte Rendite, wenn du die Anleihe bis zum Laufzeitende hältst, und die Möglichkeit, zwischendurch bei Bedarf zu verkaufen.

Nachteil?

Über die spezifischen Aspekte eines Anleihe-Investments wie Emittentenrisiko und Bonität, Rendite versus Kupon, Prozentnotierung etc. geht es in ↪ Kapitel 4.

Zusammenfassend ist Cash eine wichtige, aber teure Anlageklasse. Während sie kurzfristige Sicherheit und Flexibilität bietet, führt ein zu hoher Cash-Anteil langfristig zu Kaufkraftverlusten und verpassten Renditechancen.

Tipp: Notgroschen

Wie hoch die Cash-Quote sein sollte, hängt ganz von deiner individuellen Situation ab. Konsens zurzeit sind drei Monatseinkommen als ›Notgroschen‹ für unvorhergesehene Ereignisse wie Arbeitslosigkeit oder Trennung.

Ob Festgeld mit Laufzeiten von bis zu einem Jahr, das nach gängiger und unserer Definition noch als Cash gilt, diese Funktion für dich erfüllen kann, solltest du bitte einmal hinterfragen. Wenn du Geld auf dem Giro- oder Verrechnungskonto zur Senkung der rechnerischen Risiken einsetzen möchtest, bedenke, dass es andere Anlageformen gibt, die dir mehr Rendite bringen.

4.2 Anleihen

Anleihen - eine Art Kredit

Anleihen sind Schuldverschreibungen. Wenn du eine Anleihe kaufst, leihst du dem Herausgeber, dem Emittenten, Geld. Das können bei Anleihen unter anderem Staaten, Unternehmen oder Banken sein. Andere, gängige Namen für Anleihen sind Renten, Fixed Income (wegen der festen Verzinsung) oder Bonds. Der Begriff »Rente« für Anleihen stammt aus dem Französischen und bedeutet »regelmäßiges Einkommen«, was wegen der typischerweise regelmäßigen Zinszahlungen gut passt.

Der Rentenmarkt beziehungsweise Anleihenmarkt ist deutlich größer als der Aktienmarkt. Es gibt sehr viele Anleihen, die öffentlich zum Kauf angeboten und an der Börse gehandelt werden. In Frankfurt waren im Jahr 2024 etwa 27.000 Anleihen gelistet und handelbar. 2014 schätzte die Deutsche Bank[32] das Marktvolumen weltweit auf knapp 300 Billionen US-Dollar, mehr als das damalige Weltinlandsprodukt. Davon waren 65 Prozent in festverzinsliche Wertpapiere investiert und 23 Prozent in Aktien.

Über Anleihen allein ließe sich ein Buch in dem Umfang wie dieses schreiben. Beschränken wir uns hier auf die wichtigsten Aspekte für dich und darauf, wie du Anleihen für deinen Vermögensaufbau einsetzen kannst.

Anleihen sind nur auf den ersten und zweiten Blick kompliziert: Stell dir ein Investment in den Rentenmarkt vor wie ein Mischpult mit Reglern, an denen du drehen kannst, um den gewünschten Klang zu erzielen. Natürlich nimmt auch die Akustik des Raumes Einfluss auf den Sound – die Marktbedingungen –, doch die Kontrolle über die Regler besitzt du.

Wie eine Anleihe funktioniert, ist in den Anleihebedingungen geregelt, die man auch Ausstattung nennt. Die Anleihebedingungen enthalten wichtige Informationen wie Emissionsvolumen, Zinskupon, Ausschüttungstermine, Laufzeit, Tilgung, Währung, Stückelung, Mindestanlage, Besicherung, Status/Rang, Schutzklauseln und Kündigungsmöglichkeiten, die auch im Folgenden erklärt werden.

Die Anleihebedingungen kannst du an diesen Stellen einsehen:

Im Wertpapierprospekt

Die meisten Anleihen, die in der EU öffentlich angeboten werden, unterliegen der Prospektpflicht.[33] Das bedeutet, dass die Emittenten bei Auflage der Anleihe einen Wertpapierprospekt veröffentlichen müssen, der von der zuständigen Aufsichtsbehörde geprüft wird. In Deutschland ist das die BaFin, in der Schweiz die FINMA und in Österreich die FMA.

Info-Tipp: Anleiheprospekte prüfen

Die BaFin hält auf ihrer Website bafin.de von ihr geprüfte Anleiheprospekte für Anleihen, die nach dem 21. Juli 2019 emittiert wurden, zehn Jahre lang online bereit.[34]

Auf der Webseite des Emittenten

Bieten Emittenten ihre Wertpapiere nach deutscher Regulierung zum Kauf an, müssen sie den Wertpapierprospekt mindestens zehn Jahre auf ihrer Internetseite verfügbar machen. Du findest sie wahrscheinlich im Bereich »Investor Relations« oder »Anleihen«. Die Kommunikation von Wertpapieranbietern mit ihren Anlegerinnen und Anlegern nennt man Investor Relations, speziell bei Anleihen auch Depth Relations.

Über Finanzinformationsdienste

Spezialisierte Plattformen und Dienste wie Bloomberg, Reuters oder Morningstar bieten Anleihebedingungen, sind allerdings meist kostenpflichtig.

Tipp: Informationsfluss

Wenn du in eine Anleihe investierst, leihst du dem Emittenten Geld. Mach diese Anlageentscheidung auch davon abhängig, ob und wie dich dieser informiert.

So investierst du in Anleihen

Die meisten Anleihen haben eine feste Laufzeit. Du kannst direkt ab Ausgabe die Anleihe halten, bekommst sie dann in der Regel zu 100 Prozent Kaufpreis. Meistens steigt man aber irgendwann während der Laufzeit ein, hält sie vielleicht bis zum Laufzeitende oder verkauft sie vorher, je nach deiner konkreten Finanzplanung, von der abhängt, wie lange du investiert sein möchtest.

Du investierst einen bestimmten Betrag zum Nennwert, den du bei Fälligkeit der Anleihe zurückgezahlt bekommst. Dafür erhältst du eine Verzinsung auf den Nennwert, den Kupon, der meist jährlich, manchmal auch halbjährlich oder vierteljährlich ausgezahlt wird.

Anleihen werden in Prozent bepreist, das heißt, du bezahlst einen bestimmten Prozentsatz vom Nennwert, bekommst aber 100 Prozent zurück. Beispielsweise kostet eine Bundesanleihe mit einem Jahr Restlaufzeit heute 99 Prozent. Dann bezahlst du für 1.000 Euro nominalen Anteil an der Anleihe nur 990 Euro real. In einem Jahr bekommst du 1.000 Euro zurück. Die Differenz zwischen Kaufpreis und Nominalwert plus die Zinsen macht deine effektive Rendite aus. Die effektive Rendite ist die wichtigste Kennzahl bei der Entscheidung, ob du in eine Anleihe investierst oder nicht. Sie wird in Prozent pro Jahr angegeben und verändert sich, da der Preis der Anleihe schwankt. Die Höhe der Rendite ist natürlich allein nicht ausschlaggebend. Du bewertest sie im Zusammenhang mit Risiko und Marktzins, mehr dazu gleich.

Link-Tipp: Renditerechner nutzen

Gute Finanzseiten wie boerse-frankfurt.de oder onvista.de bieten Renditerechner für Anleihen an. Dort kannst du dir die effektive Rendite für den Kaufpreis anzeigen lassen, was die relevante Information bei einer Kaufentscheidung ist. Die Rendite zum Geldpreis zählt bei der Überlegung, ob du eine Anleihe weiter im Depot belässt.

Was die Verzinsung bestimmt: Laufzeit, Bonität, Ratings und Ausfallrisiken

Die Verzinsung einer Anleihe, also die Höhe des Kupons, ist die Bezahlung für das Risiko, das du mit dem Kauf einer Anleihe eingehst. Die Laufzeit ist das wichtigste Merkmal einer Anleihe. Sie hat große Auswirkungen auf die effektive Rendite und den Preis.

Dabei unterscheiden wir zwischen:

- ultrakurzer Laufzeit (unter einem Jahr)
- kurzer Laufzeit (ein bis drei Jahre)
- mittlerer Laufzeit (drei bis zehn Jahre)
- und langer Laufzeit (über zehn Jahre).[35]

Dies ist eine gängige, aber nicht fest definierte Einteilung.

Anleihen mit längeren Laufzeiten bieten in der Regel höhere Renditen als solche mit kürzeren Laufzeiten. Dies liegt daran, dass Anlegerinnen und Anleger für das zusätzliche Risiko entschädigt werden möchten, das mit einem längeren Investment verbunden ist. Ein längerer Zeitraum erhöht die Unsicherheit über zukünftige Zinsänderungen und wirtschaftliche Bedingungen und damit das Risiko.

Der zweite relevante Faktor mit Blick auf das Rendite/Risiko-Profil ist die wirtschaftliche Situation des Emittenten. Sollte der Anbieter einer Anleihe in eine wirtschaftliche Schieflage geraten, stellt er möglicherweise die Zinszahlungen ein. Im schlimmsten Fall geht er insolvent und kann die Anleihe nicht mehr zurückzahlen. Du bekommst also dein investiertes Geld nicht zurück.

Es ist nachvollziehbar, dass die Höhe des Kupons einer Anleihe stark davon abhängt, wie hoch Anlegerinnen und Anleger das Ausfallrisiko des Emittenten bewerten. Man spricht in diesem Zusammenhang auch davon, zu welchen Bedingungen sich zum Beispiel Unternehmen oder Staaten über den Kapitalmarkt finanzieren können.

Die Fähigkeit und Bereitschaft eines Anleiheemittenten, die Zinsen und am Ende der Laufzeit den investierten Betrag zu zahlen, nennt man Bonität. Bewertet wird die Bonität von Rating-Agenturen. Diese Agenturen analysieren die finanzielle Gesundheit des Emittenten und geben eine Einschätzung in Form von Ratings ab. International bekannt sind Moody's, Standard & Poor's (S&P) und Fitch, regional sind das zum Beispiel Creditreform, Euler Hermes oder Scope.

Ratings reichen von AAA (höchste Qualität) bis D (Insolvenz). Anleihen mit einem Rating von BBB- oder höher gelten als »Investment Grade«, niedrigere Ratings werden als »Speculative Grade« klassifiziert. Das weist auf ein höheres Ausfallrisiko hin.

Die Rating-Agenturen prüfen sowohl quantitative Unternehmenskennzahlen wie Cashflow, das heißt, der dem Unternehmen zur Verfügung stehende Geldfluss, und Eigenkapitalrendite als auch qualitative Kriterien wie Marktposition und Management.

In der folgenden Tabelle kannst du dir die Anleihe-Ratings der drei größten Ratingagenturen Standard & Poor's, Moody's und Fitch von AAA bis D inklusive Erklärungen einmal etwas näher ansehen.

	Investment Grade
AAA	Höchste Qualität mit geringstem Ausfallrisiko. Außergewöhnlich starke Fähigkeit, finanzielle Verpflichtungen zu erfüllen.
AA	Sehr hohe Qualität mit sehr geringem Ausfallrisiko. Sehr starke Fähigkeit, finanzielle Verpflichtungen zu erfüllen.
A	Hohe Qualität mit geringem Ausfallrisiko. Starke Fähigkeit, finanzielle Verpflichtungen zu erfüllen, aber etwas anfälliger gegenüber negativen Wirtschaftsbedingungen.
BBB	Mittlere Qualität mit moderatem Ausfallrisiko. Angemessene Fähigkeit, finanzielle Verpflichtungen zu erfüllen, aber anfälliger gegenüber negativen Wirtschaftsbedingungen.
	Speculative Grade
BB	Spekulativ mit erhöhtem Ausfallrisiko. Fähigkeit zur Erfüllung finanzieller Verpflichtungen vorhanden, aber unsicher bei negativen Entwicklungen.
B	Hochspekulativ mit hohem Ausfallrisiko. Finanzielle Verpflichtungen werden derzeit erfüllt, aber Zahlungsfähigkeit ist unsicher.
CCC	Substanzielles Kreditrisiko, Zahlungsausfall ist eine reale Möglichkeit.
CC	Sehr hohes Kreditrisiko, Zahlungsausfall ist wahrscheinlich.
C	Zahlungsausfall steht unmittelbar bevor oder ist unvermeidlich, aber Zahlungen werden noch geleistet.
D	Zahlungsausfall ist eingetreten oder steht unmittelbar bevor.

Die Trennung der Ratings in Speculative Grade und Investment Grade hat große Auswirkungen. Viele institutionelle Investoren, also zum Beispiel Banken oder Versicherungen, dürfen aufgrund ihrer eigenen Anlage-Policy nur in Investment-Grade-Anleihen investieren.

Die Ratings werden von den Emittenten beauftragt und bezahlt. Sie sind nicht vorgeschrieben, aber Voraussetzung für den Zugang zu institutionellen Investoren. Diese investieren entsprechend große Summen und sind somit für die Unternehmen äußerst attraktive Investoren.

Neben der Bonität des Emittenten sind weitere Faktoren entscheidend für die Höhe der Verzinsung beziehungsweise das Risiko:

- Der Rang bei einer Insolvenz. Bei nachrangigen Anleihen werden im Falle einer Zahlungsunfähigkeit des Emittenten zuerst die Ansprüche aller anderen Gläubiger erfüllt.
- Besicherte Anleihen bieten Ersatz bei Ausfall durch spezifische Sicherheiten wie Hypotheken bei Pfandbriefen oder andere Vermögenswerte bei Asset-Backed Securities. Geben junge Unternehmen Anleihen zur Finanzierung heraus, können Mutterkonzerne bürgen.
- Schutzklauseln, ›Covenants‹, sind Bestandteil der Anleihebedingungen. Sie bieten zum Beispiel den Anlegerinnen und Anlegern Sonderrechte wie die Kündigungsmöglichkeit bei einem Managementwechsel.
- Sonderkündigungsrechte gelten wiederum in der Regel für die Emittenten und sind zu deren Gunsten. Sie ermöglichen zum Beispiel die Kündigung und Refinanzierung zu – aus Anbietersicht – besseren Konditionen, falls sich etwa Zinsniveau oder Rating ändern.

Der Ausfall einer Anleihe ist nicht unwahrscheinlich, wie die Tabelle unten zeigt. Je nach Bonität werden die Ausfallwahrscheinlichkeiten in Prozent angegeben. Das sind geschätzte Werte. Sie illustrieren jedoch, wie das Risiko mit schlechteren Ratings und der Länge der Laufzeit steigt.[36]

Rating	1 Jahr	3 Jahre	10 Jahre
AAA	0,01	0,05	0,50
AA	0,02	0,10	0,80
A	0,05	0,30	2,00
BBB	0,20	1,00	5,00
BB	1,00	5,00	15,00
B	3,00	12,00	30,00
CCC	10,00	25,00	50,00
CC	20,00	40,00	70,00
C	30,00	50,00	80,00
D	100,00	100,00	100,00

Tipp: Was tun bei Ausfall eines Anleihe-Emittenten?

Wenn Anleihe-Emittenten in eine wirtschaftliche Schieflage geraten, stellen sie oft die Zinszahlung ein. Kommt es zu einer Insolvenz, ist die Anleihe Bestandteil der Schuldenmasse. Bei einem Insolvenzverfahren verwertet die Insolvenzverwaltung das Vermögen und verteilt Erlöse an die Gläubiger. Insolvenzverfahren dauern typischerweise fünf bis acht Jahre, mit einer Insolvenzquote oft im einstelligen oder niedrigen zweistelligen Prozentbereich.

Deine Ansprüche hängen von weiteren Faktoren ab, wie beispielsweise einer möglichen Besicherung und dem Rang. Als Anleihegläubigerin oder Anleihegläubiger solltest du deine Forderungen anmelden und an Gläubigerversammlungen teilnehmen, um deine Rechte wahrzunehmen.

Informationen findest du im Internet in Diskussionsforen, den sozialen Netzwerken, über gängige Suchmaschinen oder bei Interessengemeinschaften wie der DSW (Deutsche Schutzvereinigung für Wertpapierbesitz e.V.) oder der SdK (Schutzgemeinschaft der Kapitalanleger e.V.).

Was die Anleihepreise bewegt

Wenn du eine Anleihe bei Auflage zu 100 Prozent beziehst und am Laufzeitende zu 100 Prozent zurückgezahlt bekommst, sind dir die schwankenden Anleihepreise vermutlich egal. Ansonsten sind die Kauf- und Verkaufspreise entscheidend für deine Rendite. Die Preise von Anleihen entstehen durch Angebot und Nachfrage im Handel mit Anleihen.

Kosten Anleihen unter 100 Prozent, nennt man das unter pari, über 100 Prozent über pari. 100 Prozent ist pari. Den größten Einfluss auf die Preise hat das Zinsniveau.

Deep Dive: Leitzins

Der Leitzins ist der Zinssatz, den Zentralbanken festlegen, um die Geldpolitik zu steuern. Im Euroraum wird dieser von der EZB festgelegt und beeinflusst, zu welchem Zinssatz sich Geschäftsbanken Geld bei der Zentralbank leihen können. Der Marktzins ist der Zinssatz, der auf dem Markt für Kredite und Anlagen gilt. Er wird durch Angebot und Nachfrage sowie durch den Leitzins beeinflusst. Vereinfacht sprechen wir von den Zinsen. Anleihen haben eine inverse Beziehung zu den Zinsen: Steigen die Marktzinsen, fallen die Preise bestehender Anleihen. Neue Anleihen werden mit höheren Kupons emittiert, was bestehende Anleihen mit niedrigeren Kupons weniger attraktiv macht.

Ebenso gilt mit der gleichen Logik: Fallen die Zinsen, steigen die Preise am Anleihemarkt, fallen die Renditen. Wobei allein die Erwartung steigender Zinsen einen Effekt auf die Preise haben kann.

Dieser Mechanismus wirkt umso stärker, je länger die Laufzeit der Anleihe ist. Dies liegt unter anderem daran, dass die Unsicherheit für längere Zeiträume größer ist und die erwarteten Zinszahlungen bei der Berechnung des Gegenwartswerts eines Investments stärker abgezinst werden.

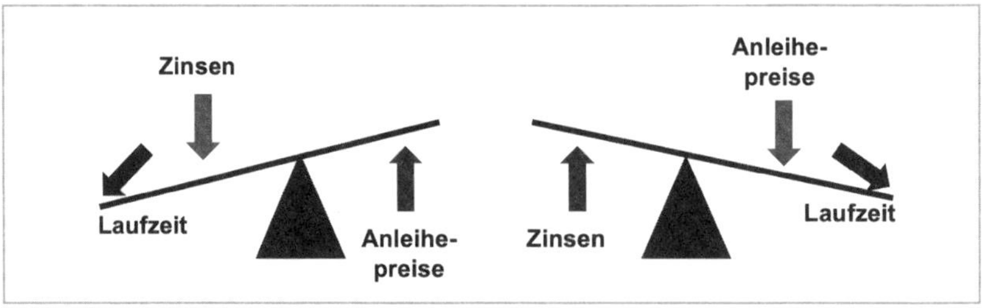

Bild 11: Wirkung der Zinsen auf Anleihepreise je nach Laufzeit.

Deep Dive: Zinssensitivität

Die Empfindlichkeit einer Anleihe auf Zinsänderungen, Zinssensivität genannt, wird mit der modifizierten Duration ausgedrückt. Anleihen mit längeren Laufzeiten haben in der Regel eine höhere modifizierte Duration. Diese gibt an, um wie viel Prozent sich der Kurs einer Anleihe ändern wird, wenn sich der Marktzins um einen Prozentpunkt ändert. Etwa sinkt eine Anleihe mit einer Duration von 5 um 5 Prozent im Wert, wenn die Zinsen um einen Prozentpunkt steigen, während eine Anleihe mit einer Duration von 2 nur um 2 Prozent fallen würde.

Die modifizierte Duration hilft dabei, verschiedene Anleihen hinsichtlich ihrer Sensitivität gegenüber Zinsänderungen zu vergleichen.

Ein weiterer relevanter Faktor für den Preis einer Anleihe ist die wirtschaftliche Situation des Emittenten. Verschlechtert sich diese, hat das sofort Auswirkungen auf Angebot und Nachfrage der Anleihe und damit auf den Preis. Man kann an den Preisen im Handel gut ablesen, wie der Markt die Perspektiven eines Unternehmens oder eines Staates bewertet. Doch generell müssen wir festhalten, dass Anleihen weniger häufig gehandelt werden als Aktien.

Mittelbar wirken Rahmenbedingungen wie Konjunkturerwartungen und Wechselkursentwicklungen auf die Anleihenpreise in der Regel über den oben erklärten Zinsmechanismus und die Bonität der Emittenten. Die modifizierte Duration findest du in guten Finanzportalen auf dem Datenblatt einer Anleihe.

In wenigen Schritten: So wählst du eine Anleihe aus

Eins vorweg: Natürlich kannst du das Ausfallrisiko von Anleihen durch eine breite Streuung über etliche Anleihen auffangen. Dafür eignen sich Renten-ETFs und aktiv verwaltete Renten-Fonds sehr gut.

Dennoch: Es gibt Situationen, in denen das Investment in einzelne Anleihen Sinn ergibt. Außerdem ist es auch bei einem Fonds wichtig, zu verstehen, wie die Wertpapiere im Fonds funktionieren.

Es gibt verschiedene Motive, in Anleihen zu investieren. Wir stellen hier skizzenhaft einige Überlegungen vor.

Auswahlkriterium Laufzeit

Du willst Geld für einen bestimmten Zeitraum investieren. Das kann sehr kurzfristig sein, als Alternative zum Festgeld. Oder auch länger, vielleicht vier, fünf Jahre, weil du weißt, dass du dann das Geld benötigst und der Aktienmarkt mit seiner Volatilität für diesen kurzen Zeitraum nicht geeignet ist.

Das grenzt die infrage kommenden Anleihen anhand der Laufzeit ein. Denn der Charme eines Laufzeitendes ist die Rückzahlung zu 100 Prozent, unabhängig vom Markt, den Zinsen und den Anleihepreisen.

Auswahlkriterium Bonität

Du möchtest dich nicht intensiver mit dem Staat, der Bank oder dem Unternehmen, das die Anleihe herausgegeben hat, befassen? Dann selektierst du im zweitem Schritt nach dem Rating und entscheidest dich für eine Anleihe mit einem Rating in der A-Klasse.

Du möchtest für mehr Rendite ein höheres Risiko bei der Bonität des Emittenten eingehen? Dann beschäftige dich mit dem Geschäftsmodell und seiner Zukunftsfähigkeit, beziehe auch die Situation der Branche mit ein. Schau dir wichtige Kennzahlen wie Zinsdeckungsgrad und Verschuldungsgrad an. Lies die Anleihebedingungen hinsichtlich Schutzklauseln und Sonderkündigungsrechten. Prüfe, ob der Anbieter Transparenz ernst nimmt.

Auswahlkriterium Verzinsung

Bewerte Höhe des Kupons und Rendite. Ist die extra Rendite über dem Marktzins das höhere Risiko wert?

Deep Dive: Credit Spreads

Das zusätzliche Risiko, das du bei risikoreicheren Anleihen im Vergleich zu Staatsanleihen übernimmst, wird in den Credit Spreads ausgedrückt. Das ist die Renditedifferenz zwischen einer Anleihe und einer Referenzanleihe, typischerweise einer Staatsanleihe mit ähnlicher Laufzeit. Credit Spreads dienen als Indikator für die Kreditwürdigkeit des Emittenten und die allgemeine Markteinschätzung des Risikos. Sie werden in Basispunkten (1/100 Prozentpunkten) angegeben.

Achtung: Währungsrisiko

Viele Anleihen werden in anderen Währungen ausgegeben. Dabei ist dies unabhängig von der Herkunft des Anbieters, beispielsweise gibt es US-Dollar-Anleihen von BMW. Anlegerinnen und Anleger, deren

Haushaltseinkommen in Euro ist, so der technische Begriff, haben bei dieser Anleihe dann das Risiko der Schwankungen vom US-Dollar zum Euro. Bei einem kurzfristigen Anlagehorizont ist es sinnvoll, sich auf Anleihen zu beschränken, die auf Euro lauten. Fachbegriff: in Euro denominiert. Natürlich kannst du die Währung als zusätzliche Chance in deine Überlegung mit einbeziehen, aber das ist dann eine weitere taktische Bewertung.

Handelbarkeit

Viele Anleihen, die an der Börse notiert sind, können gar nicht gehandelt werden. Dies sind die Gründe:

Mindestanlage und Stückelung

Anleihen werden typischerweise in verschiedenen Stückelungen angeboten. 1.000 Euro ist ein häufiger Mindestanlagebetrag für viele Anleihen, 50.000 Euro und 100.000 Euro sind ebenfalls gebräuchlich. Eine Stückelung von 1.000 bedeutet, dass du ab 1.000 Euro Nominalwert in diese Anleihe investieren kannst und dann in weiteren 1.000er Schritten.

Die hohe Stückelung von 50.000 und mehr kommt vor, wenn sich Emittenten an institutionelle Investorinnen und Investoren richten wollen. Es sind weniger aufwendige Transparenzpflichten mit dem Angebot verbunden.

Praxis-Tipps: Stückelung und Währung beachten

Bundesanleihen haben meist einen Mindestbetrag und eine Stückelung von unter 1 Euro. Dies ermöglicht die Finanzagentur, der Finanzdienstleister im Eigentum der Bundesrepublik Deutschland, der unter anderem die Bundeswertpapiere emittiert.

Bei Anleihen in einer fremden Währung, die du hier in Euro kaufst und verkaufst, bezieht sich der Mindestbetrag auf die Währung, in der die Anleihen herausgegeben worden ist. Das macht bei Währungen wie der isländischen Krone, in der ein Euro 150 Kronen kostet, einen Unterschied. Dann werden aus einer 100.000er Stückelung 666 Euro.

Einige Depotbanken bieten beliebte Anleihen mit großer Stückelung in Bruchteilen an. Sie sind also eine Art Großhändler.

Keine Kauf- und Verkaufsangebote, zu große Handelsspanne

Es gibt etliche Anleihen im Börsenhandel, für die keine oder nur wenige Angebotspreise gelten, was bedeutet, dass du diese Anleihe nicht kaufen kannst. In vielen Fällen ist die Handelsspanne, also die Differenz zwischen Kauf- und Verkaufspreis, groß. Das ist für dich ein Kostenfaktor. Dann kann es wirtschaftlich keinen Sinn ergeben, diese Anleihe zu kaufen.

Beispiel: Du erwägst, auf Jahressicht 1.000 Euro in eine Unternehmensanleihe zu investieren. Der Kauf kostet dich 15 Euro, die Handelsspanne ist bei 1 Prozent. Dann hast du allein an Kosten 2 Prozent weniger Rendite.

Die Handelbarkeit nennt man Liquidität. Bitte merken, denn das ist ein wichtiger Wegbegleiter auf deiner Anlagereise. Liquidität im Börsenhandel beschreibt die Leichtigkeit und Geschwindigkeit, mit der du ein Wertpapier kaufen oder verkaufen kannst. Niedrige Liquidität erhöht häufig die Kosten und schmälert so deinen Gewinn. Das Konzept der Liquidität erklären wir im Abschnitt zum Börsenhandel in ↪ Kapitel 10 ausführlicher.

⊘ Not-To-do: Keine gute Idee bei Investments in Anleihen

Sich von hoher Verzinsung locken zu lassen. 8, 9 oder 10 Prozent Verzinsung bei einem risikolosen Zins von 3 Prozent klingt traumhaft. Diese Anbieter haben jedoch in der Regel die entsprechend schlechte Bonität, sonst müssten sie den Käuferinnen und Käufern der Anleihe – also dir – nicht so viel Zinsen zahlen. Bitte schau dir die Tabelle mit den Ausfallraten solcher Anleihen an.

Auf Markennamen vertrauen. Nur weil du das Kreuzfahrtschiff aus dem Fernsehen kennst, heißt das noch lange nicht, dass das Geschäftsmodell funktioniert.

Die passende Anleihe finden

Jetzt hast du ausreichend Informationen, um eine passende Anleihe zu erkennen. Bloß wie finden? Hier einige Tipps: Finanz-Websites und Börsen bieten Anleihe-Finder an. Dort kannst du nach Kriterien wie Anleihetyp, Laufzeiten, Währung, Rating und Rendite suchen, zu große Stückelung und fehlende Handelbarkeit ausschließen.

Tool-Tipp: Anleihenfinder

Gute Finder gibt es unter anderem bei finanzen.net, boerse-frankfurt.de oder boerse-stuttgart.de.

Ebenfalls nützlich sind die Listen der meistgehandelten Anleihen auf diesen Websites. Einfach bei den Umsatzspitzenreitern schauen, was andere Anlegerinnen und Anleger interessiert, und sich diese Anleihen genauer ansehen.

Wie du die Anleihe dann geschickt kaufen und verkaufen kannst, ist unser Thema in ↪ Kapitel 4.

Video: »Wie du eine passende Anleihe findest und kaufst«

Scanne den QR-Code auf S. 12, um dir von Edda Vogt ein Schritt-für-Schritt-Beispiel präsentieren zu lassen.

4.3 Aktien verstehen: Die Basics für kluge Investitionen

Aktien sind das, woran die meisten beim Stichwort Wertpapiere oder Börse denken, auch wenn der Aktienmarkt in Sachen Handelsvolumen und investiertem Geld deutlich kleiner ist als zum Beispiel der Rentenmarkt. Unabhängig davon sind Aktien unbestritten eine sehr wichtige Anlageklassen bei deinem Vermögensaufbau. Im Gegensatz zu Anleihen, wo du dem Unternehmen Geld leihst, erwirbst du beim Aktienkauf einen Teil des Unternehmens. Dies gilt ebenso für den Kauf von Aktien-ETFs. Besitzt du Aktien eines Unternehmens, erhältst du (meist) Stimmrechte und hast das Recht auf eine Dividende, also Gewinnbeteiligung, wenn eine solche gezahlt wird. Wichtig zu wissen: Durchschnittlich erzielt man durch breit gestreute Aktien-ETF-Investments eine Rendite von 7 bis 8 Prozent pro Jahr vor Kosten.

Mehr Ertragschancen, höhere Risiken

Aktien bieten langfristig die Chance auf mehr Gewinn im Vergleich zu sicheren Anleihen. Der Preis dafür sind die möglichen starken Preisschwankungen, was zu Verlusten führen kann bis hin zum Totalausfall durch Insolvenz.

Zur Erinnerung: Eine breite Streuung über verschiedene Branchen und Regionen hilft dir, das Risiko einzelner Aktien zu reduzieren. Und mit einem langen Anlagehorizont kannst du schwierige Marktphasen aussitzen.

Ein weltweit gestreutes Aktieninvestment hat seit 1993 inklusive Dividenden statistisch 7,5 Prozent Gewinn erwirtschaftet.[37] Eine gute und günstige Diversifikation erreichst du mit börsengehandelten Indexfonds, kurz ETFs. Was genau das ist und wie dieses Vehikel funktioniert, wird in ↪ Kapitel 5 ausführlich beschrieben. Zunächst möchten wir auf wichtige Merkmale der Aktien und Gegebenheiten des Aktienmarkts eingehen, weil es auch für Fondsanlegerinnen und -anleger wichtig ist, die Wertpapiere im Fonds zu verstehen. Anders gesagt: Du musst nicht alle Unternehmen im Weltindex kennen, aber du solltest eine Ahnung haben, was die Aktienkurse bewegt.

Die Einzelauswahl von Aktien, das Stock-Picking, gilt für viele Privatanlegerinnen und -anleger als die Königsdisziplin in der Börse, als Synonym für Börse. Das Ziel dabei: möglichst günstig einsteigen, im Verlauf gute Dividenden kassieren und später teuer verkaufen. Das kann ein sehr renditeträchtiger und spannender Abschnitt deiner Geldreise sein. Wir gehen in ↪ Kapitel 9 ausführlicher darauf ein.

Die Nachteile: Ein Investment in einzelne Aktien ist taktisch und mittelfristig. Du musst dich intensiver und regelmäßiger damit beschäftigen als mit einem Fonds.

Aktien: Dein Stück vom Unternehmenskuchen

Wer Aktien kauft, erhält einen Anteil an einem Unternehmen und hat dafür einige Rechte. Die wichtigsten: Mitspracherechte bei der Hauptversammlung, Rechte an Gewinnausschüttungen, also Dividenden, und an einem möglichen Liquidationserlös.

Die Bedeutung von Dividenden für den langfristigen Vermögensaufbau ist erheblich. Im Zeitraum von 1985 bis 2024 waren laut einer Studie von Allianz Global Investors 39 Prozent der gesamten Erträge europäischer Aktien auf Dividenden zurückzuführen.[38]

🔎 Deep Dive: Performance- und Kursindex

Der Vergleich vom viel zitierten DAX, der als Performance-Index die Dividenden berücksichtigt und diese mit einrechnet, mit dem Kurs-DAX, seinem Pendant ohne Dividenden, veranschaulicht gut die Bedeutung der regelmäßigen Gewinnausschüttungen für die Rendite. So hat der Kurs-Dax in den vergangenen zehn Jahren 50 Prozent zugelegt und der Performance-DAX rund 100 Prozent.

Was Anleihepreise bewegt

Aktienpreise entstehen durch das Zusammenspiel von Angebot und Nachfrage am Aktienmarkt. Dabei passen die Akteurinnen und Akteure ständig ihre Kauf- und Verkaufsaufträge an die aktuelle Marktlage an, was zu einer fortlaufenden Aktualisierung der Preise führt. Akteure sind spekulativ agierende Trading-Häuser ebenso wie große Fonds und Vermögensverwaltungen sowie private Anlegerinnen und Anleger wie du. Alle zusammen bilden den Aktienmarkt, der permanent in Bewegung ist.

Die Angebotslage an Kauf- und Verkaufsaufträge ist grundsätzlich zukunftsorientiert. Die aktuellen Aktienkurse spiegeln bereits die Erwartungen an zukünftige Gewinne und Dividenden wider. Nicht nur die aktuelle Situation eines Unternehmens, sondern vor allem seine Aussichten bestimmen den Preis. »An der Börse ist alles möglich, auch das Gegenteil.« André Kostolany bringt auf den Punkt, weshalb kursbewegende Erwartungen durchaus unlogisch und konträr sein können.

Was einzelne Aktien bewegt, gilt auch für ganze Märkte. Und sie wirken zum großen Teil auch auf den Rentenmärkten. Dies sind die wichtigsten Faktoren, die Aktienkurse beeinflussen:

Konjunkturelle Entwicklung

Natürlich ist der wirtschaftliche Rahmen ebenfalls preisbestimmend. Die Erwartungen an die wirtschaftliche Entwicklung bewegen einzelne Branchen ebenso wie den gesamten Markt.

Aufschluss über den aktuellen Stand und die zukünftige Entwicklung der Wirtschaftslage eines Landes oder einer Region geben Konjunkturindikatoren. Sie zeigen an, in welcher Phase sich die Wirtschaft befindet: im Aufschwung, in einem Boom, im Abschwung oder in einer Rezessionsphase. Konjunkturindikatoren sind inzwischen Bestandteil der allgemeinen tagesaktuellen Nachrichten. Sie werden von Wirtschaftsforschungseinrichtungen wie dem Ifo-Institut und dem Institut der Deutschen Wirtschaft (DIW), berechnet und veröffentlicht.

Die drei Hauptkategorien von Konjunkturindikatoren unterscheiden sich durch ihren zeitlichen Bezug zur aktuellen Entwicklung.

Frühindikatoren

Frühindikatoren sind die Vorboten der wirtschaftlichen Entwicklung in den nächsten drei bis sechs Monaten. Dazu zählen die Auftragseingänge in der Industrie und anderen Sektoren, Geschäftsklimaindex, Verbrauchervertrauen, Frachtaufkommen und Rohstoffpreise, die Einschätzungen vom Einkauf der Unternehmen und die Gewinnprognosen der Unternehmen selbst. Sie dienen der Erkennung von Trendwechseln und Wendepunkten in der Konjunktur und basieren oft auf Erwartungen und Einschätzungen aus der Wirtschaft.

Präsenzindikatoren

Präsenzindikatoren beschreiben auf Basis aktueller Statistiken die momentane wirtschaftliche Lage. Beispiele sind das Bruttoinlandsprodukt (BIP), Kapazitätsauslastung der Industrie, Industrieproduktion oder Einzelhandelsumsätze.

Spätindikatoren

Spätindikatoren laufen der Entwicklung hinterher und beziehen sich auf Bereiche, die verzögert auf wirtschaftliche Veränderungen reagieren. Das sind zum Beispiel die Arbeitslosenquote, die Inflationsrate und das Zinsniveau sowie die Anzahl der Unternehmensinsolvenzen. Sie dienen der Bestätigung von Trends und basieren ebenfalls auf Statistiken.

Fundamentaldaten der Unternehmen

Grundlegende Informationen über ein Unternehmen helfen dir, dessen finanzielle Situation und Leistungsfähigkeit zu bewerten. Dazu gehören Daten wie der Cashflow, das heißt, der Geldfluss innerhalb des Unternehmens, Gewinn, Verschuldung und weitere Angaben zur finanziellen Gesamtsituation des Unternehmens.

Diese Daten fließen in die Fundamentalanalyse ein, die versucht, den realen Wert eines Unternehmens anhand finanzieller Kennzahlen und wirtschaftlicher Faktoren zu ermitteln. Diesen Wert nennt man häufig auch inneren Wert oder Fair Value. Ziel ist es, Aktien zu identifizieren, die an der Börse unterbewertet sind, deren Aktienpreis also niedriger ist als der reale Wert des Unternehmens.

Kurstrends und technische Faktoren

»The trend is your friend.«
BÖRSENWEISHEIT

Aktienkurse steigen oder fallen oft weiter, wenn sie bereits gestiegen beziehungsweise gefallen sind. Dieses Phänomen wird auch Herdentrieb, auch bekannt unter Fomo (Fear of missing out), genannt. In fallenden Märkten ist der Herdentrieb stärker ausgeprägt als in steigenden: Wenn die Preise fallen, geraten viele in Panik und verkaufen, um Verluste zu vermeiden. Dies führt zu weiteren Verkäufen und verstärkt den Preisverfall.

Viele Anlegerinnen und Anleger setzen automatische Verkaufsaufträge, ›Stop-Loss-Orders‹, um Verluste bei einem bestimmten Preis zu begrenzen. Wenn diese ausgelöst werden, verstärken sie den Verkaufsdruck und den Preisverfall. Ungünstigerweise passiert dies häufig an Preisschwellen, zum Beispiel 150 Euro, gebündelt.

Auch technische Indikatoren, an denen sich viele orientieren, können eine Rolle spielen.

Die technische Analyse ist die zweite große Schule neben der Fundamentalanalyse. Sie basiert auf der Annahme, dass alle relevanten Informationen bereits im Kursverlauf enthalten sind, und konzentriert sich auf historische Preis- und Handelsdaten, um Muster und Trends zu identifizieren.

Diese Kursmuster werden allgemein beachtet. Wenn ein Aktienpreis Schwellen der Muster berührt, löst das weitere Verkäufe aus.

Stimmungen, Erwartungen und Enttäuschungen

»Die Börse kann länger irrational bleiben, als Sie solvent bleiben können.«
JOHN MAYNARD KEYNES

Erwartungen, rationale wie irrationale, spielen eine zentrale Rolle für den Aktienmarkt und beeinflussen maßgeblich die Kursentwicklungen.

Rationale Erwartungen setzen voraus, dass wir vernünftige Entscheidungen treffen, die auf den verfügbaren Informationen basieren, etwa auf Gewinnprognosen der Unternehmen oder Konjunkturindikatoren. Unter der Annahme, dass alle relevanten Informationen schnell und effizient in die Aktienpreise einfließen, spiegeln sich auch alle Erwartungen bereits in den aktuellen Kursen wider. In den Börsennachrichten nennt man das »eingepreist«.

Werden diese Erwartungen enttäuscht, reagieren die Börsenpreise sofort.

Meldet ein Unternehmen sehr große Gewinnsteigerungen, die in Analysen und den Börsennachrichten sowie bei Anlegerinnen und Anlegern bereits erwartet worden waren, reagiert der Aktienkurs häufig gar nicht. Nimmt das Unternehmen die Prognose für das Gewinnwachstum zurück, macht aber immer noch richtig gute Gewinne, ist es wahrscheinlich, dass der Aktienpreis erst mal fällt.

Diese Zusammenhänge gelten nicht nur für einzelne Aktien, sondern auch für ganze Märkte.

Die Börse wird vor allem durch Unsicherheiten und Überraschungen bewegt. Ein Beispiel aus der jüngeren Geschichte datiert auf den März 2020, als die Pandemie an den Börsen einen dramatischen Einbruch auslöste. Der S&P 500, der wichtigste US-amerikanische Index mit den 500 größten Aktien, verlor 34 Prozent von seinem vorherigen Rekordstand im Februar 2020. Der deutsche Leitindex DAX verlor mit den 40 größten Aktien sogar 40 Prozent.

Die pandemische Bedrohung durch COVID-19 war bereits allgemein bekannt, aber erst in diesem Moment reagierte die Börse. Das lag, neben einer allgemeinen Unterschätzung der Krise, auch an den guten wirtschaftlichen Fundamentaldaten vor der Pandemie: Anfang 2020 sah an den globalen Aktienmärkten alles sehr positiv aus – solide wirtschaftliche Fundamentaldaten in den USA und Europa mit niedriger Arbeitslosigkeit, stabilen Wachstumsraten und einer lockeren Geldpolitik. So ignorierten viele die Anzeichen, dass eine weltweite Krise auf uns zukam. Und der Pandemie-»Groschen« fiel allgemein erst später, mit den ersten Kursreaktionen. Viele versuchten ihre Aktien zu verkaufen, somit sanken die Kurse und der Negativtrend war initiiert.

Bevor du jetzt dem Aktienmarkt sofort wieder den Rücken kehren möchtest: Solche »Störungen« betreffen dich nur, wenn du in kritischen Momenten verkaufst – entweder, weil du musst, da du das Geld benötigst, oder weil du befürchtest, dass sich die Märkte nicht mehr erholen. Die Kurseinbrüche waren in den USA nach fünf Monaten und im deutschsprachigen Raum nach neun Monaten wieder aufgeholt. Wer in der Krise ruhig geblieben ist und alle Wertpapiere eines breit gestreuten Depots behalten hat, ist ohne größere Blessuren durch diese Krise gekommen, manche sogar mit Gewinnen.

Wie bereits zuvor erklärt, kannst du mit deinem längeren Anlagehorizont solche Wellen aussitzen. Es hilft dir auf deiner Geldreise, die Mechanismen zu verstehen.

5. Vehikel für dein Investment: Direktinvestment, Fonds, Zertifikate und Derivate

Jetzt hast du ausreichend Gründe, dich auf den Weg zum Kapitalmarkt zu machen. Du bist mit deinem Standort vertraut und verstehst prinzipiell die Anlageklassen Cash, Anleihen und Aktien. Nun fehlt dir noch das passende **Vehikel für dein Investment**, wie eine gute Brotdose und eine dichte Trinkflasche auf deiner Finanzreise. Das besprechen wir in **Kapitel fünf**. Du erfährst, was:

- Direktinvestments
- aktiv verwaltete Publikumsfonds
- passive ETFs und
- Zertifikate

voneinander unterscheidet.

E-Mail von Mareen

Hi Team,

ich habe mich in letzter Zeit ein bisschen mit verschiedenen Anlagemöglichkeiten beschäftigt und hätte da ein paar Fragen zu Investmentfonds und ETFs. Ich verstehe, dass beides eine Möglichkeit ist, in einen breiten Markt zu investieren, bin mir aber noch unsicher, was besser ist.

Ich habe gehört, dass ETFs in der Regel günstiger sind als aktiv gemanagte Fonds. Stimmt das? Und wenn ja, wie groß ist der Unterschied tatsächlich?

Vielen herzlichen Dank,
Mareen

- - - - -

Mareens Fragen stellen sich viele. Die Unterschiede zwischen den verschiedenen Möglichkeiten, in Wertpapiere zu investieren, sind nicht klar; blumiges Marketing und zahlreiche verschiedene Bezeichnungen für ähnliche Anlageformen machen es nicht leichter. Wir erklären dir im folgenden Kapitel die einzelnen Optionen.

Vehikel in der Geldanlage sind Finanzinstrumente, die als »Transportmittel« für dein Investment dienen. Sie ermöglichen es dir, in bestimmte Vermögenswerte oder Strategien zu investieren, und werden auch als Strukturen oder Produkte bezeichnet, weil sie von den Anbietern ›zusammengebaut‹ werden.

5.1 Direktinvestment in ein einzelnes Wertpapier

Der Kauf eines einzelnen Wertpapiers, wie einer Aktie oder einer Anleihe, ist streng genommen kein Vehikel, sondern die Basis.

Das Einzelinvestment bietet dir gegenüber anderen Formen einige Vorteile:

- Du kannst gezielter investieren und dein Depot genau nach deinen Präferenzen zusammenstellen.
- Es ist transparenter: Du weißt genau, in welche Unternehmen du investiert bist.
- Wenn du dich mit dem Unternehmen näher befasst, was du beim Kauf einer Aktie machen solltest, lernst du mehr über Märkte und Investitionen.
- Du bekommst deinen Anteil am Unternehmensgewinn, die Dividenden, direkt und nicht über Umwege.
- Es ist die günstigste Form, Geld anzulegen, weil du neben den Transaktionskosten keine weiteren Gebühren hast.
- Du hast mehr Chancen auf höhere Renditen als auf dem Gesamtmarkt, falls du taktisch anlegen willst.

Aus den höheren Chancen leiten sich direkt die größeren Risiken ab: Du musst selbst diversifizieren, also deine Risiken auf mehrere einzelne Wertpapiere verteilen. Das erfordert mehr Zeit, Wissen und Engagement als das Investment in einen Fonds.

5.2 Anteil an einem ganzen Portfolio: Investmentfonds

Die Idee ist so einfach wie überzeugend: Die Gelder vieler Anlegerinnen und Anleger kommen in einen Topf, um gemeinsam in verschiedene Vermögenswerte zu investieren.

Dieses Geld kann dann in ein diversifiziertes Portfolio aus Wertpapieren angelegt werden, wie Aktien, Anleihen, Immobilien oder anderen Anlageklassen. Jede beziehungsweise jeder besitzt einen Anteil am Gesamtportfolio, proportional zur Investition.

Es gibt viele verschiedene Arten von Investmentfonds in unterschiedlichen Anlageklassen. Neben Aktienfonds sind dies Rentenfonds, die sich auf festverzinsliche Wertpapiere konzentrieren, Geldmarktfonds, die in kurzfristige, hochliquide Anlagen investieren, Immobilienfonds, Rohstofffonds und Mischfonds, die verschiedene Anlageklassen miteinander kombinieren.

Innerhalb der Anlageklassen kannst du dich noch weiter spezialisieren. Etwa auf einzelne Branchen und Themen, Strategien, Regionen oder Unternehmensgrößen.

Investmentfonds lassen sich auch nach der Zielgruppe unterscheiden, an die sie sich richten.

Publikumsfonds

Ein Publikumsfonds ist für private wie professionelle Anlegerinnen und Anleger zugänglich und wird von den Anbietern – formell Kapitalanlagegesellschaften genannt – öffentlich vertrieben. Dazu gehören große Fondsgesellschaften wie DWS, Union Investment, Allianz Global Investors, Allianz oder Deka, internationale Anbieter wie Blackrock, Vanguard, Amundi oder Fidelity und auf Anlagenischen spezialisierte Anbieter wie Lupus Alpha, Flossbach von Storch, Acatis, TAM oder DJE Kapital. Letztere werden gerne als Fondsboutiquen bezeichnet. Anlagenischen sind zum Beispiel kleinere Unternehmen, Risikokapital, Wagniskapital, regionale Spezialitäten.

Es gibt rund 3.400 solcher Fonds in Deutschland. Das Angebot in Österreich ist, bis auf einige regionale Spezialitäten, sehr ähnlich, die meisten Fonds werden in diesen beiden Ländern angeboten. Das Schweizer Fondsrecht unterscheidet sich von dem der EU, weshalb es in dem Land auch ein anderes Fondsangebot gibt.

Deep Dive: Spezialfonds

Nicht öffentlich vertrieben werden Spezialfonds, von denen es etwa 3.700 in Deutschland gibt. Sie ermöglichen es institutionellen Investoren, eine individuelle Anlagestrategie zu verfolgen, und sind weniger streng reguliert. Das Gesetz begrenzt die Anzahl an Anlegenden auf 30, dafür ist die Größe einzelner Anteile deutlich höher und nicht öffentlich verfügbar.

Offene versus geschlossene Publikumsfonds

Fast alle Publikumsfonds sind offene Fonds – ein weiteres wichtiges Merkmal. Offen bedeutet, dass die Anbieter ständig Anteile ausgeben und zurücknehmen. Ein geschlossener Fonds hingegen investiert gemäß seiner Strategie in weitere Wertpapiere, wenn Anlegerinnen und Anleger neue Anteile kaufen.

Ein geschlossener Fonds gibt nur eine feststehende Anzahl von Anteilen aus. Das Fondsvermögen ist begrenzt und meist auf illiquide Vermögenswerte wie Immobilien, Schiffe, Flugzeuge, Unternehmensbeteiligungen oder Infrastrukturprojekte spezialisiert. Typischerweise kann nur am Anfang der Laufzeit ein hoher Mindestbetrag in den Fonds investiert werden. Danach wird der Fonds geschlossen, weitere Anteile werden nicht ausgegeben. Der Fonds ist nicht verpflichtet, die ausgegebenen Anteile vor Beginn der Liquidations- oder Auslaufphase zurückzunehmen. Dabei ist die Laufzeit oft sehr lang. In der Zwischenzeit besteht höchstens am Zweitmarkt die Möglichkeit, sich von Anteilen zu trennen, und das meist mit hohen Abschlägen, also Verlusten.

Es gibt viele geschlossene Fonds, aber nur sehr wenige davon sind Publikumsfonds, also für alle Anlegerinnen und Anleger zugänglich.

⊘ Not-To-do: Geschlossene Fonds

Geschlossene Fonds sind in der Vergangenheit gerne vollmundig und mit Hochglanz vertrieben worden. Insbesondere Schiffsbeteiligungen, Medienfonds, Container und Immobilienprojekte haben traurige Schlagzeilen gemacht. Stiftung Warentest hat 2015 gut 1.100 geschlossene Fonds untersucht[39]: 69 Prozent davon bescherten Anlegern Kapitalverluste, und nur 6 Prozent erfüllten ihre Gewinnprognosen.

Neben dem Insolvenzrisiko machen hohe Kosten, die lange Anlagedauer, in der man, anders als bei Aktien, nicht an sein Kapital kommt, und auch einige Betrugsfälle diese Fondsform zu einem sehr riskanten Vehikel.

Die Vorteile von offenen Publikumsfonds sind klar:

- Weniger Risiko: Selbst mit kleinen Beträgen kannst du in ein breit gestreutes Portfolio investieren.
- Verfügbarkeit: Du kannst in der Regel täglich Fondsanteile kaufen und verkaufen.
- Zugänglichkeit: Sie ermöglichen dir Investments in Märkte oder Anlageklassen, die sonst schwer erreichbar wären, zum Beispiel ausländische Aktien und Rohstoffe.
- Bei Anleihen erleichtert ein Fonds wegen hoher Mindestanlagen und begrenzter Laufzeiten das Investment.
- Transparenz gegenüber einigen anderen Vehikeln: Die Anbieter sind zu etlichen Veröffentlichungen verpflichtet, wie Basisinformationsblatt, Fondsprospekt, Halbjahres- und Jahresberichte.
- Regulierung: Publikumsfonds unterliegen strengen gesetzlichen Vorschriften und der Aufsicht der Bundesanstalt für Finanzdienstleistungsaufsicht (BaFin).
- Sondervermögen: Das Fondsvermögen ist vom Vermögen des Anbieters rechtlich getrennt und verwahrt. Dein Investment ist von einer Insolvenz des Anbieters nicht betroffen.

Investmentfonds haben natürlich auch Nachteile:

- Anders als beim direkten Investment hast du keine Mitbestimmung bei der einzelnen Investmententscheidung.
- Du hast keine Mitbestimmung bei den Unternehmen, in die du investiert bist. Du überträgst deine Stimmrechte an die Fondsgesellschaft, die sie vielleicht nicht in deinem Sinne oder gar nicht wahrnimmt.
- Es fallen Verwaltungsgebühren an, die die Rendite schmälern.

Mit Einmalkosten von Investmentfonds wie Ausgabeaufschlägen und Transaktionskosten sowie den laufenden Kosten beschäftigen wir uns in ↪ Kapitel 8 im Detail.

🔎 Deep Dive: Fondsregulierung

Fonds in Deutschland sind seit 2013 hauptsächlich durch das Kapitalanlagegesetzbuch (KAGB) reguliert. Zuständig für Regulierung und Überwachung ist die BaFin. Unterschieden werden OGAW, Organismen für gemeinsame Anlagen in Wertpapieren, auf Englisch UCITS, und AIF, Alternative Investmentfonds. Diese Unterscheidung ist nur grob deckungsgleich mit der in Publikums- und Spezialfonds. OGAW investieren ausschließlich in gut handelbare Finanzanlagen wie Wertpapiere, Geldmarktinstrumente und Derivate. AIF können in weniger liquide Anlagen wie Immobilien, Private Equity oder Hedgefonds investieren.

Die Anbieter der Fonds, die Kapitalverwaltungsgesellschaften (KVGs), benötigen eine Erlaubnis der BaFin und müssen Mindestanforderungen an Kapital und ihre Organisation erfüllen. Auch der Vertrieb ist reguliert. Außerdem enthält das Gesetz umfangreiche Pflichten zur Berichterstattung und Transparenz.

An dieser Stelle kommen wir zunächst zu der wichtigen Unterscheidung zwischen aktiv verwalten Publikumsfonds und passiv gemanagten Indexfonds, die als ETFs inzwischen zu Recht sehr beliebt geworden und dir bei der Lektüre dieses Buchs auch schon mehrfach untergekommen sind.

Aktiv verwaltete Investmentfonds

Die Idee ist alt: Bereits im 18. Jahrhundert wurde in den Niederlanden der erste bekannte Investmentfonds mit dem Namen »Eendracht Maakt Magt« (Eintracht macht stark) gegründet, der vorwiegend in Staats- und Unternehmensanleihen investierte. Als erster moderner Investmentfonds gilt der Massachusetts Investors Trust, aufgelegt 1924 in den USA. In Deutschland wurden 1950 die ersten deutschen Fonds von ADIG, der Allgemeinen Deutschen Investment-Gesellschaft, angeboten: der gemischte Fonds Fondra und der Aktienfonds Fondak. ADIG ist in der Commerzbank aufgegangen, den Fondak gibt es heute noch. Den ersten Investmentfonds in Österreich gab es ab 1956, den heutigen Capital Invest Select Europe Stock. In der Schweiz bot die Schweizerische Bankgesellschaft, heute UBS, bereits 1943 einen offenen Immobilienfonds an.

In den 2000er-Jahren gewannen nachhaltige und thematische Fonds an Bedeutung. Und seit dieser Zeit stehen aktiv verwaltete Fonds im Wettbewerb mit passiven Indexfonds, insbesondere den börsengehandelten Indexfonds, auch bekannt als Exchange Traded Funds, kurz ETFs.

Bei aktiv verwalteten Fonds übernimmt ein professionelles Fondsmanagement die Auswahl und Verwaltung der Wertpapiere im Fondsportfolio. Das Management verfolgt eine bestimmte Anlagestrategie, die im Fondsprospekt festgelegt ist. Diese kann beispielsweise vorsehen:

- in welche Anlageklassen (zum Beispiel Aktien, Anleihen) investiert wird,
- auf welchen Regionen oder Branchen der Fokus liegt,
- welche Risiko-Rendite-Ziele angestrebt werden,
- welche Auswahlverfahren eingesetzt werden. Das können fundamentale Methoden sein oder quantitative, die sich auf technische Kennzahlen beziehen.

Auf Basis dieser Strategie beobachtet und analysiert das Management kontinuierlich die Märkte und einzelne Wertpapiere, trifft Anlageentscheidungen und passt die Zusammensetzung des Portfolios daraufhin an. Hauptziel eines aktiven Managements ist es, eine überdurchschnittliche Rendite im Vergleich zum Gesamtmarkt oder einem Referenzindex, der Benchmark, zu erzielen. Fondsanbieter sind Stand 2024 nicht regulatorisch verpflichtet, diesen Vergleichsmaßstab anzugeben. Viele veröffentlichen ihn dennoch beziehungsweise begründen den Verzicht.

Deep Dive: Anzahl der Wertpapiere im Fonds

Wie viele Wertpapiere ein Fonds mindestens enthalten muss, ergibt sich aus mehreren Regeln: Ein Fonds darf maximal 10 Prozent seines Vermögens in Wertpapiere eines einzelnen Emittenten investieren. Alle Einzelpositionen von über 5 Prozent dürfen zusammen maximal 40 Prozent des Fondsvermögens ausmachen. Rein rechnerisch ergibt sich daraus eine Mindestanzahl von 16 Wertpapieren. In der Praxis enthalten die meisten Fonds deutlich mehr Einzelwerte, um eine breitere Streuung zu erreichen.

Der große Nachteil aktiv verwalteter Fonds sind die hohen Kosten zulasten deiner Rendite, die wir in ↪ Kapitel 8.1 ausführlich aufschlüsseln. Passiv verwaltete Fonds sind deutlich günstiger und deswegen häufig durchschnittlich performanter.

Passiv verwaltete Indexfonds

Auf den Punkt: Indexfonds kaufen die Wertpapiere im Index. Der Wert des Indexfonds steigt und fällt mit den Preisen der Wertpapiere im Index – auf diese Weise wird der Index ›abgebildet‹. Verändert sich die Zusammensetzung des Index, kauft und verkauft das Management entsprechend die Wertpapiere im eigenen Bestand. Es trifft keine eigenen Entscheidungen. Alle Abweichungen von diesem Grundprinzip erfährst du hier.

Die ersten Indexfonds wurden in den 1970er-Jahren in den USA entwickelt. Aber erst John ›Jack‹ Bogle machte diese Anlageform der breiten Öffentlichkeit zugänglich. Er gründete Vanguard, heute noch einer der größten ETF-Anbieter weltweit. Warren Buffett hat über Bogle gesagt: »Jack hat mehr für die amerikanischen Anlegerinnen und Anleger getan als jeder andere Mensch, den ich kenne.« Buffet ist auch der Ansicht, dass für die große Mehrheit der Anleger ein kostengünstiger Indexfonds die sinnvollste Aktienanlage sei.

Die erste Generation unterscheidet sich strukturell von den heutigen ETFs. Sie wurden nicht über die Börse gehandelt, sondern konnten über den Anbieter bezogen und an ihn zurückgegeben werden.

Faktisch hat diese Art der Indexfonds gegenüber den börsengehandelten ETFs nur noch zwei Vorteile: Sie sind flexibler und können kleinere Zusatzgewinne erzielen, zum Beispiel beim Handel mit Bezugsrechten. Und sie verleiten weniger zum täglichen Handeln.

Deep Dive: Verluste mit ETFs und Indexschmusen

Eine Studie aus 2013, »The dark side of ETFs«[40], wies nach, dass sich die Portfolio-Performance von Privatanlegern nach der Einführung von ETFs zunächst verschlechterte. Die Hauptursache dafür war nicht die Auswahl falscher ETFs, sondern schlechtes Timing beim Kauf und Verkauf. Schlussfolgerung: Die einfache Handelbarkeit von ETFs verleitet Anlegerinnen und Anleger zu häufigeren und oft erfolglosen Versuchen, günstig zu kaufen und teuer zu verkaufen.

Den Fondsmanagements einiger aktiv verwalteter Fonds wird von

Anlegenden vorgeworfen, dass sie in Wirklichkeit wie Indexfonds funktionieren. Dieses Phänomen heißt »Closet Indexing«, auf Deutsch »Indexschmusen«. Der Hauptvorwurf: Das Management von solchen Closet-Indexing-Fonds erhebt aktive Verwaltungsgebühren für eine im Wesentlichen passive Anlagestrategie. Also lose-lose für Anlegende: Sie bekommen die Nachteile der höheren Kosten eines aktiven Managements kombiniert mit den Nachteilen eines passiven Fonds. Die Organisation Better Finance hat 2.300 Fonds untersucht und bei 165 Fonds Merkmale des Indexschmusens nachgewiesen.[41]

Die heute als Indexfonds bezeichneten Fonds sind in der Regel börsengehandelte ETFs. In den USA kam der erste ETF 1993 auf den Markt, der SPDR S&P 500. Spitzname: Spider. Er gilt als Wegbereiter für die gesamte ETF-Industrie. In Deutschland wurden im Jahr 2000 die beiden ersten ETFs an die Börse gebracht, die den Euro Stoxx 50 und den STOXX Europe 50 abbilden (nicht verwechseln! Der Euro Stoxx 500 umfasst nur Unternehmen aus dem Euro-Währungsgebiet). Der erste DAX-ETF folgte 2001. Inzwischen sind gut 2.000 ETFs auf Xetra gelistet. Xetra ist eine Börse und der wichtigste Handelsplatz für ETFs in Europa.

Dazu kommen knapp 200 Active ETFs sowie rund 500 ETNs und ETCs. Steigen wir etwas tiefer in die Materie ein.

Aktive ETFs

Aktive ETFs – das klingt zunächst wie ein Widerspruch, ist es aber nicht.

Aktive ETFs verfolgen eine aktive Anlagestrategie. Im Gegensatz zu passiven ETFs ist das Portfolio nicht fest an den Index gebunden, sondern kann nach festgelegten Regeln vom Index abweichen. Das Ziel ist es, den zugrunde liegenden Index zu übertreffen, nicht nur abzubilden. Entweder durch eine bessere Performance oder niedrigere Risiken.

Was aktive ETFs von den verwalteten Publikumsfonds klassischer Machart unterscheidet: Sie werden wie passive ETFs an der Börse gehandelt mit den hier beschriebenen Vorteilen. Die Gebühren sind in der Regel höher als bei rein passiven ETFs, aber niedriger als bei traditionellen aktiv gemanagten Fonds. Ende 2024 lässt sich der Trend beobachten, dass das Angebot an aktiv verwalteten ETFs stark steigt und auch das darin investierte Vermögen. Gleichzeit reduzieren klassischen Fondsanbieter die Kosten und nähern sich den ETFs an.

ETCs und ETNs

ETC steht für Exchange Traded Commodities, börsengehandelte Rohstoffe also, wie zum Beispiel Gold. ETNs steht für Exchange Traded Notes, die an exotischere Vermögenswerte wie Kryptowährungen oder Wechselkurse gekoppelt sind. Beide Vehikel haben gemeinsam, dass sie wie ETFs gehandelt werden, aber rechtlich kein Sondervermögen, sondern Zertifikate sind, Schuldverschreibungen des Anbieters, deren Preisentwicklung an ein Wertpapier gekoppelt ist (↪ Kapitel X).

Bei den ETCs liegt dies vor allem am Fondsrecht in der EU, das keine Fonds zulässt, die weniger als 16 Wertpapiere enthalten. Viele der ETNs bilden Kryptowährungen ab.

Durch den rechtlichen Status der Zertifikate sind ETCs und ETNs mit einem Emittentenrisiko für dich verbunden. Das heißt, dass dein Investment bei einer Insolvenz des Anbieters Teil der Insolvenzmasse und sehr wahrscheinlich wertlos wird. Diesen Nachteil wollen die Anbieter der ETCs und ETNs ausgleichen, indem sie Sicherheiten hinterlegen. Entweder wird der Rohstoff oder die Kryptowährungen von den Emittenten selbst verwahrt als Sicherheit, oder es gibt Abkommen mit Treuhändern.

Aktiv versus passiv – die Vor- und Nachteile

Aktiv verwaltete Publikumsfonds ermöglichen den Anbietern mehr Flexibilität als passive Indexfonds. Das Management kann unterbewertete Wertpapiere auswählen und defensiver agieren, wenn die Märkte fallen. Dadurch können aktiv verwaltete Fonds eine höhere Rendite abwerfen als der Gesamtmarkt, mit dem sie sich vergleichen. Den Markt schlagen, nennt man das. So zumindest die Theorie.

In der Realität sieht es anders aus: Die Mehrheit der aktiv verwalteten Fonds entwickelt sich schlechter als vergleichbare ETFs.

Schlechtere Performance

Warum, ist leicht zu verstehen: Wertpapiermärkte sind in den vergangenen Jahrzehnten sehr transparent geworden. Die meisten Nachrichten, Unternehmenszahlen, Analysen und Meinungen stehen vielen schnell zur Verfügung. Die Zutrittsbarrieren zum Wertpapierhandel und die Kosten sind gesunken. In diesem Szenario ist es zunehmend schwer für Einzelne, dauerhaft einen Wissensvorsprung herauszuarbeiten und dadurch bessere Investments zu tätigen. Im Grunde ist das eine sehr positive Entwicklung, denn sie spricht für eine Demokratisierung der Geldanlage.

Ein zweiter Nachteil aktiv verwalteter Fonds liegt in den höheren Kosten, die die Performance belasten. Aktives Management ist für die Anbieter kostspieliger als passives, das schlägt sich in deutlich höheren Verwaltungsgebühren nieder, die vom Fondsvermögen abgehen.

Natürlich gibt es Ausnahmen. Und besonders in Nischenmärkten und einigen Regionen kann mit aktivem Fondsmanagement dauerhaft eine bessere Wertentwicklung gelingen.

Ein Nachteil aktiv verwalteter Fonds ist die Kappungsgrenze einzelner Wertpapiere im Fonds bei 10 Prozent Gewicht. Bei ETFs gibt es diese Grenze nicht. In der Praxis bewirkt die Kappung, dass einzelne, sich sehr gut entwickelnde Aktien im aktiv verwalteten Fonds nur ein kleineres Gewicht haben dürfen.

Deep Dive: Performance-Vergleich

Die Rating-Agentur Standard & Poor's veröffentlicht unter dem Namen SPIVA tagesaktuelle Analysen zur Performance aktiv verwalteter Fonds im Vergleich zu ihren Benchmarks. Hier einige Ergebnisse[42]:

- 64 Prozent der insgesamt 8.417 untersuchten Einzelfonds blieben hinter ihren Vergleichsindizes zurück.
- Besonders schwierig war das Umfeld für aktives Management in entwickelten Aktienmärkten.
- 70 bis 85 Prozent der globalen Aktienfonds mit Sitz in den USA, Europa, Japan, Kanada und Australien schnitten schlechter ab als der S&P-World-Index.
- In kontinentaleuropäischen Märkten wie der Schweiz, Frankreich und Deutschland entwickelten sich 76, 85 beziehungsweise 88 Prozent der lokalen aktiven Fonds schlechter als der nationale Markt.
- Positive Ausnahmen gab es bei Fonds mit kleineren Unternehmen: 85 Prozent der US-basierten aktiven Small-Cap-Fonds übertrafen den S&P SmallCap 600.
- Der Anleihemarkt bot insgesamt bessere Chancen für aktives Management, insbesondere bei Anleihen mit niedrigerem Kreditrating und geringerer Liquidität.

- In Europa übertrafen 65 Prozent der Fonds mit Unternehmensanleihen, 66 Prozent der Fonds mit Staatsanleihen und 73 Prozent der Fonds mit hochverzinsten Anleihen ihre Benchmarks.

Fazit: In vielen Märkten war es rentabler, in einen ETF zu investieren, der die Benchmark abbildet, anstelle in die Mehrheit der aktiv verwalteten Fonds. Der SPIVA-Vergleich wird zwar ohne die Kosten der ETFs gemacht, er spiegelt aber eine Tendenz wider.

Video: »Vehikel versus Anlageklasse«

Scanne den QR-Code auf S. 12, um dir von Fabienne Lindner und Edda Vogt eines der größten Missverständnisse auf den Punkt erklären zu lassen.

5.3 Transparenz

Ihre Transparenz ist der zweite wesentliche Vorteil von passiven ETFs gegenüber aktiv verwalteten Fonds: ETFs veröffentlichen täglich die Zusammensetzung auf der eigenen Website, aktiv verwaltete Fonds häufig nur alle drei Monate. Anlegerinnen und Anleger haben daher weniger Einblick in die aktuellen Positionen als bei ETFs.

Außerdem sind die Anbieter verpflichtet, einen indikativen Nettoinventarwert, kurz iNAV, berechnen zu lassen. Grundsätzlich gibt der Nettoinventarwert, kurz NAV, den aktuellen Gesamtwert eines Fondsvermögens pro Anteil an. Er wird für alle Fonds einmal am Tag ermittelt und meist mit Verspätung veröffentlicht. Der indikative Nettoinventarwert wiederum basiert auf den aktuellen Börsenpreisen der Wertpapiere im ETF. Er wird mindestens minütlich berechnet und spiegelt den fairen Wert eines ETF-Anteils wider. Die meisten iNAVs sind im Internet verfügbar.

5.4 Zugang zu Nischenmärkten

In einem Punkt sind aktiv verwaltete Fonds den ETFs überlegen: wenn es um Investments in spezielle Themen oder Nischen geht. Ein ETF funktioniert dann besonders gut, wenn die Wertpapiere im Index viel gehandelt werden, also liquide sind.

Das ist bei weniger beachteten Aktien und Anleihen der Fall, zum Beispiel von kleineren Unternehmen, ›Small Caps‹. Häufig wünschen sich Anlegende Investments in boomenden Branchen wie Telemedizin und Bildungstechnologie oder in beliebte Geschäftsbereiche wie die Fahrradindustrie, in denen es aber nicht sehr viele börsennotierte Unternehmen gibt. Dann ergibt ein ETF keinen Sinn.

Diesen Vorteil aktiv verwalteter Fonds bieten auch Zertifikate, auf die wir unten kurz eingehen.

Tipp: ETFs bieten Streuung

Wenn du dich entschlossen hast, über deine Investments selbst zu entscheiden, du aber erst am Anfang stehst, sind ETFs das einfachste Vehikel. Sofern du die drei wichtigsten Regeln beachtest - ausreichende Streuung, längerer Zeithorizont und einen Fokus auf niedrige Kosten -, machst du nicht wirklich etwas falsch.

Eine Anleitung in einfachen Schritten für den passenden ETF findest du in ↪ Kapitel 7.

Es gibt gute aktiv verwaltete Investmentfonds. Die Schwierigkeit besteht darin, sie zu finden. Die Performance in der Vergangenheit ist ein Hinweis, aber kein Garant. Auch dafür gibt es einige Tipps.

5.5 Kritik an ETFs

Neben den potenziellen Performance-Nachteilen in schwachen Börsenphasen gibt es auch systemische Kritik an passiv verwalteten Indexfonds.

Kritikerinnen und Kritiker befürchten, dass die zunehmende Verbreitung von ETFs negative Auswirkungen auf die Marktfunktion haben könnte: Aktives Stock-Picking belohnt gute Unternehmen mit vielversprechender wirtschaftlicher Perspektive, deren Aktienkurse in der

Folge steigen. Passives Investieren zieht auch die schwächeren Unternehmen mit nach oben.

Außerdem wird befürchtet, dass die hohe Liquidität von ETFs in Krisenzeiten zu einer Verstärkung der Verkaufswellen und höherer Volatilität führt. Ein weiterer Kritikpunkt zielt auf die Governance der Aktiengesellschaft ab. Die Versammlung der Aktionärinnen und Aktionäre ist das oberste Kontrollorgan eines börsennotierten Unternehmens. Besonders große institutionelle Investorinnen und Investoren haben Einfluss auf das Management. Es wird bezweifelt, ob Indexfonds ihre Stimmrechte ordentlich wahrnehmen. Und schließlich wird kritisiert, dass die inzwischen immer komplexer werdenden ETF-Produkte für Anlegerinnen und Anleger schwer verständlich und somit riskanter sind.

5.6 Zertifikate

Da die Finanzindustrie viel dafür wirbt, möchten wir an dieser Stelle Anlagezertifikate erwähnen: Das sind komplexe Finanzinstrumente, die dir ermöglichen, indirekt an der Wertentwicklung verschiedener Basiswerte wie Aktien, Indizes, Rohstoffe oder Währungen zu verdienen. Sie werden häufig auch als strukturierte Produkte bezeichnet, weil die Anbieter, die Emittenten, verschiedene Wertpapiere kombinieren und diese Struktur verbriefen, das heißt in handelbare Wertpapiere umwandeln. Rechtlich sind Zertifikate Inhaberschuldverschreibungen, die von Banken emittiert werden. Der Wert eines Zertifikats leitet sich von der Performance des zugrunde liegenden Basiswerts ab.

Inhaberschuldverschreibung bedeutet, dass die Wertpapiere im Falle einer Insolvenz des Anbieters zur Insolvenzmasse gehören. Zertifikate-Inhaberinnen und -inhaber werden als nachrangige Gläubiger eingestuft und stehen bei der Verteilung der Insolvenzmasse weit hinten.

Zu trauriger Berühmtheit gelangten Zertifikate mit der Insolvenz der Bank Lehmann Brothers im Zuge der Finanzkrise 2008. Das verwaltete Vermögen in Zertifikaten liegt 2024 immer noch unter dem Niveau von vor 2008. Es gibt etliche Typen von Zertifikaten und ziemlich viele Zertifikate, zurzeit sind etwa 1,5 Millionen Produkte im Handel. Die Anbieter bauen die meisten Zertifikate aus verschiedenen Wertpapieren am Terminmarkt zusammen. Daraus kannst du bereits schließen, dass sie trotz vertrauenserweckender Namen wie Aktienanleihe oder Faktor-Zertifikat eher für Fortgeschrittene geeignet sind.

Die wichtigste Differenzierung ist die zwischen den Anlagezertifikaten und den Papieren mit Hebel. Hebel bedeutet, dass der Wert deines Investments um ein Mehrfaches gegenüber dem Preis des Basiswerts steigen kann.

Auch die Mehrheit der Anlagezertifikate ist vor allem etwas für Kapitalmarkterfahrene. Papiere wie etwa Bonus- und Discount-Zertifikate oder Aktienanleihen eignen sich für ein Investment mit einer konkreten Meinung, wie sich die Kurse von einzelnen Wertpapieren oder des gesamten Marktes entwickeln werden. Mit den Zertifikaten lassen sich zusätzliche Gewinne erwirtschaften. Dazu benötigst du aber neben der Einschätzung des Marktes auch das Verstehen der Produkte, ihrer Chancen und Risiken.

Basket-Zertifikate, die einzelne Aktien aus Nischenmärkten bündeln, sind ebenfalls mit höheren Risiken verbunden.

Eine dritte Kategorie sind Zertifikate mit Kapitalschutz und Zinsprodukte. Diese richten sich an Unerfahrene und können einige Nebenwirkungen haben: Die Produkte sind oft schwer verständlich und intransparent. Versteckte Risiken wie einseitige Kündigung durch den Anbieter und fehlende Einlagensicherung sind nicht immer ersichtlich, die Preisbildung im Handel erfolgt durch den Anbieter und ist schwer nachvollziehbar. Vor allem können hohe Kosten durch Ausgabeaufschläge oder laufende Gebühren das ganze Konstrukt unrentabel für dich machen. Deswegen möchten wir hier nicht weiter auf diesen Produkttyp eingehen. Aus unserer Sicht sind sie meist kein guter Begleiter auf deiner Geldreise. Jetzt kennst du die wichtigsten Anlageklassen und Vehikel, die dir den Start erleichtern. Der nächste Schritt ist das Depot, das du für deine Wertpapiere benötigst.

☞ Checkliste

- Verinnerliche den Unterschied zwischen, Sparen, Traden und Investieren.
- Überlege dir, wie du mit Risiko und Marktschwankungen umgehen möchtest und kannst.
- Definiere die drei Erfolgsfaktoren für dich: Zeit, Budget, Kosten.
- Mache dich mit den Instrumenten vertraut: Aktien, Anleihen, ETFs, Fonds, Zertifikate.

♥ Persönlicher Tipp

Aller Anfang ist schwer, und im Nachhinein ist man meistens schlauer. Auch wir sind auf unserer Geldreise Umwege gegangen. Wichtig ist, dass du nicht versuchst, beim ersten Schritt unbedingt schlauer als der Markt sein zu wollen, sondern dich erst mal auf dein Kerninvestment fokussierst.

6. Vom Sofa zum Depot

Der erste praktische Schritt ist das eigene Depot. Im **sechsten Kapitel** erstellen wir eine Skizze des Angebots im deutschsprachigen Raum, damit du hier den Überblick behältst: **Banken, Neobroker, Robo-Advisor, Vermögensverwaltung** und **Beratung**, dein Reisegepäck beim Vermögensaufbau.

Wir zeigen dir,

- wie du in wenigen Schritten eine für dich **passende Depotbank** findest und
- was es bei der **Auswahl** zu bedenken gibt.

E-Mail von Tim

Hallo zusammen,

ich bin fast fertig mit dem Studium und verdiene bereits ein bisschen Geld durch einen Werkstudentenjob. Mich beschäftigt schon länger der Gedanke, dass ich gerne mit dem Investieren beginnen würde. Vor allem, da ich bald richtig in das Berufsleben starte und dann eigentlich schon Übung in Sachen Finanzen haben wollte.

Allerdings weiß ich einfach nicht, wo ich anfangen soll. Ich hätte gerne erst einmal einen Überblick, welche Möglichkeiten es überhaupt gibt, Geld anzulegen – denn das Angebot ist einfach so groß, und ich blicke da nicht durch. Vor allem interessiere ich mich für ETFs, da ich schon oft davon gelesen habe und gerne verstehen würde, wie sie funktionieren, wie ich den richtigen ETF auswähle und entscheiden kann, welcher ETF passt.

Außerdem frage ich mich, wie ich das für mich passende Depot erkenne und worauf ich sonst noch achten muss.

Ich hoffe, ihr könnt mir helfen.

Viele Grüße,
Tim

- - - - -

Die Frage nach dem Depot steht vor jedem Investment, und deine Wahl beeinflusst über die Kosten langfristig deine Rendite. Deswegen schauen wir intensiv auf das Angebot.

Du kennst jetzt die drei Grundregeln für deinen Weg: langer Zeithorizont, breite Streuung zu vernünftigen Kosten sowie das Wissen darüber, was die Anlageklassen Cash und Anleihen sind und was deren Preise bewegt.

6.1 Das Wertpapier-Depot

Bevor du loslegen kannst, benötigst du noch Hilfsmittel für deine Reise, konkret ein Depot bei einer Bank. In das Angebot ist in den vergangenen Jahren viel Bewegung gekommen, Geldanlage wird immer digitaler und zugänglicher. Mitte der 90er-Jahre starteten die ersten Online-Banken und lösten eine Welle der Trading-Begeisterung aus. Seit einigen Jahren locken Neobroker jüngere Anlegerinnen und Anleger mit der Aussicht auf unkompliziertes und kostengünstiges Investieren.

Der Markt ist dynamisch und der Wettbewerb um Wertpapieraufträge groß. Die Neobroker machen den Platzhirschen die Kundinnen und Kunden streitig. Nicht selten werden Anbieter übernommen oder schließen. Es lohnt sich, regelmäßig das Angebot zu scannen, auch wenn du bereits ein Depot hast.

Zwei gute Nachrichten vorweg: Der steigende Wettbewerb und die Digitalisierung haben etliche Angebote sehr günstig und niederschwellig gemacht. Und der Wechsel der Depotbank ist, zumindest von einem deutschen Anbieter zu einem anderen, kostenlos.

Arten von Depots

Welche Depotformen gibt es, und was könnte für dich das Richtige sein? Schematisch lassen sich die Angebote so beschreiben:

- **Fondsdepots** sind Anlagekonten, auf denen die Anteile an Investmentfonds verwaltet werden, meist von einigen wenigen oder sogar nur einem Fondsanbieter. Sie bieten einen tagesaktuellen Überblick über die Zusammensetzung und die Entwicklung der Geldanlage beziehungsweise des angelegten Vermögens. Im Fondsdepot werden nur Fondsanteile verwaltet. Du kannst weder Aktien noch Anleihen oder Indexfonds über die Börse kaufen.

- **Wertpapierangebote der Filialbanken** sind die klassische Aufbewahrungsform für deine Wertpapiere bei Privatbanken, wie Deutsche Bank oder Commerzbank, Sparkassen und Volksbanken. Sie bieten zum Teil weiterhin den Kauf über die Filiale oder Telefon an und haben meist deutlich höhere Gebühren.
- **Discount-Banken der ersten Stunde**, synonym Online-Banken, Discount-Broker oder Online-Broker, gibt es seit den 90er-Jahren. Sie ermöglichten als Erste den Handel mit Wertpapieren im Internet und boomten im Zuge der Dotcom-Bubble bis ins Jahr 2000, als Internetaktien Hochkonjunktur hatten (bis die Spekulationsblase platzte). Inzwischen sind es etablierte Vollbanken mit einem umfangreichen Angebot. Dazu gehören ING, Comdirect und Consorsbank.
- **Neobroker** sind in jüngerer Zeit dazugekommen. Sie bieten ein eingeschränktes Produktportfolio und haben sich auf den Wertpapierhandel spezialisiert. Neobroker haben oft selbst keine Banklizenz und arbeiten mit Partnerbanken zusammen. Das bedeutet, dass du für dein Depot zwei verschiedene Verträge machst und zwei Geschäftspartner hast.
- Das Angebot an Handelsplätzen und Produkten ist manchmal eingeschränkt. Einige, wie Trade Republic oder finanzen.net zero, bieten im Moment nur Zugang zu einer außerbörslichen Plattform. Andere, wie Smartbroker, teilweise Scalable und Traders Place, haben eine größere Auswahl. Neobroker wenden sich an eine jüngere Klientel, gern auch mit Fokus auf eine App als Schaltzentrale für deine Wertpapiergeschäfte.
- **Broker für Erfahrene.** Eine extra Kategorie sind Anbieter, die sich an aktive Anlegerinnen und Anleger richten. Sie bieten häufig eine Vielzahl an internationalen Marktplätzen und alle Anlageklassen. Die Gebühren sind sehr niedrig. Dafür führen die Broker häufig keine Steuerhistorie und auch sonst keinen weiteren Service. Die Bedienung der Ordermasken und Tools setzt einiges an Kenntnissen voraus. Der größte internationale Anbieter ist Interactive Brokers, dessen Plattform auch von anderen wie Captrader genutzt wird. Weitere Beispiele in diesem Segment sind Sino oder WH Selfinvest.
- **Robo-Advisor** bieten automatisierte Anlagestrategien. Sie nutzen Algorithmen und computergestützte Modelle für die Aufteilung der

Investments auf verschiedene Anlageklassen und führen gleichzeitig dein Depot. Leider schreckt der Name viele Börsenneulinge ab – was schade ist, denn Robo-Advisor können dir einen Teil der Arbeit abnehmen.

6.2 In wenigen Schritten zur passenden Depotbank

Frage dich, was du vor allem machen möchtest

Möchtest du Fondssparpläne anlegen für den Vermögensaufbau oder einzelne Orders aufgeben? Wie groß, glaubst du, werden deine Aufträge am Anfang sein, und wie viele Wertpapiergeschäfte wirst du pro Jahr machen?

Wie viel Service möchtest du in Anspruch nehmen?

Willst du ein Kinder-Depot aufmachen oder mehrere Unterkonten? Ist es okay, wenn Dividenden nicht sofort gutgeschrieben werden und es keine richtige Hotline mehr gibt, das Angebot dafür aber sehr günstig ist?

Verrechnungskonto ist kein Girokonto

Bei einer Online-Bank oder einem Neobroker bekommst du zum Depot ein Verrechnungskonto dazu, über das die Finanztransaktionen für deine Wertpapiergeschäfte abgerechnet werden. Das erleichtert dir auch den Wechsel, da du sonst keine weiteren Transaktionen darüber ausführst. Manche Online-Banken versuchen gelegentlich, die Eröffnung eines Girokontos mit dem Depot zu verknüpfen. Das ist nicht notwendig.

Dauerhafte Konditionen versus Neukundenangebote

Nahezu alle Banken und Broker bieten Neukundenprämien, seien es Einmalzahlungen, günstigere Spesen oder vergleichsweise hohe Zinsen auf Tagesgeld. Bedenke, dass diese Angebote in der Regel vorübergehend sind. Das ist eine Typfrage: Wenn du eine Sparfüchsin oder ein Sparfuchs bist, achte auf solche Angebote. Wenn du vermutlich aus Bequemlichkeit nicht mehr wechseln wirst, schau besser auf die Standardkonditionen.

Steuer

Wenn du Wertpapiere mit Gewinn verkaufst oder Dividenden ausgezahlt bekommst, wird die Kapitalertragssteuer fällig. Die meisten lokal ansässigen Depotbanken erledigen das für dich, die bei sehr aktiven Traderinnen und Trader beliebten günstigen Online-Broker allerdings nicht. Wenn du dort ein Depot hast, musst du deine steuerpflichtigen Wertpapiergewinne selbst mit dem Finanzamt abrechnen.

Nutze Online-Vergleiche

Es gibt eine Reihe von Vergleichen im Internet, die für unterschiedliche Bedürfnisse die aktuellen Konditionen auflisten. Diese Portale sind neutral und verdienen ihr Geld mit Affiliate-Marketing. Sie werden also bezahlt, wenn du über einen Link im Vergleich zur Depotbank kommst oder über eine Empfehlung zu einem Wertpapier. Das sollte transparent angezeigt werden. Wenn das Portal nur wenige Angebote anzeigt und solche Links nicht kennzeichnet, wechsle besser zu einem anderen.

Link-Tipp: Depotvergleiche

Nutzwertige Vergleiche von Depot-Anbietern findest du auf:

- extraetf.com
- finanzfluss.de
- finanztip.de
- test.de

♥ Persönlicher Tipp: Mach es dir einfach mit unabhängigen Verbraucherportalen

Für viele stellt die Auswahl der Bank eine echte Hürde dar. Bevor es dir auch so geht, kannst du einfach den Empfehlungen unabhängiger Testseiten wie *Finanztipp* oder *Finanztest* folgen.

☺ Funfact: Depotbank

Überdenke ab und zu, ob deine Depotbank noch zu deinen Bedürfnissen passt, insbesondere was die Kosten angeht. Die Geschäftsbeziehungen der Deutschen zu ihren Banken hält im Schnitt 20 Jahre und damit länger als Ehen mit knapp 15 Jahren.[43]

7. Bereit für die ersten Investments

Im **siebten Kapitel** setzen wir nun das um, was wir zuvor erarbeitet haben. Jetzt kommen wir ins Handeln. Du gehst jetzt.

Wir diskutieren die praktischen **ersten Schritte**:

- **Sparplan** versus **Einzelorder**: Was ist wann besser?
- Beispiele für **Portfolio-Aufteilungen**
- So kommst du in wenigen Schritten zum **passenden ETF**.

E-Mail von Chiara

Liebe Edda,

ich habe seit einiger Zeit mein Depot bei einer Online-Bank eröffnet, doch leider kann ich mich nicht entscheiden, welchen ETF ich nun auswählen soll. Für mich sind das alles böhmische Dörfer, und ich sehe den Wald vor lauter Bäumen nicht mehr. Mehrfach habe ich mich eingeloggt und wollte loslegen, doch den »Kaufen«-Button habe ich nicht gedrückt, da ich Angst habe, etwas falsch zu machen.

Danke für die Unterstützung,
Chiara

- - - - -

Du weißt, worauf es ankommt, langer Anlagehorizont, breite Streuung und niedrige Kosten, und hast jetzt ein Depot. Dann kannst du loslegen – und Chiara hoffentlich auch bald.

7.1 Sparplan oder Einmalanlage

Bei der Einmalanlage kaufst du für den Betrag, den du investieren willst, das gewählte Wertpapier. Beim Sparplan investierst du regelmäßig einen kleineren Betrag aus deinem laufenden Einkommen.

Was für dich das Bessere ist, hängt allein von deiner persönlichen Situation ab. Rechnerisch bringt dir die Einmalanlage für den strategischen Vermögensaufbau mehr Rendite, weil du länger mit einer größeren Summe im Kapitalmarkt investiert bist. In der Realität haben die meisten das Geld zum Vermögensaufbau erst im Laufe der Zeit aus einem regelmäßigen Einkommen.

7.2 Wertpapiersparpläne für den laufenden Vermögensaufbau

Die Anzahl der Wertpapiersparpläne in Deutschland hat in den vergangenen Jahren ein beeindruckendes Wachstum erlebt. ETF-Sparpläne sind die mit Abstand beliebteste und am häufigsten genutzte Form in Deutschland:

Im Sommer 2024 wurden 4,5 Millionen ETF-Sparpläne ausgeführt mit einer durchschnittlichen Größe von 172 Euro.[44] Mehr als die Hälfte der ETF-Sparplan-Anlegerinnen und -Anleger haben drei oder mehr Sparpläne in ihrem Depot.

Es gibt auch noch andere Wertpapiersparpläne: für aktiv verwaltete Aktienfonds und Einzelaktien. Auch Kryptowährungen – wie Bitcoin oder Ethereum – und Gold können per Sparplan bespart werden.

Sparpläne haben einen wesentlichen Vorteil: Sie disziplinieren dich zum konstanten Ansparen durch die verschiedenen Börsenphasen hinweg.

Der an dieser Stelle häufig angeführte Cost-Average-Effekt, der Effekt der sinkenden Durchschnittskosten, der als Vorteil von regelmäßigen Investitionen wie Sparplänen dargestellt wird, ist leider ein Mythos. Zwar kaufst du rechnerisch mehr Anteile, wenn die Kurse niedrig sind. Ein positiver Effekt auf deine Gesamtrendite ist jedoch nicht nachweisbar (siehe auch den Tipp zum richtigen Einstiegszeitpunkt).

Wer per Sparplan Vermögen aufbaut, bleibt flexibel. Die Raten können in ganz unterschiedlichen Abständen von wöchentlich bis jährlich, zu unterschiedlichen Zeitpunkten und ab einem bis zu 10.000 Euro eingerichtet werden. Du kannst auch jederzeit aussetzen.

Allerdings sind Sparpläne mit sehr geringen Summen unter 25 Euro bei überproportional hohen Kosten pro Rate nicht sinnvoll. Ebenso wenig wie sehr große Raten, bei denen Einmalorders bei vielen Banken deutlich günstiger und transparenter sein dürften als eine Ausführung über einen Sparplan (↪ Kapitel 8).

Viele Anlegerinnen und Anleger kombinieren Einmalkäufe, zum Beispiel nach einer Bonuszahlung, mit regelmäßigen Sparplänen, je nach der finanziellen Situation des Moments.

Tipp: Der richtige Zeitpunkt, um einzusteigen

Auf die Frage, was besser ist, Sparplan oder Einmalanlage, gilt dieselbe Antwort wie auf die Überlegung, ob Aktien auf einem preislichen Rekordniveau nicht zu teuer seien zum Einstieg: In der langfristigen Geldanlage kommt es auf die Zeit an, die dein Geld investiert ist, »Time in the Market«, nicht den Versuch, günstig zu kaufen und teuer zu verkaufen, »Market Timing«. Denk daran: Wenn du weißt, dass du die Kurse nicht vorhersehen kannst, kaufst du dann, wenn du dich entschieden hast, wie viel Geld du langfristig investieren willst.

7.3 Aufteilung großer Orders

Es ist kein Sparplan, aber eine psychologische Hilfestellung zum Einstieg: deine Order in mehrere Tranchen aufteilen.

Durch die Aufteilung in kleinere Aufträge nehmen viele das Gesamtrisiko als geringer wahr. Es fühlt sich weniger riskant an, schrittweise vorzugehen.

Bei einer (zunächst) kleineren Position kannst du dich erst einmal mit den Abläufen und Anforderungen des Prozesses vertraut machen, dich an die Kursschwankungen gewöhnen. Die schrittweise Investition kann den mit großen finanziellen Entscheidungen verbundenen Stress reduzieren. Diese psychologischen Vorteile führen rein finanziell nicht zu besseren Ergebnissen. Sie können jedoch dazu beitragen, dass du konsistenter und diszipliniert er an deiner Anlagestrategie festhältst.

7.4 Welt-Portfolio – eine bequeme Anlagestrategie zum Einstieg

Du hast jetzt ein Depot, weißt, was Sparpläne können, und willst vielleicht eine größere Summe anlegen. Dann brauchst du eine erste Anlagestrategie. Die konkrete Frage in diesem Moment: Wie willst du deine Investments auf risikoarme und riskante Anlageklassen aufteilen? Oder anders formuliert: Wie hoch darf deine Aktienquote sein, denn dies bringt dir die Rendite? Hier bieten sich unter dem Oberbegriff Welt-Portfolio verschiedene Konzepte an, die sich im Großen und Ganzen ähneln.

7.5 Das Pantoffel-Portfolio

Am bekanntesten ist das »Pantoffel-Portfolio«, das von der Stiftung Warentest und ihrem Magazin *Finanztest* entwickelt wurde.[45]

Es besteht aus zwei Hauptelementen: einem risikoarmen Teil in Form von Tagesgeld, Festgeld oder sicheren Anleihen-ETFs. Und einem Renditeteil. Das ist ein breit investierter Welt-Aktien-ETF.

Es gibt drei Varianten, je nach Risikoneigung des Anlegers:

- **Defensiv:** 25 Prozent Aktien-ETF, 75 Prozent Sicherheitsbaustein
- **Ausgewogen:** 50 Prozent Aktien-ETF, 50 Prozent Sicherheitsbaustein
- **Offensiv:** 75 Prozent Aktien-ETF, 25 Prozent Sicherheitsbaustein.

Variante		Defensiv	Ausgewogen	Offensiv
Aktienanteil		25 Prozent	50 Prozent	75 Prozent
Zinsanteil		75 Prozent	50 Prozent	25 Prozent
Durchschnittliche Rendite pro Jahr		ca. 3,5 Prozent	ca. 5 Prozent	ca. 8 Prozent
Verlust bei Aktien-Crash	-5 Prozent	-1,25 Prozent	-2,5 Prozent	-3,75 Prozent
	-20 Prozent	-5 Prozent	-10 Prozent	-15 Prozent

Der Arbeitseinsatz hält sich auch in Grenzen. Einmal angelegt, solltest du nur regelmäßig überprüfen, ob deine Aufteilung noch passt, am besten einmal im Jahr.

Tipp: Rebalancing

Wenn Aktienpreise steigen, dann wächst auch dein Aktienanteil im Depot, was dazu führt, dass die Aufteilung entsprechend deiner Anlagestrategie aus dem Gleichgewicht geraten ist. Wenn du dann umschichtest, um die ursprüngliche Verteilung in Prozent des Gesamtdepots wieder herzustellen, nennt man Rebalancing.

Es gibt zwei Möglichkeiten: Du verkaufst Aktien und investierst das Geld in den Zinsanteil. Das hat den Nachteil, dass die Kapitalertragsteuer von 26,375 Prozent inklusive Solidaritätszuschlag plus gegebenenfalls Kirchensteuer fällig wird, was langfristig negativ auf deinen Zinseszinseffekt wirkt. Zur Steuer siehe auch ↪ Kapitel 8.

Die bessere Variante: Du investierst, wenn möglich, zusätzliches Geld in den Anteil, der zu klein geworden ist.

Es gibt eine ganze Reihe anderer Konzepte für Welt-Portfolios, zum Beispiel das Kommer-Portfolio, das vom Verbraucherportal Finanztip empfohlen wird, oder den ARERO-Weltfond. Auf weitere in diesen Ansätzen enthaltene Anlageklassen wie Aktien und Zinspapieren gehen wir in ↪ Kapitel 4 ein.

Tipp: Anlagestrategie

Die Frage, wie groß der Anteil an Aktien in deinem Portfolio sein kann, ist eine der wichtigsten und vermeintlich schwierigsten auf deiner Anlagereise. Hier eine pragmatische Antwort, mit der wie bislang selbst gut gefahren sind. Sie wird durch zwei Größen bestimmt: Erstens kannst du alles Geld, das du in den kommenden acht bis zehn Jahren nicht benötigst, in Aktien investieren, wenn du zweitens mit der Volatilität zurechtkommst. Letzteres gilt es auszuprobieren.

7.6 In wenigen Schritten zum passenden Aktien-ETF – Tipps für die Auswahl

»Lieber 80 Prozent richtig machen als 100 Prozent nichts.«
CLAUDIA MÜLLER

Die drei Grundregeln machen ETFs zum idealen Anlageinstrument für den Einstieg. Sie sind zudem sehr leicht zu verstehen, vor allem die einfachen Index-Tracker der ersten Generation.

Auch wenn in Deutschland und Österreich nur rund 2.100 ETFs öffentlich angeboten werden, deutlich weniger als bei anderen Anlageklassen, überfordert die Suche nach dem passenden ETF am Anfang viele, vergleichbar mit der Situation vor einem Supermarktregal mit 30 Sorten Erdbeermarmelade. Eine gewisse Systematik und intelligente Online-Tools vereinfachen die Auswahl jedoch deutlich.

Hier ist ein Vorschlag in wenigen Schritten, wie du nach dem Ausschlussprinzip vorgehen kannst. Die meisten Such-Tools sind auch so aufbereitet.

Erster Schritt: Wahl der Anlageklasse

In welche Assetklasse du investieren willst, hängt von deinem Ausgangspunkt ab, deinem zeitlichen Anlagehorizont und deiner sonstigen Vermögensstreuung. Nehmen wir an dieser Stelle an, du willst strategisch und langfristig Vermögen aufbauen und Geld investieren, das du in den nächsten acht bis zehn Jahren nicht benötigst. Dann liegt die Entscheidung für die Anlageklasse Aktien wegen der höheren Rendite auf der Hand: Von den 2.100 ETFs sind jetzt noch 1.500 Aktien-ETFs übrig. Die anderen 600 sind Anleihen-, Immobilien- und Rohstoff-ETFs. Zur Erinnerung: Aktien, Anleihen etc. sind die Anlageklasse, ETFs das Vehikel, um in eine Anlageklasse zu investieren.

Tipp für Bequeme mit geringerer Risikoneigung: Multi-Asset-ETFs

Multi-Asset-ETFs sind ETFs, die in verschiedene Anlageklassen gleichzeitig investieren. Sie kombinieren meist Aktien- und Anleihen-ETFs mit einer statischen Aufteilung in unterschiedlichen Aktien-/

Anleihen-Gewichtungen, zum Beispiel 20/80, also 20 Prozent Aktien und 80 Prozent Anleihen, oder auch 40/60, 60/40, 80/20. Du kannst somit die Schwankungen des ETFs minimieren.

Wenn die Fonds die Gewichtung aktiv an Marktbedingungen anpassen, aber dennoch wie ETFs gehandelt werden, dann sind dies aktive ETFs (siehe 5.2). Andere Konstrukte enthalten auch Rohstoffe, sind aber (zumindest im Moment) keine ETFs mit den hier beschriebenen Transparenz- und Handelsvorteilen.

Ihre Vorteile: eine breite Diversifikation in einem einzigen ETF und somit eine einfache und bequeme Möglichkeit, ein diversifiziertes Portfolio zu halten. Das Rebalancing, also die Bewahrung der gewünschten Aufteilung, übernimmt der Anbieter.

Von Nachteil sind die höheren Gesamtkosten im Vergleich zu einzelnen ETFs aufgrund der Dachfonds-Struktur: Die Multi-Asset-ETFs mit Verwaltungsgebühren investieren in der Regel in ETFs, bei denen ebenfalls Verwaltungsgebühren anfallen.

Zweiter Schritt: Anlageschwerpunkt – Wahl von Markt, Region oder Land

Im zweiten Schritt überlegst du, in welchen Markt du investieren willst, in ein einzelnes Land wie die USA, eine Region wie den Pazifikraum oder die ganze Welt. Klar: Je spitzer du deine Auswahl setzt, desto weniger breit gestreut ist dein Investment und desto größer dein Risiko. Das gilt für einzelne Länder ebenso wie für spezielle Themen und Branchen. Du kannst natürlich ein gut gestreutes Portfolio selbst zusammenbauen und einen gut diversifizierten ETF auswählen. Am Anfang ist dies sicher einfacher. Es gibt eine Reihe von Indizes unterschiedlicher Anbieter, die die ganze Welt abbilden. Am bekanntesten ist der MSCI World, aber anders, als der Name sagt, enthält der Index nur Aktien aus Industrieländern, aktuell sind es 1.429 Unternehmen aus 23 Industrieländern. 72 Prozent der Unternehmen sind aus den USA, 2,6 Prozent aus Deutschland, 2,44 Prozent aus der Schweiz und ein noch geringerer Anteil aus Österreich.[46]

MSCI ist nicht der einzige Anbieter eines Welt-Index. Es gibt weitere wie S&P, Stoxx, FTSE oder Solactive. Bei deiner ETF-Auswahl spielt der Indexanbieter keine Rolle. Nur indirekt über die Kosten, denn die ETF-Anbieter zahlen an die Indexbereitsteller Lizenzgebühren, die in den Verwaltungskosten stecken. Die vergleichst du ohnehin, siehe unten.

Die Alternative zum MSCI World ist ein Investment in Unternehmen aus Industrieländern kombiniert mit Unternehmen aus weniger entwickelten Schwellenländern. Die Indizes dazu heißen etwa FTSE All-World Index mit 4.200 Aktien aus 49 Ländern, MSCI All Country World Index (MSCI ACWI) mit circa 2.800 Aktien aus 47 Ländern, S&P Global 1200 mit den 1.200 der größten börsennotierten Unternehmen der Welt und Solactive GBS Global Markets Large & Mid Cap. Die ersten beiden halten etwa 10 Prozent Anteil an Aktien aus Schwellenländern.

Noch breiter gestreut ist der MSCI All Country Investable Markets Index, kurz MSCI ACWI IMI, der etwa 8.500 große bis kleine Unternehmen aus 47 Ländern enthält und damit rund 99 Prozent des weltweiten Aktienmarkts.

Tipp: Welt-Index

Die ganze Welt für 200 Euro: Ein Anteil an einem ETF, der den MSCI ACWI IMI trackt, kostet im Moment um die 200 Euro. Du kannst ihn bei 15 Brokern besparen, dann geht es mit noch kleineren Summen. Dafür besitzt du dann klitzekleine Anteile an 8.500 Unternehmen weltweit.

Dritter Schritt: Anlageschwerpunkt – breit gestreut oder mit Fokus?

Neben der Region könntest du dich auch auf eine Branche, ein Thema oder eine Strategie konzentrieren. Ein ETF kann weltweit investiert sein, aber nur Unternehmen aus der Streaming-Industrie enthalten. Dann ist er alles andere als breit gestreut. Kategorien für Strategie-ETFs sind Unternehmensgröße oder Dividendenfilter.

Mit Themen- und Strategie-ETFs befassen wir uns in ↪ Kapitel 9 im Rahmen des Kern-Satelliten-Konzepts, denn sie bedeuten ein kleineres Anlageuniversum mit steigenden Chancen bei höherem Risiko.

Im Umkehrschluss heißt das, dass du am Anfang deiner Geldreise am besten alle Filter ausschließt. Bei einigen Tools heißt das: »ohne Strategie«, »ohne Sektor«. In unserem Suchstrang hier sind jetzt je nach Suchtool noch rund 150 ETFs übrig.

Info-Tipp: ETF-Finder

Gute Tools für die ETF-Suche gibt es im Moment bei

- extraetf.com/de
- justetf.com/de
- boerse-frankfurt.de
- finanzfluss.de
- gettex.de
- etf.com für den internationalen ETF-Markt
- Listen mit Bewertung bietet test.de

Es spricht grundsätzlich nichts dagegen, die Suchtools deiner Depotbank bei der ETF-Suche zu nutzen. Diese Tools können für einen ersten Überblick durchaus hilfreich sein. Beachte aber bitte: Depotbanken bieten oft nur eine begrenzte Auswahl an ETFs an. Und sie können dazu neigen, ihre eigenen Produkte oder die von Partnern zu bevorzugen. Einige ETF-Anbieter zahlen zudem für eine bessere Platzierung in den Suchergebnissen. Auch die unabhängigen Tools finanzieren sich so, dies ist aber in der Regel als Werbung gekennzeichnet.

Für eine fundierte Entscheidung empfiehlt es sich, spezialisierte ETF-Vergleichsportale oder -Suchmaschinen zu verwenden. Und da solche datenbasierten Tools nicht frei von Fehlern sein können, setze am besten zwei verschiedene Angebote für die gleiche Suche ein und vergleiche die Ergebnisse. Mit etwas Übung geht das ziemlich schnell.

Wenn du weißt, ob du auch in Schwellenländer investieren möchtest oder nur in Industrieländer, kannst du dich an dieser Stelle bei den meisten Tools auf die entsprechenden oben genannten Indizes konzentrieren.

Vierter Schritt: Nachhaltig ja oder nein

Legst du jetzt noch einen Filter mit Nachhaltigkeitskriterien über deine Auswahl, bleiben noch etwa 50 ETFs übrig.

Fünfter Schritt: Ausschüttend oder thesaurierend

Im nächsten Schritt entscheidest du, ob du laufende Einnahmen des ETFs ausgezahlt haben möchtest. Bei einem Aktien-ETF sind das vor allem Dividenden, bei Renten-ETFs die Zinsen. Alternativ können diese im ETF verbleiben und damit das Fondsvermögen erhöhen. Du legst dann die Ausschüttungen der Unternehmen beziehungsweise der Anleiheemittenten automatisch wieder an. Diese Verwendung der ETF-Gewinne heißt ›thesaurierend‹. Die Entscheidung für ›ausschüttend‹ oder thesaurierend hängt vor allem von deiner persönlichen Vorliebe und Situation ab. In der Theorie liefern beide Formen dieselbe langfristige Rendite. ETFs schütten in der Regel viermal jährlich die Einnahmen aus, einige wenige auch häufiger. Allerdings wird auf die Zuflüsse sofort Abschlagsteuer fällig. Wenn du langfristig Vermögen aufbauen willst, sind thesaurierende ETFs vorteilhafter:

- Du musst die Erträge nicht reinvestieren, um vom Zinseszinseffekt zu profitieren.
- Vermutlich sind deine Kosten für das Reinvestieren höher als die des ETF-Anbieters.
- Wenn du die Steuern später zahlst, bleibt erst mal mehr Kapital im Vermögen, das weiter investiert werden und Erträge erwirtschaften kann.

Tipp: Steuerfreibetrag nutzen

Wenn du keine weiteren Kapitalerträge hast, ist es sinnvoll, dir die Gewinne bis zum Freibetrag von 1.000 Euro (seit 2023) steuerfrei ausschütten zu lassen.

Sechster Schritt: Mit oder ohne Währungsrisiko

Wenn du dein Einkommen in Euro beziehst und deine größten Ausgaben in Euro tätigst, dann ist ein Investment in ausländische Wertpapiere, zum Beispiel in US-amerikanische Unternehmen im S&P 500-Index oder in einen in US-Dollar ausgegebenen Welt-ETF, mit einem Währungsrisiko verbunden. Die Rendite hängt nicht nur vom Kurs ab, sondern auch von der Entwicklung des Euro zum US-Dollar. Das kann zu deinen Gunsten oder Ungunsten ausfallen. Wenn der US-Dollar fällt, dann sinkt für dich auch der Wert deiner US-Aktie, weil du weniger Euro dafür bekommst.

Es kommt ein weiterer Einflussfaktor hinzu, der sich mit einer währungsgesicherten Variante vermeiden lässt. Bei diesen minimieren die Anbieter Währungseffekte, indem sie in spezielle Wertpapiere zur Absicherung von Devisenschwankungen investieren. Die Kosten dafür gehen vom ETF-Vermögen ab und mindern den Wert deiner Anteile. Sie gehen automatisch zulasten der ETF-Performance, also deines Gewinns. Währungssicherung ergibt vor allem Sinn, wenn du kurz- bis mittelfristig investierst. Die Kosten für die Währungssicherung werden auf 0,5 bis 1 Prozent pro Jahr geschätzt, die nicht in den Gesamtkosten enthalten sind. Andererseits gleichen sich die großen Währungen langfristig wieder aus. Dahinter stehen die großen volkswirtschaftlichen Mechanismen von Zinsen, Währungen, Güterangebot und -nachfrage. Für dich bedeutet das: Beim langfristigen Vermögensaufbau kannst du auf eine Absicherung der Währungsrisiken verzichten.[47]

Tipp: Währungssicherung

Dieser Punkt umfasst auch eine psychologische Komponente: Wenn dich, gerade am Anfang der Anlagereise, die zusätzlichen Schwankungen deines Investments extra belasten, dann kannst du dir die Währungssicherung natürlich leisten. Überdenke die Entscheidung ab und zu: Die zusätzlichen Kosten machen im Mittel[48] bei 10.000 Euro auf 30 Jahre 2.500 Euro weniger Gewinn aus.

Ohne die Wechselkursabsicherung sind in unserer Beispielsuche ohne Nachhaltigkeitsfilter noch rund 90 und mit knapp 40 ETFs übrig.

Siebter Schritt: Methode der Indexabbildung

Es gibt verschiedene Ansätze, wie ETFs einen Index abbilden. Die meisten kaufen die Wertpapiere im Index, das nennt man ›voll replizierend‹. Andere kaufen nur die größten Wertpapiere, das heißt, sie sind ›teilreplizierend‹ oder ›optimiert‹. Bei sehr großen Indizes ergibt das Sinn, weil die ständige Anpassung des Portfolios um kleine, wenig gehandelte Wertpapiere aufwendig und damit teuer wäre.

Die dritte Form sind synthetische ETFs, auch als ›Swap-basiert‹ bezeichnet. Bei diesen ETFs kaufen die Anbieter diverse Wertpapiere und gleichen die Wertentwicklung über Differenzgeschäfte, ›Swaps‹, mit Dritten aus. Diese Form der Abbildung ist vor einigen Jahren kritisch diskutiert worden, da durch den möglichen Ausfall der Swap-Partner, ›Kontrahenten‹ genannt, Risiken entstehen können. Einerseits ist der Anteil eines einzelnen Kontrahenten begrenzt, andererseits kann es mehrere Kontrahenten geben.

Unterm Strich: Wer sich unwohl mit dem Gedanken fühlt, statt zum Beispiel der DAX-Aktien chinesische Anleihen im Fondsvermögen zu haben, kann gezielt replizierende ETFs auswählen. Das ist ohnehin die Mehrheit. Auch wer Kriterien der Nachhaltigkeit ins Depot einbauen möchte, sollte auf Abbildung achten. Denn dann willst du gezielt in bestimmte Unternehmen investieren und andere ausschließen.

Swap-basierte ETFs haben auch Vorteile. Zum Beispiel ermöglichen sie Investments in Unternehmen aus Ländern, in denen internationale Investorinnen und Investoren nur begrenzt oder gar keine Aktien kaufen dürfen, Vietnam zum Beispiel.

Interessanterweise schneiden Swap-basierte ETFs nicht grundsätzlich besser ab, was Kosten und damit die langfristige Performance angeht.

Achter Schritt: Wähle den ETF – Kosten, Größe, Performance

Wenn du bei diesem Schritt angekommen bist, stehen nicht mehr viele zur Auswahl. Jetzt kannst du dir einen passenden ETF aussuchen.

Ein wichtiges Entscheidungskriterium an dieser Stelle ist die niedrigere Gesamtkostenquote. 0,1 Prozent Unterschied in den Kosten machen wegen des Zinseszinseffekts auf Sicht von 30 Jahren gut 3 Prozent mehr Rendite aus. Ein weiteres Kriterium kann die Größe sein, das heißt, das verwaltete Vermögen, auch als Assets under Management oder kurz AUM bezeichnet. Die Schließung von ETFs ist keine Seltenheit. Ein Hauptgrund dafür ist mangelnde Rentabilität: ETFs benötigen in der Regel ein Fondsvolumen von mindestens 50 bis 100 Millionen Euro, um wirtschaftlich sinnvoll betrieben werden zu können. ETF-Emittenten überprüfen regelmäßig ihr Angebot und schließen oder fusionieren ETFs, die nicht profitabel sind. Ein anderer Grund sind Zusammenschlüsse der Anbieter, nach denen ähnliche ETFs zusammengelegt werden. Fondsschließungen haben in der Regel keine finanziellen Auswirkungen. Allerdings fällt die Steuer auf bisherige Gewinne sofort an, weswegen du bei einer Schließung aktiv werden musst.

Beachte bitte, wenn du Größe als Kriterium zurate ziehst: Neue Angebote und spezialisierte ETFs sind eher kleiner.

Tipps: Performance-Vergleich

Unterschiedliche Kosten der ersten, zweiten oder dritten ETF-Generation: ETF-Anbieter stehen in starkem Wettbewerb untereinander, der unter anderem über die Kostenquoten ausgetragen wird, und das mit der erfreulichen Folge, dass die Verwaltungsgebühren allgemein fallen. Allerdings gibt es auch eine unangenehme Begleiterscheinung, nämlich dass etliche Anbieter einfach neue, günstigere ETFs auflegen, statt die Kosten der älteren ETFs zu senken. Sie setzen auf die Trägheit der bisherigen Anlegerinnen und Anleger.[49]

Performance-Vergleich bei ähnlichen ETFs: Langfristig hängt die Performance eines ETFs von der Qualität des Anbieters ab. Der Preis eines Anteils berechnet sich aus dem Wert des Portfolios, geteilt durch die Anzahl ausgegebener Anteile. Gewinne fließen zu und erhöhen den Wert, Kosten fließen ab, senken ihn also.

Deswegen ist es hilfreich, die historische Wertentwicklung zweier vergleichbarer ETFs übereinanderzulegen, wenn sie ein ähnliches Anlageuniversum haben und beide thesaurieren beziehungsweise ausschütten. Die meisten Such-Tools bieten einen Performance-Vergleich über verschiedene Zeiträume in Prozent an.

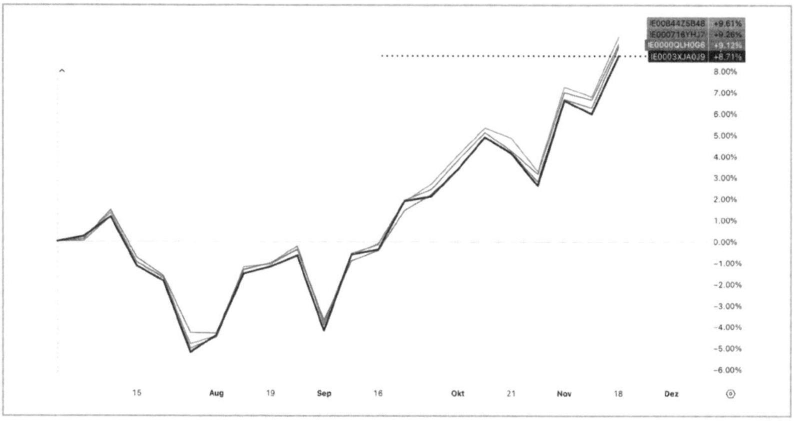

Bild 12: Performance-Vergleich dreier Welt-ETFs. Quelle: extraetf.com.

ETF-Namen entschlüsseln – Hilfe bei der Suche

ETFs haben meist sehr lange und kryptische Namen, sind jedoch sehr logisch aufgebaut. Hast du die Systematik einmal verstanden, hilft dir das bei der Suche des passenden ETFs. Eine Anleitung:

- Der Name beginnt meist mit dem **ETF-Anbieter**, zum Beispiel iShares, SPDR, Xtrackers, Amundi, Vanguard. Manchmal ist das nicht der Anbieter, sondern dessen ETF-Marke. Zum Beispiel steht hinter Xtrackers die DWS und hinter SPDR State Street.

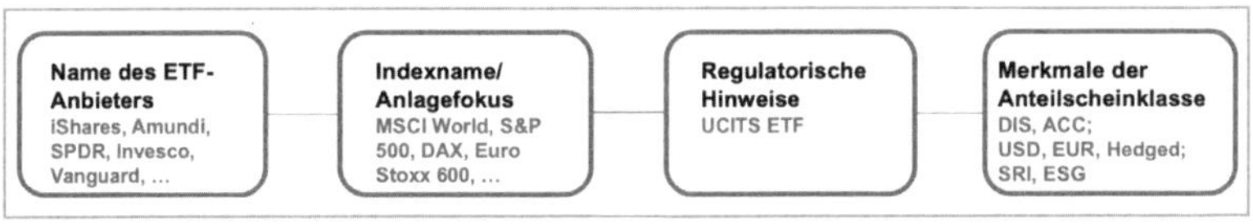

Bild 13: Grundstruktur eines ETF-Namens. Quelle: justetf.com.

- Auf den Anbieter folgt häufig der abgebildete **Index**, zum Beispiel MSCI World, STOXX Europe 600, NASDAQ, DAX oder S&P 500. Die Nummern in den Indexnamen stehen für die Anzahl der Wertpapiere im Index. So enthält der CAC 40 die 40 größten an der Pariser Börse notierten Unternehmen.

- **Regulatorische Hinweise** wie die Abkürzung UCITS ETF signalisieren die Einhaltung der EU-Richtlinie für Fonds.

- **Merkmale zur Ausstattung** am Namensende wie Ertragsverwendung:
  Acc/C = thesaurierend (Erträge werden reinvestiert)
  Dis/D/Dist = ausschüttend (Erträge werden ausgezahlt)
  Währung: EUR, USD, GBP etc.
  Methode der Indexabbildung:
  Swap = synthetische Replikation
  DR = direkte (physische) Replikation
  Mit Währungsabsicherung: Hedged
  Anteilsklasse: Zahlen wie 1C, 2C etc. zeigen verschiedene Unterformen desselben Fonds an, die sich meist an unterschiedliche Kundengruppen richten. In der Regel haben die für private Anlegerinnen und Anleger gedachten Anteilsklassen höhere Verwaltungskosten.

ETFs für Sparpläne und vermögenswirksame Leistungen

Wenn du gezielt einen ETF suchst, den du allgemein besparen kannst, sind von den oben genannten Tools extraETF, Justetf und Finanzfluss sehr nützlich. Sie bieten dir eine Verfügbarkeit als Sparplan bei bestimmten Banken bereits als Auswahlkriterium an. Es kann enttäuschend sein, wenn du nach der Suche feststellst, dass dein gewählter ETF bei deiner Bank nicht bespart werden kann.

Tipp: Nachfragen

In dem Fall hast du dennoch zwei Möglichkeiten: Frag bei deiner Bank nach, ob sie den ETF nicht sparplanfähig machen können. Das hat in der Vergangenheit schon funktioniert. Oder mach ein Depot bei einer Bank auf, die den ETF als Sparplan anbietet.

Auch die Frage, ob ein ETF für vermögenswirksame Leistungen (VL) zugelassen ist, kannst du von vornherein als Filter einstellen.

Video: »In wenigen Schritten zum passenden ETF«

Scanne den QR-Code auf Seite 12 und lasse dir von Edda Vogt Tipps für die Auswahl geben.

7.7 Auswahl von Anleihe-ETFs

Möchtest du Anleihen in dein Kerninvestment integrieren, kannst du grundsätzlich so vorgehen wie bei Aktien-ETFs. In einigen Auswahlkriterien unterscheiden sich Anleihe-ETFs jedoch von ETFs mit anderen Anlageklassen. Das Angebot an Anleihe-ETFs, die häufig auch Renten-ETFs genannt werden, ist deutlich kleiner. Die abgebildeten Indizes sind kaum bekannt und haben noch kryptischere Namen als Aktienindizes. Das ist aber nicht wichtig, für dich zählt allein, was im ETF enthalten ist.

Insgesamt werden gut 800 Anleihe-ETFs gezählt, die sich nach Emittententyp, Laufzeit und Kreditwürdigkeit der Emittenten selektieren lassen. Beachte bitte, dass wir uns an dieser Stelle auf den langfristigen strategischen Vermögensaufbau fokussieren. Bei der Suche nach den passenden Instrumenten für kürzere Zeiträume gelten zum Teil andere Empfehlungen.

Tipp: Zinsänderungsrisiko

Wichtig zu wissen, bevor du in einen Anleihe-ETF investierst: Steigende Zinsen führen unmittelbar zu fallenden Preisen deines ETFs. Das gehört beim strategischen Vermögensaufbau dazu, mach dir das vorher bewusst.

Anlageschwerpunkte Anbietertyp, Laufzeiten und Bonität

Neben der Frage nach der Region analog zu Aktien-ETFs kannst du wählen, von welchen Emittenten du Anleihen haben möchtest, von Staaten oder staatsähnlichen Institutionen, von Banken, ›Financials‹, oder von Unternehmen. Es gibt auch aggregierte ETFs, die die verschiedenen Typen kombinieren. Im Mittel sind die Renditen von Unternehmensanleihen höher als von Staatsanleihen.

Ebenso steigt dein möglicher Gewinn mit schlechteren Bonitäten der Anleihen im ETF. Die Bonität ist an den Ratings ablesbar. Bei ETFs gibt es drei grobe Einteilungen: AAA-Anleihen mit der höchsten Bonität, Anleihen mit Investment-Grade-Bewertungen und Hochzins-Anleihen mit Rating im spekulativen Bereich.

Du kannst dich mit einem ETF auch auf verschiedene Laufzeitenbereiche fokussieren: Kurzlaufende Anleihen von null bis drei Jahren unterliegen geringeren Risiken, dass sich die Zinsen ändern, dafür sind die Renditen niedriger. Mit längeren Laufzeiten erhöhen sich die Renditen in der Regel, gleichzeitig steigen aber auch die Zinsänderungsrisiken.

Der Vorteil von ETFs gegenüber einzelnen Anleihen zahlt sich insbesondere für das Kerninvestment in zwei Punkten aus: Erstens hast du keine Laufzeitbegrenzungen, das heißt das Fondsmanagement tauscht ausgelaufene Anleihen automatisch gegen neue aus, die denselben Kriterien entsprechen. Das ermöglicht dir, sehr kurzlaufende Anleihen in dein Depot zu nehmen, wenn du ein hohes Gegengewicht zu den Aktienkursschwankungen erreichen möchtest – mit dem entsprechenden Verzicht an Rendite. Zweitens hast du kein Einzelwertrisiko. Das ermöglicht dir, Anleihen mit schlechter Bonität und höherer Verzinsung zu wählen. Allerdings: Hochzinsanleihen korrelieren viel stärker mit Aktien, das schränkt wiederum deine Diversifikation ein. Dieser Zusammenhang sollte dir bewusst sein.

Tipp: Aggregierte ETFs

Es gibt im Moment gut 40 Renten-ETFs, die Anleihen über alle Emittenten, Bonitäten und Laufzeiten hinweg enthalten. Wenn du dich auf eine Region fokussierst, Welt, Europa oder USA etwa, wird die Auswahl noch überschaubarer. Dann kannst du weitere Kennzahlen heranziehen: maximaler Verlust, Volatilität, durchschnittliche Renditen und Duration, die bei den Spezialtools für die ETF-Suche in der Regel verfügbar sind. Das sollte dir die Auswahl erleichtern.

Info-Tipp: ETF und Fondshandbuch der Deutschen Börse

Der Börsenbetreiber stellt ein kostenloses, neutrales Nachschlagwerk als PDF zum Herunterladen zur Verfügung: boerse-frankfurt.de/publikationen.

7.8 So kannst du einen passenden aktiv verwalteten Fonds finden

Auch wenn sie in der Minderheit sind – es gibt gute aktiv verwaltete Fonds. Hier einige Ideen für die Suche:

- **Wahl des Anlageschwerpunkts:** Zunächst entscheidest du dich, analog zur ETF-Auswahl, für eine Anlageklasse, Aktien oder Anleihen beziehungsweise eine Mischform aus beiden. Auch die Wahl einer Region gehört dazu. Die Überlegungen oben passen hier auch.

- **Die Wertentwicklung in der Vergangenheit:** Ein aktiv verwalteter Fonds hat das Ziel, seinen Vergleichsmarkt nach Kosten zu schlagen. Das zeigt sich, wenn wir einen Blick in die Vergangenheit werfen. Schau dir die historische Performance des Fonds über einen längeren Zeitraum an, idealerweise zehn Jahre und länger. Vergleiche diese mit der Entwicklung der Benchmark, meist ein Index. Ein guter aktiv gemanagter Fonds sollte seine Benchmark langfristig übertreffen können. Längere Zeiträume beziehen verschiedene Marktzyklen ein und relativieren kurzfristige Übergewinne.

- **Fondsmanagement:** Informiere dich über die Erfahrung und die Bilanz – den Track Record – des Fondsmanagements. Ein erfahrenes und stabiles Team ist ein wichtiger Erfolgsfaktor. Auch dafür gilt, dass eine längere Erfolgsbilanz nützlicher ist als kurzfristige Performance.

- Mach dich mit der **Anlagestrategie** und dem Investmentansatz des Fonds vertraut. Diese sollten klar definiert und nachvollziehbar sein.

- **Breite Risikostreuung:** Ein guter aktiver Fonds sollte gut diversifiziert sein, um Risiken zu verteilen. Schau dir an, in wie viele verschiedene Wertpapiere, Branchen und Regionen der Fonds investiert ist.

- Ein zu kleines oder zu großes **Fondsvolumen** kann problematisch sein. Sehr kleine Fonds haben oft höhere Kosten, sehr große können an Flexibilität verlieren. Wenn sie Aktien ins Portfolio nehmen wollen, müssen sie große Beträge investieren. Das hat Auswirkungen auf den Markt und die Aktienkurse. Ein mittleres Fondsvolumen ist daher oft optimal.

Deep Dive: Fondsvolumen

Einige Fonds mit beeindruckenden Erfolgen litten im Verlauf unter ihrer Größe. Prominente Beispiele sind der Carmignac Patrimoine, ein sehr bekannter Mischfonds, der in den ersten fünf Jahren bis Mai 2009 seinen Vergleichsindex um beeindruckende 7,7 Prozentpunkte pro Jahr übertraf. Er galt als bester Fonds in Europa. In den fünf Jahren bis 2016 lag der Fonds dann bei mehr als 6 Prozentpunkten unter dem Vergleich. Ähnlich erging es dem Sektorfonds BGF World Mining und dem Rentenfonds Templeton Global Bond. Beide wurden mit dem Erfolg zu groß. Ein sehr großes verwaltetes Vermögen ist für Fonds ein Hemmnis. Sie werden weniger beweglich in der Anlageentscheidung. Umschichtungen beeinflussen allein wegen der Höhe der Nachfrage beziehungsweise des Angebots den Markt zu ihrem Nachteil. Sie können nicht in kleinere Aktien investieren. Größe schränkt die Flexibilität auf Kosten der Rendite stark ein.

Die bekanntesten Fonds-Ratings und -Preise

Ratings und Preise von unabhängigen Rating-Agenturen wie Morningstar oder Scope können dir eine Idee geben, welchen Fonds du dir vielleicht genauer anschauen magst.

- **Morningstar** bewertet Fonds mit einem bis fünf Sternen nach Kriterien wie Wertentwicklung, Kosten und Risiko für die Zeiträume von Bewertung drei, fünf und zehn Jahren. Die besten 10 Prozent einer Kategorie erhalten fünf Sterne. Dabei fasst die Rating-Agentur aktiv verwaltete Fonds, Indexfonds und passive ETFs zusammen. Die Ratings sind auf morningstar.com und etlichen Finanzportalen verfügbar.

- **Standard & Poor's (S&P)** vergibt S&P Fund Stars, die monatlich aktualisiert werden. Sie basieren auf einer komplexen Systematik mit qualitativen und quantitativen Analysen. Die besten 25 Prozent einer Kategorie erhalten fünf Sterne. Zudem wird jährlich das Fondsmanagement bewertet. Die Fund Stars kannst du auf spglobal.com/ratings einsehen.

- **Lipper** ist für seinen Lipper Fondspreis bekannt, für den die Agentur Fonds in verschiedenen Kategorien für die Zeiträume von drei, fünf und zehn Jahren bewertet. Kriterien sind Performance, Kapitalerhalt und Steuereffizienz, verfügbar auf lipperfundawards.com.

- **Scope** bewertet Fonds anhand qualitativer und quantitativer Kriterien. Die Ratings sind online einsehbar: scopeexplorer.com/funds-in-focus.

⊘ Not-To-do: Rating überbewerten

Rating-Agenturen setzen sehr unterschiedliche Methoden und Kriterien ein. Wenn du dich an den Ratings orientieren willst, verwende bitte kein einzelnes Rating für deine Anlageentscheidung.

Der Fonds sollte regelmäßig und transparent über seine Anlagestrategie, Positionen und Performance berichten. Eine hohe Transparenz ist ein gutes Zeichen.

Schau dir Risikokennzahlen wie Volatilität, Maximum Drawdown oder Sharpe-Ratio an, die dir zeigen, wie viel Risiko der Fonds für seine Rendite eingeht.

Deep Dive: Sharpe-Ratio

Sharpe-Ratio ist eine wichtige Kennzahl zur Bewertung der Performance von Investmentfonds. Die Überrendite eines Fonds gegenüber dem risikolosen Zinssatz wird ins Verhältnis zum Risiko gesetzt, gemessen an der Volatilität. Das Mehr an Rendite über eine risikofreie Verzinsung ist die Bezahlung des Kapitalmarkts für die Risiken, die du eingehst.

Ein Sharpe-Ratio über 1 gilt als gut, da die Überrendite größer ist als die Volatilität, und ein Sharpe-Ratio unter 1 deutet auf eine unterdurchschnittliche Entschädigung für das eingegangene Risiko hin. Negatives Sharpe-Ratio zeigt, dass der Fonds sich weniger rentiert als ein Investment zum risikolosen Zinssatz.

Viele Finanzportale weisen die Sharp-Ratio für Fonds aus.

8. Welche Kosten anfallen können

Im **achten Kapitel** legen wir den Fokus auf die **Kosten**, denn sie sind ein Kriterium für deinen Anlageerfolg. Dafür gehen wir auf die **Arten der Kosten** ein, die entstehen können. Das ist bei deiner Finanzreise nichts anderes als bei einer richtigen Reise mit Fahrkarten, Mautgebühren und Benzin- oder Stromkosten.

Wir erläutern:

- **laufende Kosten,**
- **einmalige Kosten,**
- **direkte und indirekte Handelskosten** und
- wie du dir einen Überblick über alle anfallenden Kosten verschaffen kannst.

E-Mail von Chris

Liebe Fabienne,

ich hoffe, es geht dir gut!

Ich habe gerade die Abrechnung für meinen Fonds erhalten und war ein bisschen überrascht über die Kosten, die da aufgelistet sind. Ich würde gerne mehr darüber erfahren, welche Kosten da genau anfallen. Gibt es da vielleicht noch andere Kostenpunkte, die ich beachten sollte? Und an welcher Stelle im Prozess fallen diese Kosten eigentlich an?

Wäre super, wenn du mir da ein bisschen Klarheit verschaffen könntest!

Vielleicht gibt es ja auch Möglichkeiten, die Kosten zu optimieren, oder Alternativen, die kostengünstiger sind?

Danke dir schon mal für deine Hilfe! Ich freue mich auf deine Rückmeldung.
Chris

- - - - -

Wie Chris sind viele überrascht, wenn sie die Kosten eines Investments transparent gemacht bekommen. Zwar sind diese immer ausgewiesen, sowohl vor einer Transaktion als auch danach. Viele beachten die entsprechenden Dokumente jedoch nicht oder können sie nicht entziffern.

Dennoch: Kosten sind in den vergangenen Jahren deutlich transparenter geworden. Broker sind verpflichtet, Kundinnen und Kunden umfassend über alle anfallenden Entgelte beim Wertpapierhandel zu informieren. Dies umfasst Ordergebühren für Kauf und Verkauf ebenso wie Depot- oder Handelsplatzgebühren und Zahlungen an andere Dienstleister.

8.1 Laufende Kosten

Depotgebühren

Depotgebühren sind die Grundvergütung für die Verwahrung der Wertpapiere. Sie werden meist als Prozentsatz des Depotwerts, seltener als fester Betrag berechnet. Manchmal kosten einzelne Dienstleistungen, wie Jahressteuerbescheinigungen, zusätzlich.

Die meisten Online-Banken und Neobroker bieten kostenlose Depots an. Dafür können bei einzelnen Dienstleistungen Kosten anfallen, etwa für Eintrittskarten zu Hauptversammlungen oder Zweitschriftverfahren bei Meldepflicht gegenüber dem Arbeitgeber.

Verwaltungsgebühren von Fonds

Verwaltungsgebühren sind ein wichtiger Kostenfaktor bei Investmentfonds. Sie werden von den Fondsanbietern zur Deckung der laufenden Ausgaben erhoben, als jährlicher Prozentsatz vom Fondsvermögen berechnet und direkt aus dem Fondsvermögen genommen.

Diese Gebühren sind häufig als Gesamtkostenquote auf Jahresbasis angegeben. Gebräuchlich ist TER als Abkürzung von Total Expense Ratio.

Tipp: Kosten

Bei klassischen Publikumsfonds ist eine wenig bekannte Kostenart Bestandteil der Gesamtkostenquote, die Bestandsprovision, auch

›Kickbacks‹ genannt. Das ist eine regelmäßige Gebühr, die von der Fondsgesellschaft an den Fondsvermittler oder die Vertriebsstelle gezahlt wird. Sie soll eine Vergütung für Vertrieb und laufende Betreuung der Fondsanleger sein und kann bis zu 0,5 Prozent pro Jahr betragen.

Es gibt Anbieter, die einen Teil dieser Kickbacks zurückerstatten:

- envestor.de
- rentablo.de

Trotz des Namens müssen in der TER nicht alle Kosten enthalten sein.

Einige aktiv verwaltete Fonds berechnen eine erfolgsabhängige Gebühr, auch als Performance Fee bekannt. Sie wird zusätzlich zu den regulären Verwaltungsgebühren erhoben und soll das Fondsmanagement für überdurchschnittliche Leistungen belohnen. Sie liegen typischerweise bei 10 bis 20 Prozent Überrendite über einem Vergleichswert und gelten ab einer bestimmten Höhe.[50]

Deep Dive: ETF-Kosten

Es gibt auch bei passiv verwalteten Indexfonds Kosten, die nicht in der TER enthalten sind: Handelskosten, die durch Kauf- und Verkauf von Wertpapieren bei Indexanpassungen entstehen, Kosten für Swaps bei synthetisch replizierenden Indexfonds und Währungssicherung. Sie gehen wie die Gesamtkosten direkt von der Kursperformance ab.

Laufende Kosten bei Robo-Advisorn und Anlagezertifikaten

Auch digitale Vermögensverwaltungen, die Robo-Advisor, erheben meist eine prozentuale Gebühr von 1 bis zu 2,5 Prozent pro Jahr. Dafür sind keine Handelsgebühren mehr fällig.

Bei ziemlich vielen Anlagezertifikaten fallen – zum Teil erhebliche – laufende Kosten an:

- Management-Gebühren
- Quanto-Kosten für die Absicherung von Währungsrisiken.

8.2 Einmalkosten

Einmalkosten fallen je nach Wertpapiergeschäft an, das du tätigst. Das kann ein Kaufauftrag oder eine Sparplanrate sein. Leider ist es alles andere als einheitlich, was Depotbanken bei welchen Ordergrößen berechnen und wie sie es bezeichnen. Das macht Vergleiche recht schwierig. Sich damit zu befassen, zahlt sich aber aus.

Direkte Handelsketten

Direkte Handelskosten sind Gebühren, die beim Kauf und Verkauf von Wertpapieren anfallen. Die wichtigsten direkten Handelskosten sind:

- Ordergebühren werden von Banken beziehungsweise Brokern für die Ausführung von Kauf- und Verkaufsaufträgen erhoben. Andere Namen dafür sind Bankspesen oder Orderkosten. Sie können als Festbetrag oder prozentual zum Ordervolumen berechnet werden.
- Handelsplatzgebühren fallen je nach gewähltem Börsenplatz an. Dabei geben manche Banken die Fremdkosten, die sie selbst an den Handelsplatz zahlen, direkt an dich weiter, andere nennen einen beliebigen Betrag für die Handelsplatzgebühr oder geben bei der Orderaufgabe nur eine Gesamtgebühr an.
- Provision für den Börsenhändler oder die Börsenhändlerin fällt bei traditionellen Handelsplätzen an. Früher nannte man sie Maklercourtage. Sie ist meist in den Handelsplatzgebühren enthalten oder wird extra ausgewiesen.

Indirekte Handelskosten

Neben Ordergebühren und Bankspesen können auch indirekte Handelskosten ins Gewicht fallen.

- Die Handelsspanne, auch Spread genannt, zwischen dem Kauf- und dem Verkaufsangebot ist für dich ein Kostenfaktor. Sie ist zu den Haupthandelszeiten und auf den Marktplätzen mit dem meisten Volumen am kleinsten.

- Die Marktgerechtigkeit des Preises spielt ebenfalls eine wichtige Rolle für deinen Anlageerfolg. Marktgerechtigkeit bezieht sich darauf, dass der Preis den tatsächlichen Marktverhältnissen entspricht und fair zustande gekommen ist.

Gastbeitrag von Thomas Soltau

Null-Kosten-Versprechen beim Handel von Aktien und anderen Wertpapieren – Fluch oder Segen für Anleger?

@ Kathleen Springer

Die Möglichkeit, Aktien und andere Wertpapiere ohne direkte Transaktionsgebühren zu handeln, hat den Finanzmarkt in den letzten Jahren revolutioniert. Neobroker und etablierte Anbieter setzen zunehmend auf das »Null-Kosten-Versprechen« – eine verlockende Aussicht, die den Zugang zu den Märkten für neue Anlegerschichten erleichtert und die Eintrittsbarrieren senkt. Doch ist das Null-Kosten-Versprechen wirklich so kostenlos, wie es scheint? Und welche Risiken ergeben sich, wenn Kunden keine Wahlfreiheit bei der Orderausführung haben und auf einen festgelegten Handelsplatz beschränkt sind?

Das Null-Kosten-Versprechen im Überblick

Traditionell erhoben Broker Gebühren für Kauf- und Verkaufsorders, die gerade für Privatanleger schnell zu einer erheblichen Belastung wurden. Mit dem Aufkommen der »Zero-Fee-Broker« und der »Commission-Free-Trading«-Plattformen können Anleger heute jedoch gebührenfrei handeln. Dies ist besonders bei kleinteiligen und häufigen Transaktionen von Vorteil und macht es attraktiver, schon mit überschaubaren Beträgen in den Markt einzusteigen.

Die Finanzierung dieser Angebote erfolgt in der Regel über alternative Einkommensquellen wie den **Payment for Order Flow (PFOF)**, bei dem Broker für die Weiterleitung von Orders an bestimmte Market Maker eine Gebühr erhalten. Market Maker sind große Handelsunternehmen, die Liquidität an den Börsen bereitstellen und dabei durch den Spread zwischen An- und Verkaufspreis Gewinn erzielen. Aus diesem Spread wird ein kleiner Teil an die Broker abgeführt, die somit auch ohne direkte Transaktionsgebühr verdienen.

Chancen durch gebührenfreies Handeln

Das Null-Kosten-Versprechen hat eine enorme Demokratisierung der Finanzmärkte bewirkt. Vor allem junge Anleger, die früher durch hohe Transaktionsgebühren abgeschreckt wurden, haben jetzt einen Anreiz, sich mit dem Investieren auseinanderzusetzen. Die Einstiegshürden sind gesunken, und die Anlage von kleinem Kapital ist heute in einer Form möglich, wie sie früher undenkbar gewesen wäre.

Zudem erlaubt das gebührenfreie Modell eine flexible Anlagestrategie. Anleger können leichter verschiedene Positionen aufbauen und bei Bedarf schnell umschichten. Ohne Gebühren im Hinterkopf entscheiden sie eher aufgrund der Marktlage und ihrer Strategien als aufgrund der Kosten, was den Handelserfolg verbessern kann.

Ein weiterer Vorteil ist, dass Anleger häufiger kleinere Summen investieren können – eine Möglichkeit, die ihnen erlaubt, durch **Cost-Averaging** das Risiko im Zeitverlauf zu senken und dabei gleichzeitig auf lange Sicht Vermögen aufzubauen.

Der versteckte Preis – Risiken und Fallstricke des Null-Kosten-Handels

So attraktiv das Null-Kosten-Versprechen auch erscheint, es birgt Risiken. Ein kritischer Punkt ist, dass Anleger ihre eigenen Handelskosten möglicherweise unterschätzen oder die Gebührenstruktur weniger kritisch hinterfragen. Viele Anleger sind sich beispielsweise des Payment-for-Order-Flow-Systems und seiner Auswirkungen nicht bewusst. Da Orders nicht immer zum optimalen Kurs ausgeführt werden, können durch minimal abweichende Kurse bei hohen Handelsvolumina über die Zeit versteckte Kosten entstehen.

Die Bundesanstalt für Finanzdienstleistungsaufsicht (BaFin) untersuchte in einer Analyse die Handelsausführungen von Neobrokern und stellte fest, dass Anleger hier teils systematisch schlechtere Kurse erhalten als während des regulären Börsenhandels. Eine Ursache ist, dass diese Neobroker Orders häufig an bestimmte Handelsplätze mit erhöhten Spreads weiterleiten. Besonders außerhalb der regulären Börsenzeiten wird das Null-Kosten-Versprechen häufig durch breitere Geld-Brief-Spannen relativiert, was zu einer versteckten Kostenbelastung für die Anleger führen kann. Die BaFin rät daher, dass Anleger neben den offensichtlichen Kosten auch die Qualität der Ausführungen und die Spreads genau prüfen sollten. Das klappt am besten, wenn die Anleger bei ihrem Depotanbieter die Wahl zwischen verschiedenen Handelsplätzen haben und bei der Orderaufgabe die aktuellsten Preise und Spreads vergleichen können.

Ein weiteres Risiko: Der einfache Zugang fördert die Versuchung zum »Overtrading«. Gerade unerfahrene Anleger neigen dazu, impulsiv zu handeln, wenn jede Order kostenlos ist. Häufiges Kaufen und Verkaufen kann jedoch zur Vernachlässigung langfristiger Strategien führen und sich am Ende negativ auf die Rendite auswirken.

Ein Zukunftsmodell für alle?

Ob das Null-Kosten-Versprechen langfristig Bestand haben wird, bleibt abzuwarten, insbesondere mit Blick auf die Regulatorik. Während das Modell ohne Gebühren den Zugang für viele Anleger verbessert hat, erfordert es eine fundierte Kenntnis der Finanzmärkte, um erfolgreich und nachhaltig zu investieren. Für Anleger ist es daher wichtig, sich umfassend zu informieren und nicht blind dem Versprechen des kostenlosen Handels zu vertrauen. Ein erfolgreicher Anleger ist ein gut informierter Anleger, der versteht, welche Auswirkungen gebührenfreie Handelsplattformen auf seine Rendite haben können.

Anlegern sei geraten, sich Anbieter zu suchen, bei denen sie zwischen verschiedenen Handelsplätzen wählen können. Dadurch besteht die Möglichkeit, situationsbedingt zu entscheiden, ob eine Order kostenfrei – aber möglicherweise mit höheren Spreads – oder mit einer festen Gebühr an einem anderen Handelsplatz ausgeführt werden soll. Eine geringe Ordergebühr kann günstiger sein als ein scheinbar kostenloser Trade, wenn der Spread berücksichtigt wird.

Unabhängig von den Vor- und Nachteilen ist klar, dass das Null-Kosten-Versprechen die Investmentbranche nachhaltig zum Positiven verändert und ein neues Bewusstsein für Finanzen und Vermögensaufbau geschaffen hat. Anleger sollten den »versteckten Preis« dieses Versprechens stets im Auge behalten und sich diszipliniert mit einer langfristigen Strategie an die Märkte wagen. Darüber hinaus sollten Anleger sich in die Lage versetzen, bei jeder Order vergleichen und den für die betreffende Order günstigsten Weg wählen zu können. Denn wie so oft im Leben gilt auch hier: Wirklich kostenlos ist selten etwas.

Thomas Soltau ist Vorstand von Smartbroker+, einem der führenden Online-Broker Deutschlands. Mit über 20 Jahren Erfahrung im Finanzsektor, insbesondere im Bereich Online Brokerage, hat Soltau maßgeblich zur Entwicklung von Smartbroker+ beigetragen, das sich durch umfassende Produktangebote und niedrige Gebühren auszeichnet. Er verfolgt das Ziel, den deutschen (Neo-)Broker-Markt nachhaltig zu verändern und Anlegern einen besseren Zugang zu Kapitalmärkten zu ermöglichen.

Ausgabeaufschlag und Rücknahmegebühr

Ausgabeaufschläge und Rücknahmegebühren sind traditionelle Zusatzgebühren klassischer Publikumsfonds. Diese Kosten werden häufig von Einsteigerinnen und Einsteigern gezahlt, obwohl sie nicht mehr zeitgemäß und vermeidbar sind. Rechnerisch ist der Ausgabeaufschlag, auch Agio oder Load genannt, die Differenz zwischen dem Ausgabepreis und dem Rücknahmepreis pro Fondsanteil. Typischerweise sind das 5 Prozent, abhängig von der Fondsart. Aktien-, Misch- und Immobilienfonds haben die höchsten Durchschnittssätze von bis zu 7 Prozent.

Der Ausgabeaufschlag schmälert die anfängliche Rendite, da der Fonds den Abschlag erst aufholen muss.

Bei manchen Fonds fällt eine Rücknahmegebühr an, manchmal statt des Ausgabeaufschlags, manchmal sogar zusätzlich. Sie wird vom Verkaufserlös abgezogen. In der EU und in der Schweiz ist die Rücknahmegebühr eher unüblich, aber seit 2010 gesetzlich erlaubt. Bei britischen

Fonds kommen diese Zusatzkosten häufiger vor. Gerade bei aktiv verwalteten Fonds gilt: Prüfe die Gebührenstruktur vor dem Investment besser genau.

Tipp: Ausgabeaufschlag

Es ist 2024 einfach, den Ausgabeaufschlag zu vermeiden.

- Es gibt etliche Online-Banken, die Fonds ohne Ausgabeaufschlag anbieten.
- Bei den oben genannten Spezialanbietern sind alle Fonds aufschlagsfrei.
- Eine ganze Reihe an aktiv verwalteten Fonds wird über die Börse gehandelt. Dort fallen die hier beschriebenen Transaktionskosten an. Ob sich der Weg über die Börse lohnt, hängt von der Ordergröße ab. Also rechnen!

Gastbeitrag von Ali Masarwah

Fondskosten: Komplexe Kennzahlen, willkommene Transparenz

@ privat

Ihre Bedeutung für den Anlageerfolg kann nicht überschätzt werden: die Kosten von Fonds. Es gibt keine wichtigere Kennzahl, wenn es darum geht, die Erfolgschancen eines Investmentfonds für die Zukunft zu taxieren. Die Fonds-Regulierung hat die Transparenz deutlich erhöht, leider ist auch die Komplexität gestiegen, wie Anleger die Kennzahlen zu Fonds- und ETF-Kosten lesen sollten.

Viele Anlegende unterliegen zwei Fehlschlüssen. Sie überschätzen einmal die Relevanz vergangener Renditen. Gleichzeitig unterschätzen sie die Bedeutung von Fondskosten. Das führt oft zu suboptimalen Anlageergebnissen. Die Performance von gestern ist Schall und Rauch. Dagegen sind die Kosten eines Fonds oder ETFs die wichtigste Information, die Anlegende zu Beginn ihres Investmentprozesses besitzen. Sie können nicht wissen, wie hoch die Rendite sein wird, die sie nach zehn oder 20 Jahren mit einem Fonds erwirtschaftet haben werden. Aber sie wissen, dass diese Rendite um die Kosten ihres Fonds geschmälert wird. Die Kosten von Fonds und ETFs ermöglichen wie keine andere Kennzahl, die relativen Erfolgschancen von aktiven oder passiven Anlageprodukten zu taxieren. Günstige Investmentprodukte sind besser davor gefeit, schlechte Renditen einzufahren, als teure. Außerdem werden teure Fonds häufiger außerplanmäßig liquidiert. Die Renditeunterschiede zwischen vergleichbaren teuren und günstigen Fonds sind frappierend.

Nach der Finanzkrise kam die Transparenz: Die Mifid-Richtlinien

Die europäische Fondsregulierung hat seit der großen Finanzkrise 2008 beim Ausweis der Fondskosten große Schritte in Sachen Transparenz gemacht. Die beiden Regelwerke Mifid I und Mifid II haben die Kosten von Fonds bis ins Detail ausgeleuchtet und definiert. Seitdem sind Vermögensverwalter verpflichtet, die Produktkosten offenzulegen.

Die Kosten von Fonds lassen sich – wie auch die anderer »verpackter« Investmentprodukte (PRIIPs) – in drei Blöcke unterteilen: einmalig anfallende Kosten, laufende Kosten und Kosten, die unregelmäßig anfallen (können). Die Tabelle auf Seite 161 gibt darüber näheren Aufschluss.

Die europaweit einheitliche Regulierung von Fondskosten ist für Anlegende ein Fortschritt, weil sie aus lokalen Flickenteppichen ein einheitliches Regelwerk gezimmert hat. In der Zeit vor Mifid waren Fondsanbieter frei, eigene Kostenkennzahlen zu berechnen. Auch einzelne nationale Regulatoren haben sich immer wieder an Kostenkennziffern geübt. Das machte die Vergleichbarkeit von Fonds schwierig. Welche Kosten finden Anlegende in Fonds und ETFs nun vor?

Informationen vor dem Kauf eines Fonds oder ETFs

Bevor Investoren einen Fonds oder ETF kaufen, haben sie Anspruch darauf, die Kosten eines Fonds in den sogenannten Basisinformations-

Kategorie	Bezeichnung	Im Volksmund bekannt als ...	Entstehen beim ...	Zahl realistisch?
Einmalige Kosten	Einstiegskosten	Ausgabeaufschlag	Vertrieb	Nein, da verhandelbar
	Ausstiegskosten	Rücknahmegebühr	Fonds / Vertrieb	Nein, wird selten erhoben
Laufende Kosten	Verwaltungsgebühren	Management Fee	Fonds / Vertrieb	Ja, wird aber nicht getrennt ausgewiesen
	Sonstige Betriebskosten	Depotbankgebühren	Depotbank	Ja
	Transkationskosten	Handelskosten (im Fonds)		
Unregelmäßige Kosten	Performance Fee	Erfolgsgebühr	Fonds	Ja, aber ausgewiesener Wert ist historisch

blättern einzusehen. Es handelt sich bei diesen Dokumenten um Standardformate, die Investoren vor dem Kauf ausgehändigt werden müssen. Die sogenannten ›Ex-ante-Kosten‹ werden vom Fondsanbieter, der Kapitalverwaltungsgesellschaft (KVG), veröffentlicht.

Die Einmalkosten bestehen aus dem Ausgabeaufschlag, der an die Bank oder den Vermögensverwalter geht, über den Anlegende ihre Fonds erhalten. Bei Aktienfonds kann der Ausgabeaufschlag bis zu 6 Prozent der investierten Summe betragen. Auch Rücknahmekosten sind Einmalkosten. Allerdings werden nur in den seltensten Fällen Kosten bei Verkauf eines Fonds erhoben.

Die laufenden Kosten werden ebenfalls in Prozent ausgewiesen. Sie werden jedes Jahr fällig. Weil es eine einzelne Zahl ist, gehen Anleger davon aus, dass diese Gebühr an die KVG geht. Aber das ist nur zum Teil der Fall. Neben der Verwaltungsvergütung der KVG sind bei Fonds auch die Kosten für den Vertrieb enthalten; bei ETFs fallen dagegen keine Vertriebsgebühren an. Auch die Kosten für die Verwahrung der Fonds bei der Depotbank sowie die Kosten für die Wirtschaftsprüfer sind in den laufenden Gebühren enthalten.

Neben den Verwaltungsgebühren und den sonstigen Betriebskosten sind in den Basisinformationsblättern auch die Transaktionskosten beziffert. Sie geben Aufschluss über die Kosten, die durch Käufe und Verkäufe von Wertpapieren in einem Fonds und ETF entstehen. Es handelt sich gerade bei aktiv verwalteten Fonds um einen wichtigen Kostenblock, der bisher häufig ignoriert wurde.

Der dritte Kostenblock sind Einmalkosten, die bei manchen Fonds und auch nur punktuell anfallen. Sie werden euphemistisch als »zusätzliche Kosten unter bestimmten Bedingungen« bezeichnet (siehe obere Tabelle). Gemeint sind die Erfolgsgebühren, auch Performance Fee genannt. Sie werden erhoben, wenn ein aktiv verwalteter Fonds eine bestimmte Performance-Hürde überschreitet.

Diese Gebühren sind umstritten, weil sie auf oftmals üppigen laufenden Kosten draufgesattelt werden. In vielen Ländern, etwa in der Schweiz, Großbritannien oder Skandinavien, sind solche Gebühren tabu. Performance Fees werden vor allem bei Fonds aus mittel- und südeuropäischen Ländern mitunter erhoben. Das gilt für manche Fonds aus Deutschland sowie bei Fonds, die in Luxemburg oder Irland aufgelegt werden, die in Deutschland zum Vertrieb zugelassen sind. Performance Fees können Fonds mitunter sehr teuer machen.

Wie die Kosteninformationen dargestellt werden

In den Basisinformationsblättern finden sich die Kosten nicht nur als Prozentsatz des verwalteten Vermögens. Fondsgesellschaften sind verpflichtet, auch die Renditeminderung in Euro und Cent auszuweisen. Das macht die Sache kompliziert. Denn das verwaltete Vermögen verändert sich infolge der Fluktuation der Kurse an den Märkten und ist nicht im Vorhinein bestimmbar. Zudem verlangt die europäische Regulierung, dass die Wirkung von Kosten über längere Zeiträume dargestellt wird. Das ist einerseits verständlich, denn Fonds sind zumeist Instrumente für die langfristige Vermögensbildung. Daher ist es nur recht und billig, dass Anleger wissen, was sie über mehrere Jahre an Kosten berappen müssen. Allerdings variiert die Anlagedauer von Anlegendem zu Anlegendem, daher ist auch diese Kennzahl eine Schätzung und kein harter Fakt.

Bei den so genannten Ex-ante-Kosten handelt es sich also um Schätzungen. Für das erste Jahr wird eine Rendite von 0 Prozent vorausgesetzt. Für die längere Frist muss die KVG auf den Euro genau ausdrücken, wie viel Anlegende nach verschiedenen Haltedauern und Renditeszenarien bezahlen werden. Die Annahmen hinter den Rendite-Szenarien sind in den Basisinformationsblättern enthalten. In der Regel wird das freundliche, »mittlere« Szenario für die Kostenkalkulation verwendet. Die Kostenaddition bezieht sich bei Aktienfonds auf einen Zeitraum von zwischen fünf und sieben Jahren. Die Kosten werden kumuliert dargestellt.

Fallstricke bei den Kostenausweisen

So löblich und sinnvoll die Anforderungen an die Kostentransparenz sind, so tückisch erweist sich das Regelwerk in der Praxis. Das verdeutlichen zwei Mängel bei den Kostenausweisen. Die laufenden Kosten werden als ein Block berechnet. In der Realität werden die laufenden Kosten größtenteils zwischen zwei Akteuren aufgeteilt: den Fondsanbietern und dem Vertrieb, also der Bank oder die Vermögensverwaltung, die Fonds Anlegenden vermittelt. Anlegende werden den Asterisk mit entsprechend kleingedrucktem Hinweis, dass ein Teil der Kosten an den Vertrieb als Ausgleich für die Beratung geht, zumeist überlesen.

In der Praxis gehen zwischen 40 und 60 Prozent der laufenden Kosten an den Vertrieb. Zudem führt der Hinweis im Kleingedruckten oft in die Irre. Denn viele Banken, etwa Direktbanken, bieten Anlegern keine Beratung an, ebenso wenig wie die meisten digitalen Fondsplattformen. Sie kassieren dennoch die Vertriebsfolgeprovision. Aus Anlegerperspektive ist das aus dem Fenster geworfenes Geld – das ihnen bei der Vermögensbildung schmerzlich verloren geht. Weil nur die wenigsten über diesen Umstand informiert sind, geht vielen Anlegenden, die nicht oder nur unzureichend beraten werden, sehr viel Renditepotenzial durch Vertriebskosten verloren.

Der zweite Malus ist, dass der Kostenausweis in den Basisinformationsblättern keinen Aufschluss darüber gibt, ob der Ausgabeaufschlag tatsächlich erhoben wird. Viele Banken und Vermögensverwalter rabattieren allerdings den Ausgabeaufschlag – mitunter liegt der Rabatt bei 100 Prozent des sogenannten ›Agios‹. Die regulatorischen Dokumente unterstellen dagegen, dass der Ausgabeaufschlag immer in voller Höhe erhoben wird.

Das lässt Fonds teurer erscheinen, als sie es tatsächlich sind, und es sorgt für überflüssige Diskussionen zwischen Anlegenden und Beratern. Ausgerechnet die Vertriebe, die Fonds durch Rabatte günstiger machen, müssen mühsam erklären, warum die offiziösen und scheinbar präzisen Kosteninformationen in der Realität schlicht falsch sind. Technisch gesehen wäre es ein Leichtes, die Basisinformationsblätter je nach Vertriebsorganisation beziehungsweise Bank so zu adaptieren, dass Anlegende die tatsächlichen Einmalkosten im Vorfeld des Fondskaufs ausgewiesen bekommen.

Die Einmalkosten, die bei aktiv verwalteten Fonds oft zu Unrecht ausgewiesen werden, werden bei ETFs dagegen unter den Tisch fallen gelassen. Denn für ETFs wird zwar kein Ausgabeaufschlag erhoben, aber viele Banken bitten den Anleger beim ETF-Handel dennoch standardmäßig zur Kasse, was faktisch einem Ausgabeaufschlag gleichkommt. Diese Gebühren werden nicht den Produktkosten zugerechnet, sondern in den sogenannten ›Ex-post-Kostenausweisen‹ ausgewiesen, die Anleger nach dem Kauf von Fonds und ETFs erhalten.

Ex-post-Kosten werden in der Realität aber oft nicht zur Kenntnis genommen – viele Anlegende haken die Fondskosten nach Erhalt der Basisinformationsblätter ab. Ein weiterer Grund, warum Anlegende die Kosten nach dem Fondskauf ignorieren, ist die schiere Masse an Dokumenten, mit denen sie regelrecht bombardiert werden. Besonders eklatant ist das bei Sparplänen. Auch hier werden vor und nach jeder Transaktion Ex-ante- und Ex-post-Kostenausweise ausgehändigt. Wer fünf Fonds oder ETFs pro Monat bespart, erhält monatlich also zehn Dokumente – und wird diese aller Voraussicht nach ignorieren.

So sinnvoll und notwendig die Erhöhung der Kostentransparenz ab 2008 war, so gibt es in der Praxis Mängel. Es ist die unnötige Komplexität, die die Fondstransparenz im Ergebnis verringert und Hürden für Anlegende auf dem Weg zu effizientem Investieren aufstellen. Die Kostentransparenz ist verbesserungswürdig, wenn es um den Ausweis der Vertriebskosten geht, und zugleich schießt sie über das Ziel hinaus, wenn unrealistische Annahmen getroffen werden müssen, die in einer Scheingenauigkeit münden.

Profitieren Anlegerinnen und Anleger von der neuen Fondstransparenz? Anekdotische Beispiele und auch eine Umfrage der BaFin aus dem Jahr 2019 signalisieren, dass das Kosten-Regelwerk noch nicht bei Anlegenden »angekommen« ist. Möglicherweise braucht es mehr Zeit, bis die Details der Kostenregeln verstanden werden.

Zu befürchten ist allerdings, dass die aktuellen Transparenzregeln für Fonds- und ETF-Käufer unnötig kompliziert und lebensfern sind und eben nicht Anlegende zu mündigen Investoren machen werden. Zu diffus sind die Informationen zu Kosten in den regulatorisch vorgeschriebenen Informationsblättern – manchmal scheingenau, manchmal nicht granular genug. Realistische, weil individuell gestaltete Kostenausweise wären im KI-Zeitalter möglich – und auch bitter nötig für die Aufklärung von Anlegern über ihre tatsächlichen Investment-Kosten.

Ali Masarwah ist Fondsanalyst und Geschäftsführer von envestor.de, eine der wenigen Fondsplattform, die Cashbacks auf Fonds-Vertriebsgebühren zahlt. Masarwah analysiert seit über 20 Jahren Märkte, Fonds und ETFs, zuletzt als Analyst beim Research-Haus Morningstar.

Video: »So findest du die Kosten bei der Geldanlage«

Scanne den QR-Code auf Seite 12 und verfolge ein Interview mit Ali Masarwah, geführt von Edda Vogt.

8.3 Das kosten Sparpläne

Wertpapier-Sparpläne verursachen je nach Anbieter und Art des Wertpapiers ganz unterschiedliche Kosten, die je Rate fällig werden. Die meisten Depotbanken erheben einen Prozentsatz von der Rate, einige auch absolute Beträge. Bei ein paar Anbietern kommt eine Grundgebühr dazu.

Die Kostenspanne ist sehr groß, sie reicht von 0 bis 2,5 Prozent je Rate bei den Online-Banken und Neobrokern. Zudem gibt es sehr viele Aktionen und Rabatte, die die Kosten weiter reduzieren können.

Info-Tipp: Sparplanvergleiche

Einige Informationsportale bieten neutrale Sparplanvergleiche an:

- extraetf.com/de
- justetf.com/de
- finanzfluss.de
- finanztip.de
- test.de

Außer *Finanztest*, deren Ergebnisse kostenpflichtig sind, finanzieren sich die Portale über gekennzeichnete Werbung und gesponsorte Links.

Manchmal gibt es auch bei Brokern Wertpapiere, die du kostenlos besparen kannst. Diese Aktionen sind meist vorübergehend und werden von den Emittenten gezahlt. Deswegen ist es sinnvoll, die Standardkosten zu vergleichen beziehungsweise zu reagieren, wenn die Aktionen beendet sind.

Bei Sparplänen solltest du auch die indirekten Kosten, wie Handelsspannen und Preisgerechtigkeit, im Blick haben. Hier gibt es meist aber wenig Transparenz seitens der Depotbanken, da sie selten angeben, wo und wann die Depotbanken ihre Sparpläne ausführen.

Tipp: ETF-Sparpläne

ETF-Sparpläne auf Xetra, dem größten und häufig günstigsten Handelsplatz für ETFs, sind kostenlos. Einige Banken geben diesen Vorteil auch an ihre Kunden weiter. Am besten erkundigst du dich direkt bei der Depotbank, wo sie Sparpläne ausführen lässt.

8.4 So findest du die Kosten bei der Geldanlage

Wie bei vielen Themen handhaben Banken und Broker die Kosten sehr unterschiedlich. Es gibt Mindestanforderungen, die seit 2018 gelten.

- **Ex-ante-Kosteninformationen** stellt dir deine Depotbank vor jedem Kauf oder Verkauf zur Verfügung, meist als Tabelle zum Herunterladen in der Ordermaske. Die Tabelle enthält eine Aufschlüsselung der Gesamtkosten in Dienstleistungskosten, Produktkosten, Fremdwährungskosten und Zuwendungen Dritter, falls sie anfallen. Die Kosten sind sowohl in Euro als auch in Prozent angegeben.

- **Ex-post-Kosteninformationen** werden im Nachhinein für den vergangenen Berichtszeitraum erstellt und zeigen dir die tatsächlich angefallenen Kosten.

Ex-ante-Kostenausweis für den Kauf eines ETFs über einen nicht-börslichen Handelsplatz, Ordervolumen 1.000 Euro:

1. Gesamtkosten bei einer angenommenen Haltedauer von drei Jahren		
	in EUR	in %
Gesamtkosten	**33,73**	**3,46**
Produktkosten	9,93	1,02
Dienstleistungskosten	23,80	2,44
davon Zuwendungen	0,00	0,00
Fremdwährungskosten	0,00	0,00
Zusätzlich erhält die Bank Zuwendungen Dritter	**0,58**	

2. Einzelkosten		
	in EUR	in %
Einstiegskosten (einmalig)	**11,90**	**1,22**
Produktkosten	0,00	0,00
Dienstleistungskosten	11,90	1,22
davon Zuwendungen	0,00	0,00
Fremdwährungskosten	0,00	0,00
Laufende Kosten (Haltedauer)	**9,93**	**1,02**
Produktkosten	9,93	1,02
Dienstleistungskosten	0,00	0,00
davon Zuwendungen	0,00	0,00
Fremdwährungskosten	0,00	0,00
Ausstiegskosten (einmalig)	**11,90**	**1,22**

Bild 14: Gesamtkosten beziehen sich auf Kauf- und Verkauf, Produktkosten sind die TER für drei Jahre Haltedauer, die Zuwendung Dritter ist die Zahlung der Handelsplattform an die Depotbank für die Weiterleitung der Order.
Quelle: Consorsbank.

☞ Checkliste

- Mache dich mit den Kosten vertraut (Konto, Depot, Kaufnebenkosten).
- Entscheide dich, in welches Instrument du investieren möchtest.
- Überlege, ob du einmalig investieren oder einen Sparplan anlegen möchtest.
- Denke an deine Risikostreuung und setze nicht alles auf ein Pferd.

♥ Persönlicher Tipp

Halt dich nicht zu lange mit der Auswahl eines ETFs auf. Wenn du die drei Regeln Anlegehorizont, Streuung und Kosten beachtest, kannst du nicht wirklich etwas falsch machen. Versuch auch nicht, die einzelnen Wertpapiere im ETF zu analysieren. Es reicht, wenn du die Grundzüge der Anlageklasse Aktie und die Mechanismen eines ETFs verstehst.

Überprüfe lieber deine Entscheidungen regelmäßig und nimm dir jährlich, zum Beispiel zwischen den Jahren, die Zeit für ein Rebalancing. Schaue, ob deine Investmententscheidung noch zu deinen Zielen passt, wie sich die Kosten sowie die Zusammensetzung entwickelt haben und ob es noch einen attraktiveren ETF gibt.

9. Vom Pantoffel zu Core-Satellit

Jetzt wird das Gelände anspruchsvoller, denn im **neunten Kapitel** stellen wir **weitere Anlageklassen** vor:

- Immobilien,
- Rohstoffe und Edelmetalle,
- Kryptowährungen.

Zu den Satelliten gehören

- Investments in Einzelaktien,
- Strategien fürs **Stock-Picking**,
- fundamentale und technische Analyse sowie relevante Kennzahlen.
- Außerdem das breite Angebot an Themen-ETFs.

Von der Zielsetzung über die Zielrendite zur **Portfolio-Struktur**: Wir erläutern Strategien der Asset-Allokation, die den Aufbau eines gut diversifizierten Portfolios erleichtern. Das praktische Vorgehen beim regelmäßigen Rebalancing gehört dazu.

E-Mail von Michael

Nachdem ich mehrere Bücher gelesen und auch Seminare besucht habe, habe ich zwei ETF-Sparpläne eröffnet. Aus meinen Anfängen habe ich noch ein paar Einzelaktien, und ich habe auch ein bisschen Bitcoin gekauft. Ist das eine gute Anlagestrategie? Ich finde es etwas langweilig und möchte irgendwie mehr machen und meine Rendite steigern. Ich habe mich bereits mit der fundamentalen und technischen Analyse befasst und möchte hier jetzt loslegen. Besonders spannend finde ich Growth-Unternehmen.

Viele Grüße
Michael

- - - - -

Wie Michael geht es vielleicht auch dir im Verlauf deiner Anlagereise. Die ETF-Sparpläne laufen, ab und zu schaust du in dein Portfolio-Tool. Das macht Lust auf mehr, auf andere Anlageklassen, auf ein wenig Pepp im Depot. Ein positiver Nebeneffekt: Du hörst inzwischen Nachrichten aus einer anderen Perspektive und siehst neue Zusammenhänge zwischen aktuellen Ereignissen auch in Hinsicht auf deine eigenen Investments. Das ist der richtige Moment, dich mit ausgefeilteren Portfolio-Strukturen und weiteren Anlageklassen zu befassen.

9.1 Die Kern-Satelliten-Strategie

Die Core-Satellite-Strategie wurde in den 1970er-Jahren entwickelt und bekommt mit der wachsenden Beliebtheit von ETFs zunehmend Beachtung. Sie visualisiert ein ausgewogenes Portfolio mit Stabilität und Wachstumschancen.

Bei der Kern-Satelliten-Strategie kombinierst du langfristige Basisinvestitionen, den Kern, mit kurzfristigen Satelliteninvestments. Der Kern besteht oft aus stabilen, diversifizierten Anlagen, die weniger volatil sind.

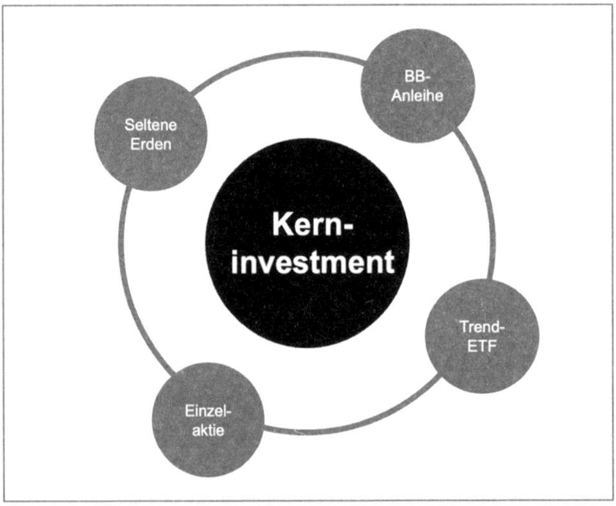

Bild 15: Core-Satellite-Strategie mit einem Kerninvestment als Basis

Dieser Kern bildet den Hauptteil des Portfolios, typischerweise 60 bis 80 Prozent, und besteht aus breit diversifizierten und deswegen risikoärmeren Anlagen. Ziel ist eine stabile und solide Grundrendite. Für den Kern eignen sich kostengünstige Welt-ETFs.

Die Satelliten machen den kleineren Teil des Portfolios aus. Sie bestehen aus spezialisierten, riskanteren Anlagen, die auf höhere Renditen abzielen. Das können Einzelaktien, Branchen- oder Themen-ETFs, Rohstoffe wie Industriemetalle oder Seltene Erden, Kryptowährungen und hochverzinsliche Anleihen mit schlechter Bonität sein.

Die Satelliten ermöglichen eine Outperformance gegenüber dem Gesamtmarkt und bieten dir Flexibilität, um auf Marktchancen oder Ideen zu reagieren, während der Kern das Risiko begrenzt.

Tipp: Depotaufteilung

Es ergibt Sinn, für eine Core-Satellite-Strategie mindestens zwei verschiedene Depots zu führen, denn dann kannst du die langfristige Kernstrategie klar von den kurzfristigen Satelliteninvestitionen abgrenzen. Dies erleichtert die Verwaltung und Nachverfolgung der Performance jeder Strategie. Außerdem kannst du besser mit Kennzahlen für die Analyse der Wirksamkeit arbeiten.

Ein separates Depot für die Satelliteninvestitionen ermöglicht es dir darüber hinaus, das Risiko besser zu steuern. Du kannst gezielt risikobehaftete Trades im Satelliten-Depot durchführen, ohne das Risiko der stabilen Kernanlagen im Core-Depot zu erhöhen.

Durch die Nutzung von zwei Depots kannst du die besten Plattformen und Broker für deine jeweiligen Strategien auswählen. Sie bieten oft unterschiedliche Gebührenstrukturen oder Handelsmöglichkeiten.

Gastbeitrag von Jessica Schwarzer

Das Core-Satellite-Depot

Sie ist eine sehr beliebte Variante, ein Portfolio zusammenzustellen: die Core-Satellite-Strategie. Das Depot wird dabei aufgebaut wie ein Planetensystem – in der Mitte steht ein großer Planet, um den einige kleinere kreisen. Dieser große Planet, der Kern (englisch: »Core«), besteht aus Basisinvestments. Bei den Satelliten darf es kreativer, innovativer und gerne auch riskanter, also renditestärker, sein.

Apropos Rendite: Für die sollen vor allem die Satelliten sorgen. Aber Vorsicht! Wie immer gilt: Je höher die Chance, desto größer das Risiko. Bei einem Core-Satellite-Depot gehen Investorinnen und Investoren aber sehr bewusst mit einem kleineren Anteil ihres Geldes höhere Risiken ein. Immer in der Hoffnung, dass die Satelliten den Renditeturbo zünden.

Grundsätzlich ist die Strategie recht einfach umzusetzen. Bei einem reinen Aktiendepot sollte der Kern mindestens 50, besser aber 60 oder 70 Prozent des Portfolios ausmachen. Dieser Anteil wird global mit möglichst breiter Diversifikation investiert. Das soll die Schwankungen reduzieren und das Risiko senken. Möglich wären Investments in global investierende Fonds oder in ETFs auf den MSCI All Country World und den MSCI World.

Natürlich können auch Anleihen Teil eines Core-Satellite-Depots sein. Auch dann gilt es, den Kern mit sehr sicheren Papieren zu bestücken, also Staats- und Unternehmensanleihen mit guter bis sehr guter Bonität; gerne über ETFs und Fonds zur besseren Risikostreuung.

Das übrige Geld wird dann auf mehrere Satelliten verteilt – ganz nach persönlichem Gusto. Infrage kommen in der Aktienwelt Themen- oder Brancheninvestments, bei Anleihen vielleicht etwas riskantere Papiere mit schwächerer Bonität, aber einer höheren Rendite. Die Satelliten könnten 5 oder 10 Prozent »groß« sein. Auch ein Satellit mit 15 oder 20 Prozent ist grundsätzlich möglich. Zu groß sollte die Gewichtung der einzelnen Satelliten mit Blick auf die Risikostreuung aber nicht sein.

Zu klein übrigens auch nicht. Eine Position, die weniger als 5 Prozent des Depots ausmacht, hat im Grunde keine große Wirkung auf die Gesamtrendite. Es sei denn, sie verdoppelt und verdreifacht sich in kürzester Zeit.

Auch leidet die Übersichtlichkeit, wenn zu viele Mini-Satelliten um den Kern kreisen. Fünf oder sechs Satelliten dürfen es aber sein.

Satelliten können auch eher kurz- bis mittelfristige Anlagen sein. Mit einer geringeren Anlagedauer steigt allerdings das Risiko. Das ist aber in Ordnung, wenn es um einen Satelliten geht. Das Ganze funktioniert übrigens auch, wenn Anlegerinnen und Anleger mehrere Anlageklassen kombinieren, nicht nur Aktien und Anleihen. Auch Kryptowährungen, Gold oder Immobilien können ein Teil des Core-Satellite-Depots sein. Je nach persönlicher Strategie sind sie mal Kerninvestment, mal Satellit, mal langfristiges und mal kurz- bis mittelfristiges Investment. Am Ende entscheidet das persönliche Risikoprofil, wie groß das Core ist, wie viele und vor allem welche Satelliten es sein sollen.

Je spezieller und vor allem riskanter ein solches Depot zusammengestellt wird, desto öfter sollte es überprüft werden. Auch das Rebalancing wird ein wenig aufwendiger. So ein Core-Satellite-Depot braucht mehr Aufmerksamkeit als ein super simples Depot. Es macht aber auch viel mehr Spaß! Und kann auch eine höhere Rendite bringen.

Jessica Schwarzer ist eine der renommiertesten Finanzjournalistinnen Deutschlands. Die langjährige Chefkorrespondentin und Börsenexpertin des Handelsblatts arbeitet heute selbstständig als Journalistin und Moderatorin. Zudem hat sie mehrere Bücher über die Psychologie von Anlegern und Investmentstrategien geschrieben. Die deutsche Aktienkultur ist ihr eine Herzensangelegenheit, für die sie sich auch mit Vorträgen und Seminaren starkmacht.

Im Folgenden stellen wir dir weitere Anlageklassen und Vehikel vor, die gut als Satelliteninvestments geeignet sind.

9.2 Immobilien als Investment

Mit der traditionell als Altersabsicherung geltenden Wohnimmobilie und den vermieteten Immobilien haben wir uns im Rahmen deiner Finanzplanung auseinandergesetzt ↪ Kapitel 2.1). An dieser Stelle geht es uns um Immobilien-Investments über Wertpapiere.

Offene Immobilienfonds

Offene Immobilienfonds ermöglichen es dir, dich mit relativ kleinen Beträgen an einem diversifizierten Immobilienportfolio zu beteiligen, ohne dass du selbst eine Immobilie kaufen musst. Das Geld vieler Anleger wird dazu genutzt, in verschiedene Immobilien zu investieren. Dabei spezialisieren sich die Fonds häufig auf eine Immobilienart, zum Beispiel auf Gewerbeimmobilien wie Bürogebäude oder Einkaufszentren.

Die Vorteile sind klar: Die Fonds ermöglichen Investitionen in Immobilien auch mit geringen Beträgen und bieten eine breitere Streuung als das direkte Investment in einzelne Immobilien. Du kannst deinen Anteil deutlich leichter kaufen und verkaufen als bei einem Direktinvestment. Außerdem werden die Immobilien professionell verwaltet.

Offene Immobilienfonds weisen eine sehr geringe Korrelation mit Aktienfonds auf. Das heißt: Aktienkurse entwickeln sich meist anders als der Immobilienmarkt. Wenn Aktienpreise fallen, bleibt der Wert der Immobilienfonds in der Regel eher stabil, weshalb sie ein gutes Instrument für die Risikostreuung sein können. Das bedeutet, dass die Preise offener Immobilienfonds weitgehend unabhängig von den Schwankungen der Aktienmärkte sind. Außerdem ist die Volatilität deutlich niedriger. Sie können die Schwankungsbreite des gesamten Portfolios in Zeiten von Börsenturbulenzen reduzieren.

Deep Dive: Offene Immobilienfonds

Einer Studie zufolge liegt die Korrelation offener Immobilienfonds mit dem DJ STOXX 600, der die 600 nach Börsenwert größten europäischen Aktien enthält, bei nur 0,04 und mit dem S&P 500, den 500 größten US-amerikanischen Aktien, bei nur 0,06. Diese Werte nahe null zeigen eine sehr schwache Beziehung zwischen den Renditen von offenen Immobilienfonds und Aktienfonds an.[51]

Die Nachteile liegen vor allem in hohen Kosten und der eingeschränkten Verfügbarkeit deines Geldes: Durch gesetzliche Mindesthalte- und Rückgabefristen ist der Verkauf nicht so flexibel wie bei Aktienfonds. Für Anteile, die nach Juli 2013 erworben wurden, gilt eine Mindesthaltedauer von 24 Monaten, zudem gibt es eine Kündigungsfrist von 12 Monaten. Das bedeutet, dass du Anteile mindestens zwei Jahre halten und einen Verkauf ein Jahr vorher ankündigen musst.

Diese Fristen sollten den Fondsgesellschaften mehr Planungssicherheit geben und verhindern, dass sie kurzfristig Immobilien aus dem Portfolio unter Druck verkaufen müssen, wenn viele Anlegerinnen und Anleger ihre Fondsanteile zurückgeben.

Du kannst Anteile an einem Immobilienfonds zwar auch über die Börse verkaufen, oft aber mit Abschlägen, weil andere nur zu günstigeren Preisen bereit sind, dir die Anteile abzukaufen.

Tipp: Expertenmeinungen

Stand 2024 empfehlen etliche Fachleute, Anteile an offenen Immobilienfonds zu verkaufen, da sie unter erheblichem Druck stehen. Hauptgründe sind die anhaltenden Wertverluste bei Gewerbeimmobilien, insbesondere Büros und Einkaufszentren, die durch den Anstieg von Homeoffice und Online-Handel verschärft werden. Zudem belasten hohe Zinsen und gestiegene Baukosten die Branche, was zu Rekordabflüssen, also Verkäufen, führt. Experten erwarten negative Renditen, was das Vertrauen in diese Fondsform weiter belastet.[52]

Die Kritik geht über eine kurzfristige Marktanalyse hinaus: Die Bewertungsmethoden dieser Fonds, die oft nicht den aktuellen Marktbedingungen entsprechen, könnten zu Liquiditätsproblemen führen, wenn viele gleichzeitig ihre Anteile zurückgeben wollen. Diese Faktoren könnten in eine Abwärtsspirale münden, die zu Schließungen oder Liquidierungen führt.[53]

Auf die Nachteile geschlossener Fonds, die auch auf geschlossene Immobilienfonds zutreffen, sind wir in ↪ Kapitel 5.2 eingegangen.

Immobilienaktien

Immobilienaktien sind Anteile an börsennotierten Unternehmen, die im Immobiliensektor tätig sind. Diese Unternehmen erwerben, verwalten und vermieten Wohn- oder Gewerbeimmobilien oder handeln mit ihnen.

Eine spezielle Form sind REITs (Real Estate Investment Trusts), die steuerliche Vorteile bieten und hohe Ausschüttungen an die Aktionärinnen und Aktionäre gewährleisten. REITs sind verpflichtet, mindestens 90 Prozent ihrer Gewinne auszuschütten, und müssen mindestens 75 Prozent ihres Vermögens in Immobilien anlegen. In der EU unterliegen sie speziellen steuerlichen Regelungen, die eine Steuerbefreiung auf Gesellschaftsebene beinhalten, sodass nur die Ausschüttungen an die Anleger besteuert werden.

Sowohl Immobilienaktien als auch REITs gibt es in ETF-Form, derzeit sind 34 ETFs verfügbar. Der Charme daran: Du kannst auch gezielt in Immobilienunternehmen aus anderen Regionen weltweit investieren, etwa in den USA oder in Asien.

Tipp: REITs

ETFs mit Wertpapieren aus dem Immobilien-Sektor, insbesondere REITs, können als Beimischung ein Risikopuffer in deinem langfristigen Kerninvestment sein. Sie bieten stabilere Renditen bei geringeren Schwankungen.[54]

9.3 Rohstoffe und Edelmetalle als Investment

Der Rohstoffmarkt übt eine große Faszination auf Anlegerinnen und Anleger aus. Dabei ist er extrem divers. Während das Edelmetall Gold für viele als Absicherung gilt, ist ein Lithium-Zertifikat hochspekulativ.

Grundsätzlich sind Edelmetalle eine eigene Gruppe, wobei zum Beispiel bei Silber, Platin und Palladium die Industrienachfrage bereits eine Rolle spielt, bei Gold dagegen kaum.

Weitere Gruppen sind:

- Industriemetalle, dazu gehören Kupfer ebenso wie Blei, Zink, Eisen oder Seltene Erden.
- Energie mit Öl und Gas in verschiedene Formen.
- Agrarrohstoffe mit Produkten wie Weizen oder gefrorener Orangensaft.

Wichtig für dich: Jeder dieser Rohstoffe ist ein eigener spezieller Markt. Wenn du darin investieren willst, solltest du auch den Markt verstehen.

Im Allgemeinen gehen die Meinungen über Rohstoffinvestments weit auseinander: »Rohstoffe sind die einzige Anlageklasse, die ich kenne, die auf lange Sicht nicht auf null gehen kann.« Das denkt Jim Rogers, ein bekannter US-Investor und Kommentator, der einen viel beachteten Rohstoffindex, den International Commodity Index (RICI), geschaffen und insbesondere in den Nullerjahren einen Super-Zyklus für Rohstoffe prognostiziert hat. »Ich habe noch nie einen Privatanleger gesehen, der mit Rohstoffen Geld verdient hat.« Das ist die Aussage eines professionellen Rohstoffhändlers, der als Ursache den Profimarkt nannte, der einfach schneller reagieren könnte.

So gilt Gold schon lange als Währungsersatz. Der US-Dollar war bis 1973 durch das internationale Währungsabkommen, das nach dem Ort der Unterzeichnung 1944 Bretton Woods benannt ist, an den Goldpreis gekoppelt. Viele Menschen setzen historisch bedingt auf Gold oder auch Silber.

Tipp: Gold

Wenn du dich für Gold interessierst, es aber nicht physisch besitzen möchtest und es nicht sicher aufbewahren kannst, dann gibt es spannende Finanzmarktinstrumente, die die Entwicklung von Gold abbilden und den Rohstoff für dich als Sicherheit einlagern.

Futures und Optionen als Basis für den Handel mit Rohstoffen

Futures und Optionen spielen eine entscheidende Rolle im Handel mit Wertpapieren im Allgemeinen. Ihr Verständnis ist bei einem Rohstoffinvestment für private Anlegerinnen und Anleger besonders wichtig, weshalb wir die Finanzmarktinstrumente an dieser Stelle erklären.

Futures und Optionen sind Terminmarktgeschäfte. Das bedeutet, dass die Lieferung deutlich später nach Kauf und Verkauf erfolgen kann. Der Kauf und Verkauf von Anleihen, Aktien oder ETFs sind Kassamarktgeschäfte, die innerhalb von zwei Tagen erfüllt werden müssen.

Auch im Handel mit Rohstoffen und Edelmetallen gibt es einen Termin- und einen Spotmarkt. Am Spotmarkt werden die physischen Rohstoffe gehandelt, also Gold in Feinunzen, Öl in Barrel (Fässern) oder Kupfer in Tonnen.

Für dich ist wichtig: Der Spotpreis ist der aktuelle Marktpreis, zu dem Rohstoffe in diesem Moment gekauft oder verkauft werden können. Er spiegelt die aktuellen Angebot- und Nachfragesituationen wider. Spotpreise unterliegen eher großen Schwankungen, beeinflusst durch kurzfristige Faktoren wie Wetterbedingungen oder geopolitische Ereignisse.

Der Terminmarktpreis bezieht sich auf den Preis für einen Rohstoff, der zu einem zukünftigen Zeitpunkt geliefert wird. Diese Preise sind in der Regel stabiler und bieten Planungssicherheit. Kontrakte für zukünftige Lieferungen können mit verschiedenen Laufzeiten abgeschlossen werden, von mehreren Monaten bis Jahren.

Diese Lieferung in der Zukunft ermöglicht es zum Beispiel Unternehmen, sich gegen Preisschwankungen abzusichern. Gleichzeitig werden Futures und Optionen für spekulative Wertpapiergeschäfte genutzt.

Das gehandelte Volumen ist am Terminmarkt übrigens sehr viel größer als am Spotmarkt.

Deep Dive: Futures versus Optionen

Während Futures eine feste Verpflichtung darstellen, bieten Optionen mehr Flexibilität und ein begrenztes Risiko für Investorinnen.

Bei einem Futures-Kontrakt sind beide Parteien (Kauf und Verkauf) verpflichtet, den Vertrag zu erfüllen. Das bedeutet, dass die Käuferin beziehungsweise der Käufer den Rohstoff zum vereinbarten Preis kaufen muss, und die Verkäuferin beziehungsweise der Verkäufer verpflichtet ist, ihn zu liefern.

Um die Zahlungen sicherzustellen, müssen beide Parteien eine Margin hinterlegen, die einen Teil des Gesamtwerts des Kontrakts darstellt. Diese Margin wird regelmäßig angepasst. Steigt der Preis, müssen die Parteien nachschießen, das heißt, die Margin erhöhen. Im Prinzip sind die Verlustrisiken mit Futures unendlich hoch.

Optionen sind mit dem Recht verbunden, aber nicht der Pflicht, einen bestimmten Rohstoff zum festgelegten Preis, dem Ausübungspreis, zu kaufen oder zu verkaufen. Dafür zahlt die Käuferin der Option dem Verkäufer eine Prämie, den Preis der Option, die nicht zurückerstattet wird. Den Verkäufer nennt man auch Stillhalter. Zumindest für die Käuferin ist das Risiko auf die gezahlte Prämie begrenzt.

Contango und Backwardation

Futures und Optionen sind Vereinbarungen, später etwas auszutauschen. Sie heißen deshalb auch Kontrakte, abgeleitet vom englischen Wort für Vertrag. Diese Kontrakte haben Laufzeiten, zu denen sie erfüllt werden können oder müssen. Die Laufzeit bestimmt den Preis mit. Im Regelfall ist ein Kontrakt mit einer längeren Laufzeit teurer.

Übersetzt: Silber-Futures, die später fällig werden, sind teurer als der aktuelle Silber-Spotpreis. Das passiert, wenn in den zukünftigen Preis Lager- und Finanzierungskosten eingerechnet werden und der Markt tendenziell steigende Preise erwartet. Diese Preissituation nennt man Contango. Backwardation liegt vor, wenn der Preis für Terminkontrakte unter dem aktuellen Kassapreis liegt. Häufige Gründe dafür sind eine hohe aktuelle Nachfrage oder ein knappes Angebot, was zu einem höheren Spotpreis führt. Oder der Markt erwartet sinkende Preise beziehungsweise eine Normalisierung der Angebotslage in der Zukunft.

😫 Not-so-fun-Fact: Preisbildung

Ein Future-Preis kann negativ werden, wenn die Kosten für die Abnahme und Lagerung des zugrunde liegenden Rohstoffs höher sind als sein Wert. Ein bekanntes Beispiel ist der WTI-Öl-Future im April 2020, als die Nachfrage durch die Pandemie einbrach und die Lagerkapazitäten knapp wurden. Der Handel war bereit, Käuferinnen und Käufer dafür zu bezahlen, dass sie den Rohstoff abnehmen, um hohe Kosten für Lagerung oder Vertragsstrafen zu vermeiden.

Rohstoffe als Investment

Die Geschichte des Handels mit Rohstoffen als Wertpapiere reicht bis in die Antike zurück, sie waren das Erste, was in Form von Wertpapieren gehandelt wurde. Bereits aus dem antiken Griechenland und Rom sind erste Formen des Terminhandels bekannt, so soll zum Beispiel Thales von Milet im 6. Jahrhundert vor Christus Optionen auf Olivenpressen gehandelt haben. Mit der Seidenstraße begann um 206 vor Christus der organisierte Handel mit Rohstoffen.

Im 19. Jahrhundert entstanden in den USA die ersten modernen Warenterminbörsen. Hier wurden Futures-Kontrakte populär, die es Landwirten ermöglichten, sich gegen Preisschwankungen abzusichern.

Auch der Metallhandel nahm im 19. Jahrhundert zu, die London Metal Exchange etablierte sich als führende Plattform für Industriemetalle.

Die Absicherung ist neben der Spekulation auch weiterhin ein starkes Element im Handel mit Rohstoffderivaten. So nutzen Fluggesellschaften Energiekontrakte, um sich gegen steigende Kerosinpreise zu hedgen, so der Fachbegriff. Erst in den 1990er-Jahren entstand der auf Derivate basierende Rohstoffmarkt, wie wir ihn heute kennen.

Neben der Absicherung gibt es eine ganze Reihe von Motiven, in einen Rohstoff zu investieren, zum Beispiel: Breitere Risikostreuung: Rohstoffe wie Gold, Silber, Öl oder Agrarprodukte korrelieren in vielen Marktphasen kaum mit traditionellen Anlageklassen wie Aktien und Anleihen. Dies bedeutet, dass sie in Zeiten wirtschaftlicher Unsicherheit oder Marktvolatilität als Stabilitätsfaktor fungieren können.

Deep Dive: Rohstoffe

Auf den sehr langen Zeitraum von 1877 bis 2022 liegt die Korrelation von Rohstoffen mit US-Aktien bei 0,15, ist also sehr schwach positiv und mit US-Staatsanleihen -0,20 schwach negativ, was eine starke Risikodämpfung anzeigt.[55]

Bild 16: Korrelation zwischen Rohstoffen (1), Staatsanleihen (2) und Aktien (3). Quelle: justetf.com.

Inflationsschutz: Rohstoffe, insbesondere Gold, gelten als ein effektives Mittel zur Absicherung gegen Inflation. Steigt das Preisniveau, werden zumindest in der Theorie auch Rohstoffe wie Gold und Öl teurer. Das muss aber nicht so sein.

Attraktive Renditen für taktische Investments: In Krisenphasen können Rohstoffe erhebliche Renditen erzielen.

Im Beipackzettel eines Rohstoffinvestments stehen vor allem eine hohe Volatilität: Rohstoffpreise unterliegen starken Preisschwankungen aufgrund von Faktoren wie Wetterbedingungen, geopolitischen Ereignissen und Veränderungen in der globalen Nachfrage. Diese Volatilität kann zu erheblichen Verlusten führen, insbesondere wenn Anlegerinnen und Anleger nicht gut informiert sind oder kurzfristige Positionen halten.

Außerdem ist der Rohstoffmarkt hochkomplex und wird von vielen Faktoren beeinflusst, darunter Angebot und Nachfrage, politische Stabilität in Förderländern und wirtschaftliche Entwicklungen weltweit.

Was häufig übersehen wird: Im Gegensatz zu Aktien oder Anleihen bieten Rohstoffe keine laufenden Erträge wie Dividenden oder Zinsen. Deine Rendite kannst du nur mit Kursgewinnen erzielen.

Vehikel für dein Rohstoffinvestment

Es gibt eine ganze Reihe von Möglichkeiten, dir Rohstoffe und Edelmetalle ins Depot zu nehmen.

Direktinvestment in den physischen Rohstoff

Bei Edelmetallen ist der Kauf von Barren und Münzen sicher die klassische Form des Investments. Barren und Münzen haben einige Vorteile: Sie gehören dir, und für Gewinne bei einer Haltedauer von einem Jahr fallen keine Steuern an.

Gleichzeitig haben sie auch etliche Nachteile und Risiken: Du hast Aufwand und Kosten für die Lagerung. Sie können dir abhandenkommen. Auf dem Preis ist ein Aufschlag für Guss beziehungsweise Prägung. Beim Kauf sind die Handelsspannen zwischen An- und Verkaufspreis in der Regel größer als etwa bei ETCs.

ETFs und ETCs

Es gibt sehr bekannte und viel gehandelte ETFs für einzelne Rohstoffe. Beispiele dafür sind SPDR Gold Shares, iShares Silver Trust, ZKB Silver ETF aus der Schweiz oder der United States Oil Fund. Nach EU-Recht sind Fonds mit nur einem Bestandteil nicht möglich. In der EU sind Rohstoff-ETFs mit größeren Rohstoff-Körben verfügbar. Auf Xetra, dem wichtigsten Marktplatz für ETFs in Europa, werden zurzeit 32 solcher Index-Tracker gehandelt.

Wichtige Rohstoffindizes sind:

- S&P GSCI Index mit einer breiten Palette an Rohstoffen und starkem Fokus auf Energierohstoffe wie Öl und Gas.
- Der Bloomberg Commodity Index enthält 23 verschiedene Rohstoffe aus den Bereichen Energie, Edelmetalle, Industriemetalle, Vieh und Landwirtschaft. Die Gewichtung der Bestandteile im Index basiert auf wirtschaftlicher Bedeutung, Diversifikation und Marktliquidität. Einzelne Rohstoffe sind auf maximal 5 Prozent begrenzt, Rohstofftypen auf maximal 33 Prozent.
- Der Rogers International Commodity Index (RICI) besteht aus 38 Rohstoffen mit monatlich neuer Gewichtung nach Konsum und Liquidität im Handel.
- Der UBS CMCI Index umfasst 28 Rohstoffe aus den Segmenten Energie, Edelmetalle, Basismetalle, Landwirtschaft und Vieh. Ihm liegt eine komplexe Laufzeitenstrategie mit Rollverlustminimierung zugrunde.

ETCs sind rechtlich Zertifikate, das heißt, kein Sondervermögen wie ein ETFs, bei den meisten werden jedoch die Rohstoffe hinterlegt.

Das Angebot an ETCs ist groß und vielfältig: Es gibt Rohstoff-Tracker mit Währungssicherung und Minimierung der Rollverluste, auf die Futures-Preise oder die Spotpreise (siehe etwas weiter unten) und mit Hebel.

Kauf und Verkauf von ETFs und ETCs ist einfach und günstig über die üblichen Marktplätze möglich. Die Rohstoffe liegen als Wertpapier in deinem normalen Depot.

Bei einigen Gold-ETCs sind die Gewinne ab einem Jahr von der Kapitalertragsteuer befreit.

Zertifikate und Hebelpapiere

Investment- und Hebelzertifikate sind rechtlich das Gleiche wie ETCs, sie werden allerdings anders gehandelt (↪ Kapitel 5.3).

Dafür können sie deutlich mehr Rohstoffe abdecken und einige extra Möglichkeiten wie Hebel oder inverse Beteiligung an den Preisen. Der Handel ist ebenfalls einfach über das normale Depot möglich.

Rohstoffproduzenten und Minenaktien

Minenaktien bieten eine indirekte Beteiligung an Unternehmen, die im Rohstoffsektor tätig sind. Ihr großer Nachteil: Sie hängen nicht nur indirekt an den Rohstoffpreisen, sondern auch an der Entwicklung des Unternehmens und seinem Management.

Insbesondere Minen haben einen Vorteil: Steigen die Rohstoffpreise, können die Gewinne der Unternehmen überproportional steigen, weil die Kosten bei wachsendem Umsatz konstant bleiben.

Willst du in Rohstoffproduzenten und Minenaktien investieren, stehen dir auch ETFs und aktiv verwaltete Fonds zur Verfügung.

Edelmetalle als Investment

Edelmetalle sind häufig Bestandteil von Kerninvestments. Gerade in unsicher empfundenen Zeiten erfreuen sich Gold, Silber, Platin und Palladium großer Beliebtheit als Anlageklasse.

Ein Hauptvorteil ist ihre geringe oder negative Korrelation zu anderen Anlageklassen wie Aktien und Anleihen. Das macht sie zu attraktiven Instrumenten für die Risikostreuung.

Gold gilt insbesondere als »Krisenwährung« und Inflationsschutz, da es im Gegensatz zu Papiergeld nicht beliebig vermehrbar ist. So wurde bis 1973 der US-Dollarkurs an den Goldpreis gekoppelt. Allerdings ist die Rolle von Gold als Inflationsschutz umstritten – es gab auch Phasen, in denen der Goldpreis hinter der Inflation zurückblieb.

Gold im Vergleich zu Aktien während der vergangenen großen Finanzmarktkrisen

Zeitraum	Ereignis	Monate	US-Aktien	Europäische Aktien	Gold
Okt. 1987 – Nov. 1987	1987 Finanzkrise	2	-32 %	-23 %	+7 %
Juli 1990 – Okt. 1990	Irakkrieg	3	-20 %	-25 %	+8 %
Juli 1998 – Aug. 1998	LTCM-Krise	2	-19 %	-17 %	-7 %
Sept. 2000 – Sept. 2002	Dot.com-Bubble	25	-49 %	-49 %	+16 %
Nov. 2007 – Feb. 2009	Finanzkrise	17	-57 %	-56 %	+28 %

Die Tabelle zeigt, wie sich der US-amerikanische und europäische Aktienmarkt sowie der Goldpreis während vergangener Krisen entwickelt haben.[56]

Spannend für Privatanlegerinnen und Privatanleger, die sich für Gold-Investments interessieren, sind die Steuervorteile: EU-weit sind Goldbarren mit einer Feinheit von mindestens 995 / 1.000 und als Zahlungsmittel anerkannte Goldmünzen mit einem Mindestgoldgehalt von 99 Prozent von der Mehrwertsteuer befreit. Außerdem fällt nach 12 Monaten auch keine Kapitalertragssteuer auf die Gewinne an.

Die Steuervorteile gelten übrigens auch für einige Gold-ETCs, zum Beispiel für Xetra-Gold. Silber, Platin und Palladium werden hingegen voll versteuert. Natürlich hat ein Investment in Edelmetalle auch Nachteile: Neben der möglichen Preissteigerung gibt es keine weiteren Renditen. Gold zahlt keine Zinsen, Silber schüttet keine Dividenden aus.

Studien zeigen, dass eine Beimischung von Edelmetallen zum Kerninvestment, vor allem Gold, in ein diversifiziertes Portfolio die Preisschwankungen dämpft. Empfohlen werden 5 bis 10 Prozent. Gerade in Stresssituationen am Markt kann Gold die Verluste des Gesamtportfolios abfedern.[57]

Gold unterscheidet sich neben der Besteuerung in anderen Punkten von Silber, Palladium und Platin: Der Goldpreis ist deutlich weniger volatil. Außerdem werden die anderen Edelmetalle vermehrt in der Industrie eingesetzt, was ihre Preise stärker an die konjunkturelle Entwicklung koppelt.

Palladium und Platin sind knapper, was Auswirkungen auf den Preis haben kann. Sie werden vor allem für Katalysatoren gebraucht.

Der Goldmarkt ist deutlich liquider als der Handel mit Palladium und Platin. Das machen Kauf beziehungsweise Verkauf einfacher und günstiger. Es gibt rund 60 Vehikel für Edelmetalle, die meisten bilden den Goldpreis. Du hast die Wahl zwischen ETCs mit Währungssicherung vom US-Dollar gegen Euro oder Pfund, Tracker der Futures ebenso wie des Spotpreises. Vier ETCs partizipieren an den Preisen der vier Edelmetalle als ganzen Korb.

Tipp: Gold-ETC

Die günstigste Art, in Gold zu investieren, bietet das physisch hinterlegte Xetra-Gold. Rechtlich ist es ein Gold-ETC. Allerdings haften fünf Banken und die Deutsche Börse für die Emittentin, die keine weiteren Geschäfte betreibt und dadurch kaum Verbindlichkeiten hat. Für das investierte Geld wird Gold gekauft und eingelagert.

Gehandelt wird Xetra-Gold in Euro. Jeder Anteil entspricht einem Gramm. Wenn du in Euro denkst, macht es für dich hinsichtlich des Währungsrisikos keinen Unterschied, an welcher Stelle umgerechnet wird.

Das Handelsvolumen ist sehr hoch, die Spanne zwischen An- und Verkauf mit rund 0,1 Prozent recht klein. Market Maker sorgen für eine ständige Handelbarkeit.

Das Besondere ist die Liefermöglichkeit des physischen Goldes in deine Bank oder sogar zu dir nach Hause, wovon viele Menschen auch schon Gebrauch gemacht haben. Allerdings ist die Lieferung umständlich und bei kleineren Mengen teuer.

Wegen der Liefermöglichkeit wird es steuerrechtlich wie physisches Gold betrachtet, das heißt, auf Gewinne ab einem Jahr Haltedauer ist keine Kapitalertragsteuer fällig.

Ein möglicher Kostennachteil im Vergleich zur physischen Einlagerung ist die Verwaltungsgebühr von 0,3 Prozent jährlich für die Verwahrung des Goldes. Diese geht nicht vom Geldvermögen ab, sondern wird dir gegebenenfalls von deiner Depotbank in Rechnung gestellt. Diese Gebühr ist das, was der Anbieter, die Deutsche Börse Commodities, an Xetra-Gold verdient.

Es gibt ein ähnliches Angebot von der Euwax, die zur Stuttgarter Börse gehört. Bei Euwax Gold I und II verdient die Emittentin an der Handelsspanne. Außerdem sind nur die Gewinne von Euwax Gold II wegen anderer Auslieferungsregeln nach einem Jahr steuerfrei.

Info-Tipp: *Das Edelmetall-Handbuch*. Als PDF abrufbar und kostenlos bestellbar

boerse-frankfurt.de/publikationen.

9.4 Kryptowährungen

Für die einen sind sie die Revolution des Geldsystems, für andere reine Luftnummern: etwa 10.000 Kryptowährungen sind im Moment auf der Informationsplattform coinmarketcap.com gelistet. Mit Abstand die größte Währung nach Marktkapitalisierung ist Bitcoin, gefolgt von Ethereum, Tether und Solana.[58] Viele teils spektakuläre Skandale, Insolvenzen und Betrugsfälle haben den Kryptomarkt in den 16 Jahren seines Bestehens jedoch ordentlich durchgeschüttelt. Mit erfolgreicher Einführung der BlackRock-ETFs in den USA änderten viele Kritiker allerdings ihre Haltung und schenkten der Assetklasse mehr Aufmerksamkeit. So sind Kryptowährungen schon seit Längerem ein Bestandteil in Portfolios von sehr vermögenden Personen, die ihre Depots professionell managen lassen.

Deep Dive: Geschichte des Bitcoins und der Altcoins

Der Oktober 2009 gilt als Geburtsstunde des Bitcoins, im Mai 2010 fand die erste reale Bitcoin-Transaktion statt: Für 10.000 Bitcoin wurden zwei Pizzen gekauft. Aktuell ist ein Bitcoin auf einem Allzeithoch knapp 90.000 US-Dollar wert. Ein Anstieg unter starken Schwankungen: Auf Sicht von drei Jahren liegt die Volatilität bei fast 60 Prozent und der maximal mögliche Verlust bei 74 Prozent.

2011 kam mit Litecoin eine zweite Währung dazu, das erste Altcoin (der Name steht für alternative Währungen zu Bitcoin, Coin selbst ist dabei die Währung). Mit der Einführung von Ethereum 2015 folgten neue Transaktionsverfahren. 2017 boomten Initial Coin Offerings

(ICOs): Unternehmen gaben zur Kapitalbeschaffung neue Währungen und Tokens heraus. Währungen haben eine eigene Blockchain zur Abrechnung, Tokens nutzen bestehende Blockchains der Währungen. ICOs galten als eine Art Pendant zum Börsengang am Aktienmarkt, den IPOs, kurz für Initial Public Offerings.

Einen großen Schritt nahm der Kryptomarkt mit der Einführung von Exchange Traded Notes (ETNs) in der Schweiz 2019 und in Deutschland 2020. Und 2024 wurden die ersten Bitcoin-Spot-ETFs in den USA zugelassen. Wurden Kryptowerte zuvor vor allem in Wallets aufbewahrt, können ETNs (und in den USA die ETFs) über regulierte Börsen gehandelt und abgewickelt werden. Das ermöglicht auch institutionellen Investoren wie großen Fonds, Pensionskassen und Versicherungen ein Investment in Kryptowährungen.

Stand 2024 liegt der Anteil des verwalteten Vermögens in den Bitcoin-ETFs bei rund 22 Prozent.[59]

Kryptowährungen als Investment

Der Kryptomarkt ist groß und sehr divers: viele Coins und ebenso viele Konzepte, Handelsplattformen, Transaktionsarten und Formen der Aufbewahrung sprengen den Rahmen dieses Buches. Jedoch sind große Währungen wie Bitcoin und Ethereum als Zutat beim langfristigen Vermögensaufbau inzwischen etabliert. Auf diese wollen wir hier eingehen.

Welchen Effekt Kryptowährungen auf dein Kerninvestment haben können, hängt von der Korrelation zwischen Bitcoin, Aktien und Anleihen ab. Die Kennzahl ist deutlich komplexer und zeitabhängiger als bei den anderen bisher behandelten Anlageklassen. Während Bitcoin langfristig als potenzieller Diversifizierer angesehen wird, kann die Korrelation kurzfristig stark schwanken, insbesondere in Krisenzeiten oder bei kryptospezifischen Ereignissen wie die Halbierung des Lohns für das Erstellen der Coins – Mining genannt – oder eine technische Änderung des Rechenverfahrens wie bei Ethereum.

Gut zu wissen: Gewinne aus Kryptoinvestments werden, Stand heute, anders besteuert[60] als Aktien und Anleihen. In Kürze: Kryptowährungen gelten als Wirtschaftsgut und nicht als gesetzliches Zahlungsmittel, Gewinne fallen unter »private Veräußerungsgeschäfte« und nicht unter Kapitalerträge. Nach einer Haltedauer von einem Jahr sind Gewinne steuerfrei, darunter werden sie mit Einkommensteuersatz versteuert, nicht mit der Abgeltungssteuer. Es gibt für die Gewinne aus kurzfristigen Transaktionen eine Freigrenze von 1.000 Euro pro Jahr.

Studien zufolge kann eine kleine Beimischung zwischen 1 und 5 Prozent Bitcoin das Gesamtrisiko des Portfolios verringern und gleichzeitig die Rendite deutlich erhöhen, insbesondere wenn du es regelmäßig wieder ins Gleichgewicht bringst.[61]

Die Ergebnisse der Studien weichen stark voneinander ab, was vor allem an unterschiedlichen Betrachtungszeiträumen liegt. So macht das Herauspicken einzelner Zahlen an dieser Stelle wenig Sinn. Natürlich gibt es auch bei Bitcoin Nebenwirkungen: Regelmäßiges Rebalancing, mindestens jährlich, am besten halbjährlich, hilft, die Risiken zu steuern und Gewinne aus der Kryptoallokation steuerfrei zu realisieren. Das ist mit Aufwand verbunden.

Selbst kleine Beimischungen von Bitcoin haben einen überproportionalen Risikoanteil. Die hohe Volatilität kann die Gesamtvolatilität des Portfolios deutlich erhöhen. Diese hohe Volatilität kann es dir schwerer machen, an deiner Strategie festzuhalten, insbesondere in Phasen starker Kursrückgänge.

Insgesamt kann eine kleine Beimischung von Kryptowährungen das Rendite-Risiko-Profil eines Portfolios verbessern, erfordert aber auch ein gutes Risikomanagement und die Bereitschaft, höhere Schwankungen zu akzeptieren.

In Kryptowährungen anlegen

Für dein Kryptoinvestment stehen dir mehrere Vehikel zur Verfügung.

Direkte Investments über eine Kryptobörse

Über Kryptobroker wie Coinbase, Binance, Bitpanda, Bison oder Kraken kannst du die Coins kaufen, verkaufen und verwahren. Auch einige Depot-Banken und Neobroker, zum Beispiel Trade Republic, bieten den direkten Handel mit Kryptowährungen an.

Durch das direkte Investment in Kryptowährungen hast du die vollen Besitzrechte deiner digitalen Investments, musst dich aber auch um deren sichere Verwahrung kümmern und dich mit der Seriosität des Anbieters auseinandersetzen. Dafür sparst du die Verwaltungsgebühren der Zertifikate.

Indirekte Investments über ETNs und Zertifikate

Krypto-ETNs bieten eine einfache Möglichkeit für Anleger, in den Kryptomarkt zu investieren, ohne sich mit den Herausforderungen des direkten Kaufs und der Verwahrung der Kryptos auseinandersetzen zu müssen. Sie werden einfach und transparent gehandelt wie ETFs und können im normalen Depot verwahrt werden.

ETNs steht für Exchange Traded Notes (Siehe 5.2). Rechtlich sind es Zertifikate und dadurch mit einem Emittentenrisiko verbunden. Das versuchen einige Anbieter durch Hinterlegung der abgebildeten Währung zu minimieren. Das hochregulierte Umfeld schützt dein Investment vor den Risiken der kaum regulierten Plattformen. Die Einstiegshürden sind gering und ab einem ETN-Anteil verfügbar.

Ein deutlicher Nachteil der ETNs sind die Verwaltungsgebühren, die die Performance der ETNs belasten. Sie können bis zu 2 Prozent pro Jahr ausmachen. Wie bei den ETFs sinken hier die Gebühren.

Es gibt im Moment rund 50 Krypto-ETNs in Deutschland. Sie bilden einzelne Kryptowährungen wie Bitcoin oder Ethereum mit unterschiedlichen Konzepten ab. Außerdem gibt es Krypto-Basket-ETNs, die mehrere Kryptowährungen bündeln. Im Zertifikatehandel existiert ebenfalls eine ganze Reihe von Produkten mit Kryptos als Basiswert. Das Angebot an verschiedenen Währungen ist deutlich größer als bei den ETNs. Außerdem kannst du zwischen unterschiedlichen Währungspaaren wählen, Bitcoin zum US-Dollar oder zum Euro etwa.

Tipp: Krypto-Sparplan

Du kannst auch über einen Sparplan deine Kryptoposition im Kernportfolio aufbauen. Einige Neobroker und Kryptoplattformen bieten Sparpläne für Direktinvestments an. Außerdem sind etliche ETNs als Sparplan verfügbar.

Achte bei Kryptoinvestments unbedingt auf die Kosten. Insbesondere, wenn du mit kleinen Beträgen regelmäßig anlegst. Kostentreiber sind vor allem Handelsspannen und intransparente Preise. Habe bei den ETNs und Zertifikaten ein Auge auf die Verwaltungsgebühren.

Krypto-Aktien

Ähnlich wie bei den Rohstoffen kannst du auch in Unternehmen investieren, die im Kryptosektor tätig sind, zum Beispiel Mining-Gesellschaften, Hard- und Software-Unternehmen sowie Tradingplattformen.

Ebenso halten manche Unternehmen Bitcoin-Bestände, wie beispielsweise MicroStrategy. An der Entwicklung dieser Unternehmen kannst du über Einzelinvestments in die Aktie selbst oder über Themen-ETFs partizipieren. Diese stellen wir dir jetzt genauer vor.

9.5 Strategie- und Faktor-ETFs

Strategie-ETFs nutzen unterschiedliche Anlagestrategien mit dem Ziel, besser abzuschneiden als der Gesamtmarkt. Beispiele dafür sind Value, Growth oder Dividendenstrategien.

Faktor-ETFs verändern die Zusammensetzung und Gewichtung eines Index nach messbaren Faktoren wie Value, Size oder Momentum. Sie können als Ein-Faktor-ETFs, mit einem spezifischen Faktor oder als Multifaktor-ETFs auftreten, die mehrere Faktoren kombinieren.

Die Unterscheidung zwischen Strategie und Faktor ist etwas ungenau, zudem ordnen sie Anbieter und Informationsportale mal zu der einen Sparte, mal zu der anderen. Einige Beispiele für Strategien:

- **Value, Wert:** Investiert in unterbewertete Aktien, die ein niedriges Kurs-Gewinn-Verhältnis aufweisen, mit dem Ziel, von einer zukünftigen, erwarteten Wertsteigerung zu profitieren, wenn sich der Börsenpreis dem Gewinn je Aktie wieder nähert.

- **Growth, Wachstum:** Diese Strategie investiert in Unternehmen mit überdurchschnittlichem Wachstumspotenzial, oft in innovativen Branchen wie beispielsweise Technologie. Anlegerinnen und Anleger setzen auf zukünftige Gewinne durch hohe Kurssteigerungen. Diese Unternehmen machen in der Regel noch keine Gewinne. Kennzahlen sind Umsatz- und Gewinnwachstum.

- **Dividenden:** Fokussiert sich auf Unternehmen mit hohen und stabilen Dividendenrenditen. Diese Strategie zielt darauf ab, regelmäßige Einkünfte zu generieren und von potenziellen Kursgewinnen zu profitieren. Neben der Dividendenrendite wird auch das Dividendenwachstum herangezogen. Eine Sonderklasse sind Dividendenaristokraten – Unternehmen, die ihre Dividende über mindestens 25 Jahre hinweg kontinuierlich erhöht haben.

- **Aktienrückkauf:** Bei dieser Strategie investieren ETFs in Unternehmen, die Aktienrückkäufe durchführen. Diese Rückkäufe verringern die Anzahl der ausstehenden Aktien und können den Gewinn pro Aktie erhöhen, was potenziell zu einer Kurssteigerung führt.

- **Volatilitäts-ETFs** konzentrieren sich auf Aktien mit geringer Volatilität. Diese Strategie wird gerne mit einer Dividendenstrategie kombiniert.

- **Größe:** Konzentriert sich gezielt auf kleine oder große Unternehmen. Unternehmen mit kleinerer Marktkapitalisierung, die Small Caps, weisen tendenziell höhere Wachstumsraten und Renditen auf und profitieren besonders von freundlichen Konjunkturphasen, während große Unternehmen in wirtschaftlich schwierigeren Zeiten in einer besseren Situation sind, etwa durch eine Produktpalette, mehr Liquidität und breitere Kundenbasis.

- **Momentum:** Setzt auf Aktien, die in der jüngeren Vergangenheit eine starke Kursentwicklung gezeigt haben. Die Annahme ist, dass diese Trends wahrscheinlich anhalten werden, was Chancen für kurzfristige Gewinne bietet. Momentum-Strategien funktionieren in länger anhaltenden Aufwärtstrends an der Börse besser als in anderen Phasen.

- **Gleichgewicht:** Alle Aktien im Index haben den gleichen Anteil, unabhängig von ihrer Marktkapitalisierung. Diese Strategie zielt darauf ab, eine breitere Diversifikation und potenziell höhere Renditen zu erreichen, indem kleinere Unternehmen nicht unterrepräsentiert sind. Zudem können mit dieser alternativen Gewichtung Klumpenrisiken vermieden werden. Wenn Indizes Unternehmen nach ihrer Marktkapitalisierung gewichten, haben Unternehmen nach starken Kursanstiegen ein Übergewicht.

9.6 Sektoren- und Themen-ETFs

Sektoren-ETFs sind die Klassiker unter den spezialisierten Indexfonds, die sich gut für einzelne Satelliten-Investments eignen. Die Einteilung der Aktien basiert auf der Segmentierung nach zwei Standards, die das gesamte Anlageuniversum erst Sektoren, dann Industriegruppen und, weiter runter, Industrien und Teilindustrien zuordnen. Sektoren, oder Branchen, wie sie auch genannt werden, sind etwa Banken, Chemie, Ernährung, Konsumgüter oder Versorger.

Strategische Sektorrotation

Sektorrotation ist eine Anlagestrategie, bei der Investitionen von einem Sektor in einen anderen verlagert werden, um von Konjunkturzyklen zu profitieren. In Phasen einer wachsenden Ökonomie entwickeln sich zyklische Branchen besser als defensive, antizyklische Sektoren. Zu den Zyklikern zählen etwa Technologie, Finanzen, nicht essenzielle Konsumgüter wie Luxus und Freizeitangebote, Industrie oder Rohstoffe, und zu den antizyklischen Sektoren die Basiskonsumgüter Nahrung und Hygiene, Pharma und Versorger von Strom und Gas.

Auch das Zinsniveau kann Sektorimpulse setzen: Höhere Zinsen sind günstig für den Bankensektor und ungünstig für die Bau- und Immobilienbranche sowie Technologie-Unternehmen wegen der tendenziell höheren Verschuldung.

Auf Trends und Moden setzen

Während Sektor-ETFs die ganze Bandbreite einer Branche abbilden, konzentrieren sich Themen-ETFs auf Trends, etwa Erneuerbare Energien oder Künstliche Intelligenz. Die Unternehmen stammen häufig aus verschiedenen Sektoren, ihre Zuteilung zu den Themen passiert unterschiedlich. Einige ETFs investieren nur in Unternehmen, die einen bestimmten Prozentsatz ihres Umsatzes aus dem relevanten Thema erzielen. Andere analysieren die Unternehmen genau und ordnen dann sie dann gegebenenfalls einem Thema zu.

Sehr populär sind inzwischen Themen-ETFs geworden, die branchenübergreifend Trends abbilden. Bekannte Beispiele sind Clean Energy, KI und Robotics. Diese Themen-ETFs werden meist mithilfe Künstlicher Intelligenz zusammengestellt und enthalten Unternehmen, die in irgendeiner Form im Themenbereich tätig sind. Anders als bei einem Sektor könnten das auch Zulieferer oder nachgelagerte Prozesse wie die Logistik sein.

Beliebte Beispiele für Themen sind:

- Künstliche Intelligenz (KI)
- Robotik und Automatisierung
- Erneuerbare Energien: Der Platzhirsch-ETF wird seit Jahren stark gehandelt und erlebt mindestens so viele Downs wie Ups
- Cybersecurity
- E-Mobilität: Unternehmen in der Elektromobilitätsbranche. Batterienhersteller
- Digitale Welten wie das Metaverse
- Digitale Gesundheit – dies umfasst Telemedizin, elektronische Gesundheitsakten, Apps zur Gesundheitsüberwachung und -prävention, Wearables
- Innovationen im Ernährungssektor wie vegane Lebensmittel, Agrartechnologie, nachhaltige Lebensmittelproduktion
- Raumfahrt
- Verteidigung

Themen-ETFs ermöglichen dir, gezielt in zukunftsträchtige Bereiche zu investieren, bieten jedoch deutlich weniger Diversifikation, da die Anzahl der im Index enthaltenen Unternehmen sehr viel geringer ist. Somit haben Themen-ETFs höhere Risiken als breit gefächerte ETFs.

Bei dem Investment in ein Themen-ETFs stehst du vor mehreren Herausforderungen:

- **Das richtige Thema finden:** Viele der Themen-ETFs entwickeln sich schlechter als der Gesamtmarkt. Die durchschnittliche Performance der circa 150 Themen-ETFs in Deutschland lag 2023 unter der eines Welt-ETFs.[62]
- **Den passenden Moment erwischen:** Insbesondere private Anlegerinnen und Anleger werden auf ein Thema erst aufmerksam, wenn sich der Aktienmarkt in der Nische schon gut entwickelt hat. Außerdem erschwert die höhere Volatilität einen rentablen Einstieg.
- **Den richtigen ETF zu einem Thema wählen:** Die angebotenen Produkte unterscheiden sich deutlich voneinander sowohl in der Auswahl als auch in der Gewichtung der einzelnen Unternehmen.

Fazit: Aufgrund der geringeren Diversifikation und der höheren Volatilität sind Themen-ETFs als Teil der taktischen Geldanlage als Satellit geeignet und nicht als Kerninvestment. Sie sollten nur als Ergänzung zu einem diversifizierten Portfolio betrachtet werden.

Tipps: Auswahl von Strategie-, Sektor und Themen-ETFs

Such dir eine Branche, in der du dich auskennst, oder ein Thema, an das DU glaubst. Bedenke, dass du beim Einsatz einer Strategie meist weitere Faktoren mit einbeziehen solltest, wie die Konjunktur.

Wenn du mehrere ETFs in die nähere Auswahl gezogen hast, vergleiche sie anhand dieser Kriterien: die Risikostreuung – Anzahl an Aktien im ETF, der Gesamtanteil der größten Positionen, die historische Performance im Verhältnis zum Risiko, gemessen an der Volatilität und dem maximalen Verlust. Ist die Performance ähnlich, dann nimm den ETF mit dem niedrigeren Risiko.

Und vergiss bitte nicht: Diese ETFs eignen sich als taktische Satelliten, nicht als Kerninvestment. Sie erfordern genauere Analyse vorm Investment und intensivere Betreuung, während du investiert bist.

Tipps für weitere Infos

Es gibt eine ganze Reihe redaktioneller Angebote, die Themen-ETFs besprechen und vergleichen.

- ETF Magazin: eine quartalsweise erscheinende Publikation, kostenlos auf das-etf-magazin.de
- Extra-Magazin, beziehbar über extraetf.com/de/service/extra-magazin

9.7 Stock-Picking - die Auswahl einzelner Aktien

Stock-Picking ist die Königsdisziplin der Geldanlage und das, was die meisten unter Börse verstehen. Tatsächlich liegt im Zusammenbringen von Unternehmen, die Kapital benötigen, und Menschen, die investieren wollen, eine der Hauptaufgaben des Kapitalmarkts. Das direkte Investment in ein Unternehmen erledigt dies ohne weiteren Umweg.

Beim Stock-Picking wirst du selbst aktiv und baust dir dein Portfolio eigenhändig zusammen. Wichtig ist, dass du nicht nur in ein Unternehmen investierst, sondern dir mehrere Standbeine suchst. Du setzt auf Titel, über die du dich vorweg ausreichend informiert hast und die du entweder für unterbewertet hältst oder für die du eine große Zukunft siehst. So wirst du zu deinem eigenen Fondsmanager beziehungsweise deiner eigenen Fondsmanagerin.

😩 Not-so-fun-Fact: keine Streuung

Viele Börsenneulinge versteifen sich beim ersten Aktienkauf auf ein Unternehmen, das sie vermeintlich kennen, da sie entweder dort arbeiten oder weil sie die Marke toll finden. Sie glauben an die Aktie. Oft reicht dies leider nicht aus.

Lange galt das T-Aktien-Debakel der 1990er mit Manfred Krug in einer der Hauptrollen als Auslöser für die Aktienscheu hierzulande. Krug hatte den Kauf der Aktien empfohlen und sie als sichere Anlage beworben. Von einem Rekordhoch bei 103 Euro im Jahr 2000 fiel die T-Aktie auf unter 10 Euro im Jahr 2002. Das hatte mehrere Gründe: Der Rekordpreis war fundamental nicht gerechtfertigt, hinzukamen teure Übernahmen, ein Verlust der Monopolstellung und allgemeine Rezessionsängste.

Die Finanzkrise schlug dann Ende der Nullerjahre erneut auf das Gemüt der Anlegerinnen und Anleger. Vor etwa zehn Jahren erreichte die Aktienquote abermals einen Tiefpunkt. Seit 2020 kommt Stock-Picking wieder in Mode. Und manchmal ist es ratsam, in einzelne Aktien lange investiert zu sein.

Das war auch die Taktik von Beate Sander. »Meine besten Pferde bleiben im Stall«, sagte sie 2020 in einem Interview. Die inzwischen verstorbene Buchautorin und Kommentatorin fing erst mit knapp 60 an zu investieren und machte aus 30.000 Euro in 20 Jahren mehrere Millionen.

Bevor du sie im Stall lassen kannst, musst du die besten Pferde allerdings erst mal finden. Strategien fürs Stock-Picking füllen ganze Bücherregale. Wir können dir hier nur ein paar Inspirationen mit auf deinen Weg geben. Und Tipps für einige Themen, die dir unterwegs begegnen können.

Gastbeitrag von Lisa Osada

Mein Weg zu einem Dividenden-Depot

@ privat

Wie wir im Laufe dieses Buches gelernt haben, ist es unerlässlich, selbst für das Alter vorzusorgen. Die staatliche Rente in Deutschland ist zwar »sicher«, reicht aber oft nicht aus, um den Lebensstandard zu halten. Ich selbst hatte das Glück, im Alter von 19 Jahren durch einen Zufall auf die Börse und auf Aktien aufmerksam zu werden. Während meiner Ausbildung zur Fachinformatikerin bot mein Arbeitgeber, ein börsennotiertes Unternehmen, ein Mitarbeiteraktienprogramm an. Ohne wirklich etwas von Aktien zu verstehen, stellte ich fest, dass der Kaufpreis der Aktien aus dem Programm günstiger war als der aktuelle Börsenkurs – das war für mich praktisch ein Schnäppchen, und so entschloss ich mich, ein Depot zu eröffnen und meine ersten Aktien zu kaufen.

Wenige Wochen nach dem Kauf erhielt ich meine erste Dividende. Ich war ganz überrascht, einfach so Geld auf mein Konto zu bekommen, ohne etwas dafür zu tun. Das hat mich dann so fasziniert, dass ich begonnen habe, mich intensiver mit dem Thema Börse und Aktien zu beschäftigen. Seit über 13 Jahren lässt mich dieses Thema nicht mehr los. In dieser Zeit habe ich meinen Weg gefunden, mit Freude und Weitsicht mein Depot aufzubauen, das mir bereits heute stetige Ausschüttungen bietet und von dem ich später einmal leben können möchte.

Mein Ziel ist dabei nicht, möglichst schnell in Rente zu gehen. Im Gegenteil: Mir machen meine Arbeit und der weitere Aufbau meines Depots so viel Spaß, dass ich nicht plane, vorzeitig auszusteigen. Für mich persönlich habe ich ganz einfach festgestellt, dass mich die Dividendenzahlungen langfristig am meisten motivieren, dranzubleiben und beharrlich und regelmäßig einen Teil meines Geldes und auch der ausgeschütteten Dividenden in mein Depot fließen zu lassen.

Meine Strategie für den Depotaufbau

Mein größtes Investment ist ein weltweit gestreuter ETF, der seine Dividenden an mich ausschüttet, anstatt sie direkt zu thesaurieren, sodass sie mir zur freien Verfügung stehen. Derzeit lege ich diese Ausschüttungen vollständig wieder an, um den Zinseszinseffekt zu erhöhen. In Zukunft habe ich dann die Flexibilität, diese Dividenden auch für andere Zwecke zu verwenden, ohne aktiv Aktien oder ETFs verkaufen zu müssen.

Ergänzt wird dieses Basisinvestment durch eine Vielzahl von einzelnen Aktien. Bei deren Auswahl achte ich besonders darauf, dass die Unternehmen über ein solides und nachvollziehbares Geschäftsmodell verfügen und sich bereits über Jahre am Markt bewährt haben. Unternehmen, die von kurzfristigen Börsenhypes getrieben werden oder noch sehr neu sind, meide ich dagegen eher.

Ein zentrales Kriterium meiner Strategie ist die Entwicklung der Dividenden und Cashflows der Unternehmen. Bei der Auswahl von einzelnen Aktien achte ich daher immer auf drei wichtige Dividendenkennzahlen:

1. Dividendenhistorie

Eine langjährige Dividendenhistorie ist ein gutes Zeichen dafür, dass ein Unternehmen auch in schwierigen Zeiten stabil bleibt. Es kann sich lohnen, Unternehmen auszuwählen, die ihre Dividende über viele Jahre hinweg zuverlässig gezahlt und idealerweise nie gekürzt haben.

2. Dividendenwachstum

Für ein langfristig erfolgreiches Dividendenportfolio ist Dividendenwachstum der Schlüssel. Unternehmen, die ihre Dividende nicht nur kontinuierlich ausschütten, sondern auch regelmäßig um 5 bis 10 Prozent oder mehr erhöhen, bieten die Aussicht auf langfristig steigende Renditen. Auch wenn die anfängliche Dividendenrendite niedrig erscheinen mag, kann das Wachstum über einen längeren Zeitraum einen erheblichen Einfluss auf die Gesamtrendite haben. Solche Unternehmen zeichnen sich häufig durch solides Wachstum und steigende Aktienkurse aus.

3. Ausschüttungsquote

Die Ausschüttungsquote (Payout Ratio) gibt an, welchen Anteil des Gewinns beziehungsweise des Free Cashflows ein Unternehmen für Dividendenzahlungen verwendet. Eine hohe Ausschüttungsquote (über 75 Prozent) bedeutet, dass das Unternehmen einen großen Teil seines Gewinns an die Aktionäre ausschüttet – aber weniger Mittel für das eigene Wachstum reinvestieren kann. Eine gesunde Ausschüttungsquote liegt für mich zwischen 25 und 75 Prozent. Wenn sie höher ist, könnte es für das Unternehmen schwierig werden, die Dividende langfristig aufrechtzuerhalten.

Die Höhe der Dividendenrendite selbst ist mir dabei weniger wichtig als die zuvor genannten Kriterien. Natürlich ist es schön, wenn ein Unternehmen vier oder fünf Prozent Dividende ausschüttet, aber da ich langfristig investiere und meine Aktien im Idealfall nie verkaufen möchte, ist für mich das Dividendenwachstum wesentlich relevanter.

Meine Strategie ließe sich sicherlich noch weiter ausführen, aber im Grunde ist es wichtig, seinen eigenen Weg zu finden und herauszufinden, womit man langfristig am besten zurechtkommt, und dabeibleibt. Ich habe einige Jahre gebraucht, um eine Strategie zu finden, mit der ich mich beim Investieren wirklich wohlfühle.

Das heißt aber nicht, dass diese Strategie für jeden die richtige ist. In Unternehmen zu investieren, die eine solide Dividende zahlen, kann langfristig eine gute Möglichkeit sein, Vermögen aufzubauen und für das Alter vorzusorgen. Ich bin sicher, dass du durch dieses Buch genügend Wissen erlangen wirst, um sicher an der Börse zu agieren und eine für dich passende Strategie zu entwickeln.

Lisa Osada ist Privatanlegerin, Fachinformatikerin sowie Finanzbloggerin und Autorin. Im Jahr 2020 gründete sie ihren erfolgreichen Finanzblog Aktiengram, mit dem sie Zehntausende Menschen motiviert, ihre finanziellen Ziele eigenverantwortlich zu erreichen. Sie arbeitet für das Fintech Parqet im Bereich Portfolio Tracking.

Stock-Picking für Newbies

Stock-Picking bezeichnet also die gezielte Auswahl einzelner Aktien mit dem Ziel, eine überdurchschnittliche Rendite zu erzielen, die über dem Markt liegt. Denn sonst hätte man ohne weiteren Aufwand in einen ETF investieren können, der den Markt abbildet.

Apropos Aufwand: Wenn du in einzelne Aktien investierst, ist es wichtig, die Unternehmen laufend zu beobachten und zu überprüfen. Das war früher deutlich aufwendiger.

Warren Buffett hat einmal gesagt: »Wenn du gerne sechs bis acht Stunden pro Woche an Investitionen arbeitest, tu es. Falls nicht, investier lieber regelmäßig in Indexfonds.« Stefan Waldhauser, der einen Screener für Wachstumsaktien betreibt, beziffert seinen zeitlichen Aufwand mit einer Stunde wöchentlich, sobald Portfolio und Watchlist eingerichtet sind. Die vielen verfügbaren Informationen und nützliche Tools haben das Stock-Picking deutlich beschleunigt.

Spricht man mit erfolgreichen Aktionärinnen und Aktionären, haben sie eines gemeinsam: eine eigene Strategie, die sie über die Zeit verfeinern. Zu verstehen, wer was macht, ist eine gute Grundlage für deine Strategie. Dies sind wichtige Protagonisten an der Börse und ihre Werkzeuge, die fürs Stock-Picking relevant sind.

🎬 Video: »Stock Picking – nützliche Tools und Kennzahlen für die Auswahl einzelner Aktien«

Scanne den QR-Code auf Seite 12 und lass dir von Gereon Kruse seine Favoriten zeigen.

9.8 Unternehmen an der Börse

Unternehmen gehen an die Börse, um sich zu finanzieren. Alternativ dazu kann ein Unternehmen eine Privatplatzierung machen, dann werden die Aktien vor Handelsstart nicht öffentlich angeboten, oder es ist ein reines Listing.

Die Vorbereitung eines IPOs ist harte und teure Arbeit. Sie dauert mindestens sechs Monate und wird von etlichen Beratern – Banken, Anwaltskanzleien, Agenturen – begleitet. Das Unternehmen entscheidet sich für eine Börse, den Heimatmarkt und ein Segment. Damit legt es fest, welche Regularien greifen, welche Informationen es vor und während der Börsennotierung erfüllen muss.

Das Unternehmen veröffentlicht zwei aus deiner Sicht wichtige Dinge: Erstens, den Wertpapierprospekt, der umfassende Informationen über den Emittenten und die Bedingungen der Wertpapiere bündelt, um Anlegerinnen und Anlegern eine fundierte Investitionsentscheidung zu ermöglichen. Der Prospekt muss von der BaFin genehmigt werden und soll dem Anlegerschutz dienen, indem er Transparenz über die finanziellen Verhältnisse und Risiken bietet.

Unternehmen haften für falsche und unvollständige Informationen im Prospekt. Das macht sie zu Rechtsdokumenten. Auch wenn es gut wäre, so ist es doch nachvollziehbar, dass es vernachlässigt wird: Die wenigsten privaten Anlegerinnen und Anleger lesen den Prospekt, bevor sie investieren.

Zweitens, die Equity Story: eine kompakte Darstellung der wesentlichen Merkmale eines Unternehmens, die das Wachstumspotenzial und den Wert für Investorinnen und Investoren verdeutlicht. Sie umfasst die Unternehmensgeschichte, Finanzkennzahlen, Strategie und Perspektiven sowie das Wettbewerbsumfeld.

Eine überzeugende Equity Story ist entscheidend für die Kapitalbeschaffung, aber nicht nur dann. Sie ist während der ganzen Zeit an der Börse für das Unternehmen ein wichtiges Kommunikationsinstrument. Sie richtet sich an Investorinnen, Analysten und andere Stakeholder, um Vertrauen zu schaffen und das Interesse am Unternehmen zu steigern. Auch deines bei der Aktienauswahl.

Die Kommunikation mit allen Beteiligten am Kapitalmarkt ist Aufgabe der Investor Relations im Unternehmen. Sie ist verantwortlich für das Beziehungsmanagement mit Investoren, Analysten, Medien und anderen Finanzinteressierten. Dazu gehören die Veröffentlichung von Finanzdaten, die Organisation der Hauptversammlung und Pressekonferenzen sowie das Krisenmanagement bei finanziellen Herausforderungen.

Tipp: Investor Relations

Investor-Relations-Abteilungen beantworten in der Regel auch deine Fragen – einen Service, den die wenigsten Privatanlegerinnen und Privatanleger nutzen. Die Kontaktdaten findest du auf der Internetseite des Unternehmens.

Börsengänge, besonders von großen Unternehmen, ziehen viel Aufmerksamkeit auf sich. Porsche, Birkenstock, Airbnb, Biontech oder ARM sind Beispiele aus der jüngeren Vergangenheit.

Tipp: Volatilität beachten

Unternehmen, die neu an der Börse sind, legen mehrheitlich eine schlechtere Performance im Vergleich zum Gesamtmarkt hin, insbesondere in den ersten 12 bis 24 Monaten nach dem Börsengang. Diese Underperformance ist eindeutig. Auch wenn am ersten Handelstag oft überdurchschnittliche Gewinne erzielt werden können, entwickeln sie sich in den ersten Jahren schwächer als der Gesamtmarkt. Die Volatilität von IPO-Aktien ist zudem höher als die des allgemeinen Marktes, was das Risiko erhöht.[63]

☺ Funfact: »Die Braut aufhübschen«

So nennt man die Praxis, ein Unternehmen vor einem Börsengang attraktiver erscheinen zu lassen. Eine aufpolierte Bilanz, das Hervorheben von Wachstumschancen oder das Optimieren der Unternehmensstruktur, um potenzielle Investoren zu beeindrucken, sollen dabei helfen, einen höheren Emissionspreis zu erzielen. Über die wörtliche Bedeutung des Ausdrucks sehen wir mal hinweg.

Börsennotierte Unternehmen veröffentlichen wichtige Informationen für (potenzielle) Anlegerinnen und Anleger, unter anderem:

- Unternehmensergebnisse inklusive eines Ausblicks.
- Den jährlichen Geschäftsbericht mit der Jahresbilanz als zentrales Element.
- Ad-hoc-Mitteilungen: Pflichtmeldungen zu kursrelevanten Neuigkeiten wie Gewinnwarnungen, Übernahmeangebote oder bedeutende personelle Veränderungen.
- Directors' Dealings: Führungskräfte müssen offenlegen, wenn sie Unternehmensaktien kaufen oder verkaufen.

Info-Tipp: Push-Service abonnieren

Unternehmen verteilen ihre Meldungen über Agenturen. Deren Nachrichtenstrom wird unter anderem von Finanz-Websites und Depotbanken abgenommen. Bei etlichen Anbietern kannst du für Unternehmen gezielt die Meldungen als Push-Service abonnieren. Oder du nutzt einen Alert-Service. Außerdem lassen sich die Meldungen manchmal auch bei den Unternehmen selbst abonnieren.

Analysen, Research und Ratings

Aktienanalystinnen und Analysten bewerten Unternehmen und deren Wertpapiere, um fundierte Empfehlungen für den Kauf oder Verkauf von Aktien zu geben. Sie analysieren Unternehmensdaten, Markttrends und wirtschaftliche Bedingungen, leiten daraus Prognosen über die zukünftige Entwicklung von Aktien ab.

Sie erstellen ausführliche Research-Reports über Unternehmen und veröffentlichen Ratings. An die Research-Reports zu kommen ist leider schwierig, die Ratings mit Kursziel werden veröffentlicht. Du hast diese Benotungen vielleicht schon mal gehört: übergewichten (= kaufen), halten und untergewichten (= verkaufen) zum Beispiel.

Info-Tipp: Wo du Ratings findest

Etliche Plattformen veröffentlichen die Analysten-Ratings und Kursziele, manche auch zusammengefasst und visuell gut aufbereitet. Teilweise kostenpflichtig, wenn es in die Tiefe geht. Aber auch vor der Bezahlschranke ist bereits viel verfügbar. Einige Beispiele:

- onvista.de bietet auf den Datenblättern der Aktien aggregierte Ratings und das durchschnittliche Kursziel an.
- tradingview.com bietet für viele Aktien weltweit Einschätzungen.
- eulerpool.com hat umfangreiche Tools mit Bewertungen.
- marketscreener.com bieten einen ähnlich großen Umfang vor der Bezahlschranke.

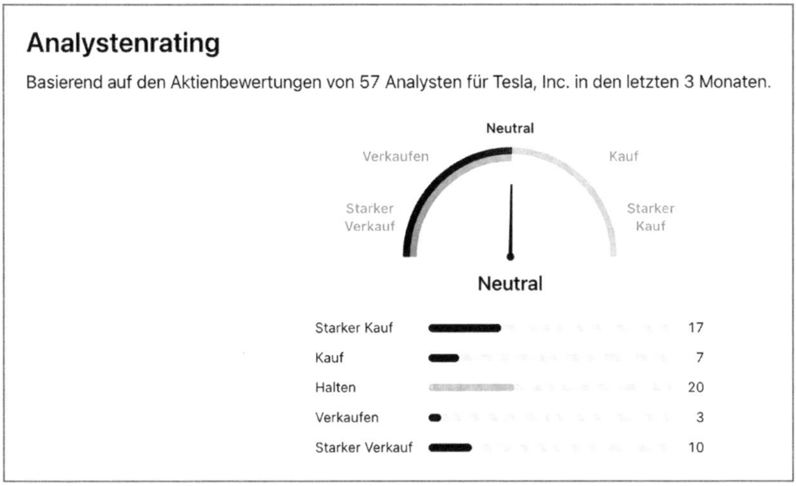

Bild 17: Kumulierte Analysten-Ratings visuell aufbereitet. Quelle: investing.com.

Welche Analystin, welcher Analyst ein Unternehmen abdeckt, wissen die Unternehmen. Du findest die Namen oft auf der Website im Investor-Relations-Bereich. Es gibt auch Portale mit Namenslisten, zum Beispiel tipranks.com.

Leider werden kleine und mittelgroße Unternehmen deutlich seltener von Analystinnen und Analysten beobachtet, ›Coverage‹ ist der Fachbegriff.

Deep Dive: Research

Mit der Einführung von Mifid II Anfang 2018 wird das Research kaum noch öffentlich zur Verfügung gestellt. Die Richtlinie verlangt, dass Research-Dienstleistungen nicht mehr mit Market-Maker-Diensten gebündelt werden dürfen, was dazu geführt hat, dass viele Banken und Broker diese Dienstleistungen kostenpflichtig gemacht haben. Market Maker stellen im Börsenhandel Angebotspreise für Aktien, sind bei weniger gehandelten Werten vorgeschrieben und werden von den Unternehmen beauftragt.

Fundamentale Kennzahlen

Kennzahlen zur Bewertung eines Unternehmens zu analysieren gilt als *das* Handwerkszeug beim Stock-Picking. Meist werden Zahlen aus der Bilanz zum Marktwert gesetzt. Es gibt sehr viele Kennzahlen für die verschiedenen Stadien eines Unternehmens – ob es noch in der Wachstumsphase ohne Gewinne oder schon ein etablierter Konzern ist, zum Beispiel. Die meisten privaten Anlegerinnen und Anleger, die sich mit Einzelaktien beschäftigen, fokussieren sich auf eine Handvoll wichtiger Kennzahlen:

- Fair Value – der innere Wert – ist eine theoretische Zahl, die auf Annahmen über den tatsächlichen Wert eines Unternehmens basiert. Der Fair Value berücksichtigt Faktoren wie zukünftige Erträge, Marktbedingungen und ähnliche Unternehmen. Ziel: Unternehmen finden, deren Marktwert unter dem inneren Wert liegt.
- Das Kurs-Gewinn-Verhältnis (KGV) misst das Verhältnis zwischen Aktienkurs und Gewinn pro Aktie.
- Das Kurs-Buchwert-Verhältnis (KBV) vergleicht den Marktwert einer Aktie mit ihrem Buchwert. Der Buchwert ist die Summe aller Vermögenswerte abzüglich der Schulden und dient als Indikator für den bilanziellen Wert eines Unternehmens.
- Kurs-Umsatz-Verhältnis (KUV) setzt den Aktienkurs in Relation zum Umsatz des Unternehmens.
- Eigenkapitalrendite ist der Gewinn im Verhältnis zu den Einlagen der Aktionärinnen beziehungsweise Aktionäre und zeigt, wie rentabel der Kapitaleinsatz ist.
- Dividendenrendite: Gibt an, wie viel Dividende im Verhältnis zum Aktienkurs gezahlt wird.
- Der Verschuldungsgrad zeigt das Verhältnis von Fremdkapital zu Eigenkapital und hilft, die finanzielle Stabilität zu bewerten.
- Free Cashflow-Marge – die freien liquiden Mittel im Verhältnis zum Umsatz – zeigt an, wie gut ein Unternehmen seine Einnahmen in Geld umwandeln kann, um Schulden zu tilgen, Dividenden auszuschütten oder in Wachstum zu investieren.

Beispiel für eine Kennzahlenanalyse:

Unternehmen			Finanzkennzahlen				
Unternehmen ▲▼	Kurs € ▲▼	Börsenwert Streubesitz Mio. € ▲▼	KBV ▲▼	KGV 2025e ▲▼	EK-Rendite % ▲▼	EK-Quote % ▲▼	EBIT-Marge ▲▼
KSB VZ	620,00	1.085,82	1,14	8,38	18,50	45,58	7,94
Heidelberg Materials	118,65	16.186,02	1,32	11,09	12,50	51,80	14,28
MPC Capital	5,55	103,68	1,73	13,21	14,88	85,17	10,91
OHB	46,40	53,49	2,24	17,31	21,60	32,69	11,93
Bastei Lübbe	9,75	40,20	2,26	13,73	15,34	59,23	12,67
Einhell Germany VZ	66,40	751,86	2,28	11,86	15,62	43,82	8,34
Deutsche Telekom	28,03	95.463,21	2,63	14,30	41,42	31,43	18,57
Fuchs ST	34,15	2.013,14	2,71	15,04	17,11	74,45	11,66
Freenet	28,28	2.964,39	2,74	18,73	12,74	42,19	9,37
Fuchs VZ	44,38	5.813,78	3,52	19,55	17,11	74,45	11,66

Bild 18: Beispiel für eine Kennzahlenanalyse. Quelle: boersengefluester.de.

Bei Wachstumsunternehmen, die häufig noch keine Gewinne machen, sind weitere Kennzahlen relevant:

- Ein starkes Umsatzwachstum ist entscheidend, da es das Potenzial für zukünftige Gewinne signalisiert.
- Rule of 40: Diese kombiniert Umsatzwachstum und Free Cashflow-Marge, um die Effizienz des Wachstums zu bewerten. Ein Wert über 40 Prozent gilt als positiv.
- Gewinnwachstum: Auch wenn der Gewinn noch nicht im Vordergrund steht, ist das langfristige Gewinnpotenzial wichtig.

Info-Tipp: Kennzahlen

Sehr viele Finanzportale bieten Kennzahlen an.

Achte auf die Aktualität der Angaben und verlass dich nicht nur auf eine Quelle.

Neben den oben bereits genannten Portalen für die Analysten-Ratings sind das zum Beispiel:

- aktienfinder.net
- seekingalpha.com für internationale Aktien
- www.boersengefluester.de

☺ Funfact: Börsenhypes

Vielleicht erinnerst du dich: Die Dotcom-Blase – »Irgendwas mit Internet« – war eine richtig große Spekulationsblase im Aktienmarkt zwischen 1995 und 2000 mit einem Hype um Internetfirmen mit der Domain-Endung ».com«, oft ohne nachhaltige Geschäftsmodelle oder Gewinne. Der NASDAQ-Index stieg während dieser Zeit um 582 Prozent, sein Pendant in Deutschland war der Neue Markt mit allein über 200 Börsengängen im Jahr 1999. Neben ungerechtfertigt hohen Aktienpreisen gab es auch etliche Schummeleien und einige spektakuläre Betrugsfälle.

Unternehmen, die noch keine Gewinne machten, bemühten sich innovativ um Kennzahlen, denn ohne Gewinn lassen sich etwa KGV und andere renditebasierte Kennzahlen nicht berechnen. Es gab zum Beispiel Kurs-Neukunden-Verhältnis und Kurs-Klickzahlen-Verhältnis. Eine hohe Cash-Burn-Rate – die Kosten verbrennen das Kapital – wurde als Indikator für aggressives Wachstum angeführt und Marktanteile als Qualitätsmerkmal in einem Markt, in dem noch niemand Gewinn macht.

»Irgendwas mit KI«: Geschichte kann sich wiederholen, muss aber nicht. Sei dir dessen einfach bewusst, wenn du heute auf die enormen Kurssteigerungen der Technologieaktien schaust. Denn als Anzeichen für eine Blase gelten hohe Bewertungen, Markteuphorie und Konzentration auf wenige Unternehmen.

Wenn du dich für Börsen- und Wirtschaftsskandale interessierst: Es gibt ausgezeichnete Podcasts dazu:

- *»Handelsblatt Crime«*
- »Macht und Millionen« von *Business Insider*

Technische Analyse

Neben den fundamentalen Ansätzen ist die technische Analyse die zweite grundsätzliche Methode beim Stock-Picking. Sie konzentriert sich auf historische Kursbewegungen und Muster, um zukünftige Preisentwicklungen vorherzusagen. Die Idee dahinter ist, alle wichtigen Informationen wie fundamentale Kennzahlen, Nachrichten und Erwartungen, die bereits im Kurs enthalten sind, zu erfassen.

Außerdem geht die technische Analyse davon aus, dass sich Aktienkurse innerhalb eines Trends bewegen, der für einen bestimmten Zeitraum anhält. Diese Trends und sich wiederholende Chartmuster helfen, zukünftige Kursbewegungen zu prognostizieren mit dem Ziel, günstige Ein- und Ausstiegszeitpunkte zu erkennen. Die wichtigsten Indikatoren, die wir auch im folgenden Chart nachvollziehen können, sind:

- Relative Stärke Index (RSI), der die Geschwindigkeit und Veränderung von Kursbewegungen misst, um überkaufte oder überverkaufte Bedingungen zu identifizieren. »Überkauft« steht für zu hohe Preise und »überverkauft« für zu tiefe.
- Gleitende Durchschnitte – die Durchschnittskurse eines Wertpapiers über einen bestimmten Zeitraum als einfache Linie im Chart. Die Glättung der Schwankungen macht Trends leichter erkennbar.
- Der Moving Average Convergence Divergence (MACD) stellt zwei gleitende Durchschnitte einer Aktie in Beziehung und soll helfen, Kauf- und Verkaufssignale zu identifizieren.

Die markttechnische Aktienanalyse ist eine viel beachtete Unterform der technischen Analyse. Sie berücksichtigt zusätzlich die Marktstimmung, bezieht Börsenumsätze und Volatilität in die Betrachtung ein.

Die meisten Stock-Pickerinnen und Stock-Picker setzen sowohl die fundamentale als auch, zumindest oberflächlich, die charttechnische Analyse ein.

Bild 19: Beispiel für eine Chartanalyse. Quelle: TradingView.

Info-Tipp: Technische Analyse

Wenn du dich weiterführend für technische Analyse interessierst: Es gibt viele gute Bücher zum Thema und vor allem auch YouTube-Kanäle anerkannter charttechnischer Analysten.

- Christoph Geyer, Ausbilder Technische Analyse bei VTAD e. V. Im Buch: *Einfach richtig Geld verdienen mit Technischer Analyse* und auf YouTube: @ChristophGeyerCFTe
- *Technische Analyse der Finanzmärkte* von John J. Murphy, das Standardwerk für alle, die tiefer ins Thema einsteigen wollen.

9.9 Strategien für die Aktienanlage

Kennzahlen sind die Basis der meisten Anlagestrategien. Da es fast so viele Anlagestrategien gibt wie Aktionärinnen und Aktionäre, stellen wir hier eine lose Sammlung bekannter und auch weniger bekannter Ansätze vor. Weitere Strategien findest du auch bei den Strategie-ETFs in Kapitel sieben.

Dividentenstrategie

Bei der Dividendenstrategie investieren Anlegerinnen und Anleger gezielt in Aktien von Unternehmen, die regelmäßig hohe Dividenden ausschütten. Sie wählen also Unternehmen aus, die eine hohe Dividendenrendite aufweisen und zuverlässig Dividenden zahlen.

Der Strategie liegt ein längerer Anlagehorizont zugrunde, um von steigenden Dividenden zu profitieren. Außerdem sind Unternehmen besonders interessant, die ihre Dividenden über lange Zeit stabil gehalten oder sogar erhöht haben.

Wer die erhaltenen Dividenden direkt wieder in neue Aktien investiert, nutzt den Zinseszinseffekt besser aus. Meist kommen etablierte Unternehmen mit einem beständigen Geschäftsmodell in die engere Auswahl.

Zwei Punkte sind bei der Dividendenstrategie wichtig: Achte auf ausreichend Diversifikation, indem du in verschiedene dividendenstarke Aktien aus unterschiedlichen Branchen und Ländern investierst.

Und bedenke, dass die Dividendenzahlungen nachhaltig sein sollten und nicht zulasten des Unternehmenswachstums gehen. Einem Unternehmen mit sehr hohen Ausschüttungen bleibt weniger Geld für Investitionen. Zudem kann eine hohe Dividendenrendite durch einen gefallenen Aktienkurs entstanden sein und nicht durch eine nachhaltig hohe Dividende. Deshalb ist die Dividendenrendite als einziges Kriterium nicht ausreichend.

Info-Tipp: Newsletter

»Compounding Dividends« – mit Dividenden Zinseszinseffekt kumulieren – ist der Newsletter zweier US-amerikanischer Investoren, die regelmäßig über Dividendenaktien schreiben. Er ist abonnierbar über Substack.

Tipps: Dividendenstrategie

Die Dividendenstrategie kann mit Aktien-ETFs verfolgt werden. Hier unterscheidest du zwischen einem ausschüttenden oder einem thesaurierenden ETF, der die Dividenden automatisch für dich reinvestiert.

Zahlen Unternehmen Dividenden aus einem steuerlichen Einlagekonto, dann gilt das als Ausschüttung aus der Substanz, nicht aus dem Gewinn, und ist steuerfrei. Das machen rund 25 Unternehmen in Deutschland, darunter die Telekom, Deutsch Post und Deutsche Wohnen.

Aber: Die dauerhafte Steuerfreiheit gilt nur, wenn du die Aktien vor Einführung der Abgeltungsteuer 2019 gekauft hast. Bei allen anderen ist die Steuer nur gestundet. Beim Verkauf werden die steuerfreien Ausschüttungen vom Kaufkurs abgezogen, und die Differenz zum Verkaufskurs ist kapitalertragssteuerpflichtig.

☺ Funfact: Passives Einkommen

Ohne aktive Arbeit und Aufwand passives Einkommen zu bekommen und finanziell unabhängig zu sein, ist ein absolutes Trendthema auf Social-Media-Kanälen, vor allem Instagram. Menschen posten ihre Depots und ihre Einkünfte aus Dividenden.

Das ist nichts Schlechtes, denn sie reden über Geld und motivieren andere, sich an der Börse zu engagieren. Benke bitte nur eines: Für ein monatliches Einkommen von 2.500 Euro netto benötigst du eine Dividendenrendite von 3,5 Prozent – momentan der DAX-Durchschnitt –, das sind knapp 860.000 Euro.

Aber natürlich ist auch ein geringes Zusatzeinkommen aus Dividenden besser als ein realer Vermögensverlust durch Inflation.

Value-Strategie

Bei der Value-Strategie zielen Anlegerinnen und Anleger darauf ab, unterbewertete Aktien zu identifizieren und zu kaufen. Sie sind bereit, Aktien über Jahre zu halten, bis der Markt die Unterbewertung erkennt, und investieren oft nur, wenn der Börsenkurs deutlich unter dem inneren Wert liegt. Dieser wird anhand der oben beschriebenen Kennzahlen wie KGV, KBV und Dividendenrendite ermittelt.

Wie bei der Dividendenstrategie kommen vor allem reifere Unternehmen mit stabilen Geschäftsmodellen infrage.

Die Strategie erfordert die Bereitschaft, kurzfristige Volatilitäten auszuhalten und gegebenenfalls lange auf eine Trendwende des Aktienpreises zu warten.

Info-Tipps: Mehr Wissen

Warren Buffet gilt als der erfolgreichste Value-Investor weltweit und ist mit Sicherheit auch der bekannteste. Sein Spitzname lautet: Orakel von Omaha. Buffets Investments sind in der börsennotierten Holding Berkshire Hathaway zusammengefasst, seine jährlichen Briefe als CEO der Holding an die Anlegerinnen und Anleger können online eingesehen werden unter berkshirehathaway.com/letters/letters.html. Viele Finanzblogs, Anlagemagazine und auch Nachrichtenagenturen berichten über die wesentlichen Aussagen Buffets in den Briefen.

Blog, Community, Analysen und Aktien-Screening mit Fokus auf langfristige Aktieninvestments bietet Jonathan Neuscheler mit abilitato.de.

Growth-Strategie

Im direkten Kontrast zu der Value-Strategie steht die Growth-Strategie, bei der Anlegerinnen und Anleger gezielt nach Wachstumsunternehmen mit großem Potenzial suchen. Das ist mit deutlich höherem Risiko, aber auch entsprechend mehr Renditechancen verbunden.

Diese findest du vor allem in Branchen mit großem Zukunftspotenzial wie Technologie, Künstliche Intelligenz, Biotech oder erneuerbare Energien. Zwei relevante Kennzahlen sind Umsatz- und Gewinnwachstum im Vergleich mit Branchendurchschnitten. Wesentlich sind auch Geschäftsmodell und Wettbewerbsvorteile des Unternehmens sowie die Qualität des Managements.

Zwar gilt auch bei der Growth-Strategie, dass das langfristige Wachstumspotenzial wichtiger ist als kurzfristige Kursgewinne und du bereit sein musst, die im Schnitt stärkeren Kursausschläge auszuhalten. Dennoch erfordert sie mehr Arbeitseinsatz.

Du solltest die Performance und Wachstumsaussichten deiner Investments regelmäßig analysieren und die Positionen anpassen, wenn sich die Wachstumsaussichten ändern. Das kann sehr schnell passieren.

Tipp: Growth-Strategie

Verfolgst du eine Growth-Strategie, ist Streuung der Risiken über etliche Investments wichtig. Denk immer daran: Es sind Satelliten, kein Kerninvestment. Du kannst, insbesondere am Anfang, auch einzelne Wachstumswerte mit einem Growth-ETF kombinieren.

Info-Tipps: Mehr Wissen

Website, Screener, Blog: Der bereits zitierte Stefan Waldhauser betreibt mit high-tech-investing.de nicht nur den angeschlossenen Screener aktien.guide, sondern auch einen Blog, außerdem stellt er ein lesenswertes E-Book zu den Kennzahlen zur Verfügung.

Ein für Tech-Investments interessanter Podcast mit dazugehöriger Community ist »Doppelgänger«. Zweimal wöchentlich spricht Tech-Analyst und Investor Philipp Klöckner mit Podcaster Philipp Glöckler unter anderem sehr ausführlich über internationale Tech-Aktien inklusive Bilanzanalyse. Ihre Community diskutiert die Aktien vor allem im sozialen Netzwerk Discord.

⊘ Not-To-do: Home Bias

Der Home Bias beschreibt die Tendenz von Anlegerinnen und Anlegern, überproportional viel in Aktien aus dem eigenen Heimatland zu investieren, anstatt international zu diversifizieren. Der Grund ist gut verständlich: Wir bevorzugen auch in der Geldanlage oft das Bekannte, was zu irrationalen Investitionsentscheidungen führen kann. Zudem können Kauf und Verkauf internationaler Wertpapiere komplizierter und teurer sein, je nach Depotbank. Die Nachrichtenlage ist dünner, möglicherweise sind auch Sprachbarrieren ein Problem.

Der Home Bias führt zu fehlender Risikostreuung und verpassten Chancen an anderen Märkten. So kam Barkow Consulting 2023 zu dem Schluss, dass deutsche Anlegerinnen und Anleger wegen Fokussierung auf heimische Werte 140 Milliarden Euro an Rendite verpasst hätten. 52 Prozent der Investments wären in deutsche Aktien geflossen.[64] In Kombination mit einem heimischen Erwerbseinkommen ist das Klumpenrisiko noch größer als nur im Depot.

Tipp: Risiken managen

Wenn du, auch aus anderen Gründen wie der rechtlichen Situation im Herkunftsland oder Währungsrisiken, Bedenken bei internationalen Einzelaktien hast, weiche einfach auf ETFs aus. Nutzt du ein Portfolio-Tool, hast du stets die Länderaufteilung deines Depots über alle Anlagevehikel hinweg im Blick.

9.10 Was tun bei …?

Aktiensplit

Wenn Unternehmen die Anzahl ihrer Aktien erhöhen oder senken, ohne das Grundkapital zu verändern, dann fällt oder sinkt der Anteil am Unternehmen, für den eine Aktie steht. Das Grundkapital ist das in Aktien zerlegte Eigenkapital einer Aktiengesellschaft.

Das Splitverhältnis, zum Beispiel eine zu zwei Aktien (1:2), gibt an, wie viele neue Aktien für jede alte Aktie ausgegeben werden. Bei 10 zu 1 etwa, also aus zehn Aktien wird eine, nennt man das einen reversen Split.

Bei einem Split möchte das Unternehmen den Aktienkurs optisch verbilligen und die Aktie für private Anlegerinnen und Anleger scheinbar attraktiver und leichter handelbar machen. Für Aktionärinnen und Aktionäre ändert sich am Wert des Investments erst mal nichts. Sie bekommen die extra Aktien automatisch ins Depot gebucht.

Ein Aktiensplit kann bewirken, dass der Aktienkurs kurzfristig steigt. Das hat vor allem psychologische Gründe, die Aktie sieht günstiger aus. Auch langfristig gehen Splits mit tendenziell höheren Kursen einher. Das kann aber auch daran liegen, dass erfolgreiche Unternehmen häufiger Splits durchführen.

Info-Tipp: Splitkalender

Wer sehr aktiv und kurzfristig an der Börse agiert, kann versuchen, die kurzfristigen Effekte des Splits zu nutzen. Yahoo Finance zum Beispiel stellt einen internationalen Splitkalender zur Verfügung auf de.finance.yahoo.com/eventkalender/splits.

Kapitalerhöhung mit Bezugsrechten

Braucht ein Unternehmen frisches Geld, kann es eine Kapitalerhöhung durchführen. Es erhöht also sein Grundkapital durch die Ausgabe neuer Aktien, die häufig der Öffentlichkeit zur Zeichnung angeboten werden.

Wer bereits Aktien hat, das sind die Altaktionärinnen und Altaktionäre, bekommt einen Ausgleich, weil durch die neuen Aktien der Anteil am Grundkapital kleiner wird. Dieser Ausgleich läuft über ein Bezugsrecht, das festlegt, wie viele neue Aktien die Altaktionärinnen und Altaktionäre für eine alte Aktie zum Bezugspreis beziehen können.

Bezugsrechte haben einen eigenen Wert und können an der Börse gehandelt werden.

Tipp: Bezugsrecht ausüben

Für dich ist wichtig: Du kannst dein Bezugsrecht ausüben, verkaufen oder verfallen lassen. Meist hast du für die Entscheidung zwei Wochen Zeit.

Das Bezugsrecht schützt dich vor Verwässerung, das heißt, du kannst deinen prozentualen Anteil am Unternehmen aufrechterhalten, dein Stimmrecht stabil halten und die Höhe deines Anteils an der Dividende sichern. Häufig ist der Bezugspreis im Vergleich zum Marktpreis attraktiv. Wenn du deinen Anteil am Unternehmen lieber reduzieren willst, verkauf dein Bezugsrecht. Die schlechteste Lösung ist, es wertlos verfallen lassen.

Übernahmen und Zusammenschlüsse

Aktiennotierte Unternehmen gehören dem, der die Aktien hat. Entsprechend kann ein Unternehmen per Aktienkauf ein anderes übernehmen.

Das kaufende Unternehmen beginnt manchmal möglichst unauffällig, Aktien des Zielunternehmens am Markt zu kaufen, um den Preis nicht nach oben zu treiben. Oder es passiert auf einen Schlag. Egal wie, ab 30 Prozent der stimmberechtigten Aktien im Besitz muss das übernehmende Unternehmen ein öffentliches Übernahmeangebot abgeben.

Der Käufer unterbreitet allen Aktionärinnen und Aktionären ein Angebot für Kauf oder Tausch von Aktien. Es gibt eine Annahmefrist, in der Regel zwischen vier und zehn Wochen.

Ab 50 Prozent der Anteile hat der Käufer die Kontrolle, ab 75 Prozent der Aktien kann der Käufer wichtige Satzungsänderungen durchsetzen, ab 95 Prozent kann der Großaktionär einen ›Squeeze-out‹ durchführen.

Übernahmeangebote haben beträchtliche Auswirkungen für Aktionärinnen und Aktionäre. Meist reagiert der Kurs bereits beim Aufkommen von Gerüchten, spätestens nach Bekanntgabe eines Übernahmeangebots. Die Kursreaktion kann je nach Situation auch neutral oder negativ ausfallen, abhängig davon, wie der Markt die Aktion bewertet.

Tipp: Squeeze-out

Du kannst dich entscheiden, ob du das Angebot annimmst. Wenn viele ablehnen, kann es sein, dass ein besseres Angebot vorgelegt wird. Kommt es zum Squeeze-out, fällt der Preis oft niedriger aus als beim freiwilligen Übernahmeangebot.

Die Überlegungen bei einer Übernahme oder einem Zusammenschluss sind sehr ähnlich zu denen bei einem Kauf: Bewerte, ob du an dem entstehenden Unternehmen beteiligt sein möchtest. Gar nichts zu machen, ist auch hier die schlechteste Lösung.

Handelsaussetzungen und Delistings

Kommen bedeutende Informationen zu einem börsennotierten Unternehmen in den Markt, etwa Ankündigungen von Fusionen, Übernahmen, finanziellen Schwierigkeiten oder wesentlichen Änderungen des Managements, setzen die Börsen Aktien vom Handel aus mit dem Ziel, allen Anlegerinnen und Anlegern die Chance zu geben, auf die Informationen zu reagieren. In der Börsensprache heißt das ›Gefährdung des ordnungsgemäßen Börsenhandels‹.

Die Aussetzung kann auch durch extreme Kursschwankungen, die nicht durch fundamentale Nachrichten erklärbar sind, Verdacht auf Insiderhandel oder Marktmanipulation, oder wenn Unternehmen ihren Berichtspflichten nicht nachkommen, ausgelöst werden.

Internationale Aktien werden an anderen Börsen ausgesetzt, wenn der Handel am Heimatmarkt unterbrochen ist.

Eigentlich ist eine Handelsaussetzung temporär. In Ausnahmefällen, etwa in Folge der Sanktionen gegen Russland 2022, waren russische Aktien erst ausgesetzt und wurden später delisted, sprich, aus dem Handel genommen.

Info-Tipp: Aktienaussetzung

Wenn du dich wunderst, warum eine Aktie nicht gehandelt wird, kannst du dich auf den Internetseiten der Börsen informieren. Aussetzungen werden in den Bekanntmachungen veröffentlicht. Bei einer internationalen Aktie kannst du auch mit der Handelsbank Kontakt aufnehmen, die die Aktie hier verfügbar macht. Den Namen der Bank findest du auf den Internetseiten der Börsen.

Wird ein Unternehmen dauerhaft aus dem Handel genommen, kannst du deine Anteile nicht mehr so leicht verkaufen. Prüf am besten zuerst über Finanzportale, ob es noch Plätze gibt, an denen die Aktien gehandelt werden. Große Finanzportale wie finanzen.net, www.onvista.de oder Yahoo zeigen die meisten Handelsplätze an.

Nimm Kontakt mit der Investor-Relations-Abteilung auf und frage nach, was du tun kannst. Gut zu wissen: Aktionärinnen und Aktionäre haben in Deutschland keinen Anspruch auf eine Börsennotierung des Unternehmens.

🔎 Deep Dive: Delisting

Delistings erfolgen häufig auf Betreiben des Unternehmens oder seiner Insolvenzverwalter. Seltener hat es regulatorische Gründe. Beispiele für Letzteres sind neben den russischen Aktien die Delistings Schweizer Aktien im Jahr 2019, weil sich die EU und die Schweiz nicht über die Verlängerung eines Partnerabkommens einigen konnten. Türkische Aktien können seit 2014 wegen einer steuerrechtlichen Änderung in der Türkei nicht mehr in Deutschland gehandelt werden.

Investments in Aktien aus der Schweiz sind über außerbörsliche Plattformen möglich – Achtung, Aufschläge! Und in beide Länder kannst du indirekt über ETFs investieren.

Probleme mit dem Unternehmen

In Deutschland gibt es mehrere wichtige Organisationen und Institutionen, die sich dem Anlegerschutz widmen:

Die Deutsche Schutzvereinigung für Wertpapierbesitz (DSW) ist der größte deutsche Verband für private Anlegerinnen und Anleger. Sie vertritt deren Interessen gegenüber der Politik und dem Gesetzgeber, ist auf Hauptversammlungen präsent und nimmt Stimmrechte wahr, berät und informiert. Weitere Infos und Hotline auf dsw-info.de.

Die Schutzgemeinschaft der Kapitalanleger (SdK) vertritt ebenfalls die Interessen von Aktionärinnen und Aktionären, bietet Beratung und rechtliche Unterstützung für Mitglieder an.

10. Jetzt wird es praktisch: Der Handel mit Wertpapieren

Du hast die erste Etappe im Vorland bewältigt, jetzt geht es an die Gipfel, Im **zehnten Kapitel** erläutern wir die **Umsetzung** der zuvor entwickelten eigenen Strategien:

- Welche **Handelsplätze** es gibt,
- wie du **Orderbücher** nutzen kannst,
- wie **Market Maker** arbeiten,
- wie die **Preise** der Aktien, Anleihen und ETFs entstehen,
- was das **Referenzmarktprinzip** bedeutet und
- wie man den besten Handelsplatz auswählt beziehungsweise welche **Kniffe das Anlageleben** deutlich erleichtern.

Dazu gehört natürlich auch die **Bedeutung von Preis- und Handelsdaten** sowie anderen Informationen in der **Ordermaske** und auf den **Datenblättern**. Wir erläutern die unterschiedlichen **Ordertypen** und wie du sie geschickt einsetzen kannst.

E-Mail von Fiona

Wenn ich einen ETF kaufen möchte, werden mir bei meiner Bank unterschiedliche Preise angezeigt bei unterschiedlichen Börsen. Ich weiß immer nicht so genau, was ich auswählen soll, und entscheide mich dann meist für den obersten Vorschlag. Aber warum es andere Preise gibt, ist mir nicht so klar. Ist das wie bei einer Tankstelle?

Viele Grüße,
Fiona

- - - - -

Fionas Unbehagen beim Anblick der Ordermasken von Online-Banken ist nachvollziehbar. Fünf bis fünfzehn und mehr Handelsplätze stehen zur Auswahl, meist nicht für einen leichten Vergleich untereinander, sondern auf verschiedenen Fenstern und mit unterschiedlichen Zeitstempeln. Aber auch wenn es keine Qual der Wahl gibt und das Angebot überschaubar ist, bleibt die Unsicherheit, was wirklich das Beste für dich ist.

Die gute Nachricht: Mit etwas Verständnis darüber, wie der Handel mit Wertpapieren abläuft, und einigen Daumenregeln ist es nicht schwierig. Du hast inzwischen ein Depot, verstehst die Idee von Kerninvestments und Satelliten, hast eine Anlageentscheidung getroffen, jetzt geht es an die Börse.

10.1 So läuft der Handel

Handelsplätze

Es gibt verschiedene Arten von Handelsplätzen für Wertpapiere: Regulierte Börsen wie Xetra und die Regionalbörsen Frankfurt, Stuttgart, München, Hamburg, Hannover, Düsseldorf, Leipzig und Berlin. Letztere ist inzwischen Teil von Tradegate, einer auf Privatinvestments spezialisierten Wertpapierbörse. In Österreich gibt es die Wiener Börse als zentrale Organisation, in der Schweiz die SIX Swiss Exchange und die BX Swiss, ehemals die Berner Börse. Beide sitzen heute in Zürich.

Außerbörsliche Handelsplattformen kamen Ende der 1990er-Jahre auf, und in den 2000er-Jahren erhielten auch Privatanlegerinnen und Privatanleger zunehmend Zugang zu ihnen, das Ganze wird auch OTC-Handel – die Abkürzung steht für Over-the-Counter – genannt. Der Wunsch nach längeren Handelszeiten und niedrigeren Kosten brachten diese Marktplätze voran. Heute sind Tradegate, LS Exchange, Gettex, Baader Bank und Quotrix aktiv.

Die Wahl des Handelsplatzes hat großen Einfluss auf kostenrelevante Faktoren wie Verfügbarkeit, Handelsspannen und Fairness der Preise.

Du fragst dich, was die wesentlichen Unterschiede zwischen börslichem und außerbörslichem Handel sind? Hier findest du einige:

An Börsen werden offene Aufträge in einem zentralen Orderbuch gesammelt und sind für alle Marktteilnehmer sichtbar. Das ist transparenter als im außerbörslichen Handel. Dort sind Orders oft nur für die beteiligten Anlegerinnen und Anleger sichtbar.

Der OTC-Handel findet direkt zwischen den Parteien statt. Transaktionen werden zwischen dem Market Maker und den Kundinnen beziehungsweise Kunden abgewickelt. Es gibt kein zentrales Orderbuch wie an einer Börse. Market Maker agieren als Intermediäre zwischen Kauf und Verkauf.

Preisfindung an den Börsen wird durch das Zusammenspiel von Angebot und Nachfrage im Orderbuch bestimmt. Außerbörslich werden die Preise vom Market Maker festgelegt. Börsen erheben Entgelte und haben oft höhere Transaktionskosten als OTC-Plattformen.

Dafür ist das Handelsvolumen, die Liquidität, wegen vieler Marktteilnehmerinnen und Marktteilnehmer höher, was positive Effekte auf die indirekten Kosten hat. Auf OTC-Plattformen wird die Liquidität oft nur durch Market Maker bereitgestellt.

Börsen haben klare Handelszeiten und Regeln für die Gültigkeit von Orders. Außerbörsliche Plattformen können flexiblere Handelszeiten und Ordergültigkeiten anbieten. Zudem sind sie flexibler bei den Ordergrößen. Das ermöglicht den Handel von Bruchstücken einer Aktie oder von Anleihen mit kleineren Stückelungen.

Börsen unterliegen strengeren regulatorischen Anforderungen bezüglich der Ordertypen und ihrer Ausführung. OTC-Plattformen sind deutlich weniger streng reguliert, was mehr Flexibilität, aber auch Risiken mit sich bringt. Trotz dieser Unterschiede verwischen die Grenzen zunehmend, da viele OTC-Plattformen inzwischen reguliert sind und ähnliche Funktionen wie traditionelle Börsen bieten.

Zudem gibt es die Möglichkeit zum außerbörslichen Direkthandel zwischen Banken und Brokern, oft über elektronische Kommunikationsnetzwerke, auch Soforthandel oder Sekundenhandel genannt.

☺ Funfact: Over the counter

60 Prozent des weltweiten ETF-Ordervolumens wird über Börsen abgewickelt, 40 Prozent werden OTC gehandelt.[65] Anleihen werden auch meist OTC gehandelt.

Orderbücher sammeln Kauf- und Verkaufsaufträge

Ein Blick zurück in die Geschichte hilft beim Verständnis, wie der Handel mit Wertpapieren bis heute funktioniert.

Der traditionelle Parketthandel, auch als Präsenzhandel bekannt, ist das, was vielen in den Sinn kommt, wenn sie an Börse denken. Er fand physisch im Börsensaal statt, wo sich Kursmakler mit auf eigene Rechnung tätigen Händlern, Freimaklern, sowie vielen Händlerinnen und Händler der Banken trafen.

Bild 20: Szene aus den 90er-Jahren vom Frankfurter Parkett.
Quelle: Walter Ludwig Wertpapierhandelsbank.

Kursmakler, auch Broker genannt, vermittelten die Transaktionen zwischen Käuferinnen und Verkäufern. Sie führten die Aufträge in ihrem Orderbuch zusammen und stellten die Kurse fest. Jedes Wertpapier wurde von einem amtlich beauftragten Kursmakler betreut, der innerhalb der Handelsschranke stand. Die Aktien- und Anleihepreise wurden jeden Tag im amtlichen Kursblatt veröffentlicht.

Freimakler vermittelten Geschäfte zwischen ihren Kunden und den Kursmaklern zunächst auf eigene Rechnung. Die Bankhändlerinnen und -händler kamen für die Dauer der Börsensitzung, die in Frankfurt zum Beispiel bis in die 1990er-Jahre nur von 10 bis 13 Uhr stattfand, in den Handelssaal. Sie kauften und verkauften für Kunden und auf eigene Rechnung. Die Geschäfte wurden auf Zuruf vor Ort und per Telefon getätigt, die Angebotspreise für An- und Verkauf, heute Geld / Brief beziehungsweise Bid / Ask, standen erst auf Tafeln, mit Beginn der 90er-Jahre im Zuge der beginnenden Digitalisierung auf kleinen, schwarzen Monitoren mit grüner Schrift außen an den Schranken.

Es ging sehr laut zu und manchmal wild, das Bild in unseren Köpfen mit unzähligen Menschen in gleichen Kitteln, die sich in einem Kreis versammelt hatten und pausenlos durcheinanderbrüllten, stammt jedoch aus US-amerikanischen Filmen. In den Pits, so hießen diese Börsenringe, wurden Wertpapiere nach Segment gehandelt, die Kittel zeigten an, zu welchem Team man gehörte.

😩 Not-so-fun-Fact: Frauenquote

Es gab in der Geschichte der Frankfurter Wertpapierbörse *eine* weibliche Kursmaklerin. Frauen galten als ungeeignet für den Börsenhandel, einige wenige waren als Kursmaklerstellvertreterinnen und Bankenhändlerinnen tätig. Die meisten Frauen in der Börse kümmerten sich um die administrative Abwicklung der Geschäfte.

📢 Info-Tipp: Zeitreise

Wer Spaß an alten Geschichten hat: Auf dem YouTube-Kanal der Frankfurter Börse gibt es eine Reportage des Hessischen Rundfunks: »8 Brief 1.000 Röhren - Beobachtungen an der Frankfurter Börse (1984)«. Wer mehr Geschichte und Börsenatmosphäre erleben möchte: Du kannst die Frankfurter Börse besuchen. Die Anmeldung erfolgt auf der Webseite: deutsche-boerse.com/besuch.

Früher waren die Orderbücher große Kladden der Kursmakler, heute sind sie der zentrale Sammelpunkt im Handelssystem, an dem sämtliche Aufträge zusammenkommen.

Das Orderbuch listet alle offenen Kauf- und Verkaufsaufträge für ein Wertpapier auf, sortiert nach Preis und Eingangszeitpunkt. Auf dieser Grundlage ermittelt das Handelssystem den Preis nach festen Regeln.

Die linke Seite ist die Kaufseite – auch Geld oder Bid. Dort stehen die höchsten Kaufangebote mit Stückzahl. Auch deines, wenn du eine Order für den Marktplatz aufgegeben hast, die nicht sofort ausgeführt werden konnte. Das ist die für dich relevante Seite, wenn du verkaufen willst. Dann suchst du eine Käuferin beziehungsweise einen Käufer.

Die rechte Seite ist die Verkaufsseite mit den niedrigsten Kaufangeboten, für dich die Seite, wenn du kaufen möchtest. Die Preisangebote nennt man Limit, das ist die Preisvorstellung der Käuferin oder des Verkäufers. Das Limit gibst du bei der Orderaufgabe mit ein.

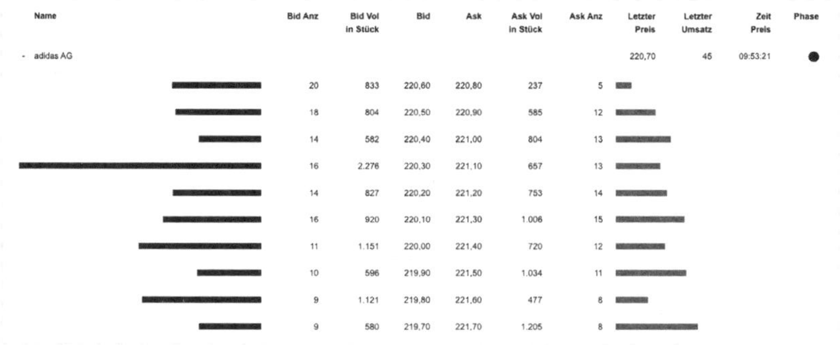

Name	Bid Anz	Bid Vol in Stück	Bid	Ask	Ask Vol in Stück	Ask Anz	Letzter Preis	Letzter Umsatz	Zeit Preis	Phase
- adidas AG							220,70	45	09:53:21	●
	20	833	220,60	220,80	237	5				
	18	804	220,50	220,90	585	12				
	14	582	220,40	221,00	804	13				
	16	2.276	220,30	221,10	657	13				
	14	827	220,20	221,20	753	14				
	16	920	220,10	221,30	1.006	15				
	11	1.151	220,00	221,40	720	12				
	10	596	219,90	221,50	1.034	11				
	9	1.121	219,80	221,60	477	8				
	9	580	219,70	221,70	1.205	8				

Bild 21: Offenes Xetra-Orderbuch mit den zehn besten Geld / Brief-Limiten. Quelle: boerse-frankfurt.de.

Die Differenz zwischen dem besten Kauf- und Verkaufsangebot ist die Handelsspanne, auch Spread genannt. Für dich ist sie ein Kostenfaktor.

Die Aufträge werden nach Preis-Zeit-Priorität sortiert und ausgeführt. Das bedeutet, dass von zwei Aufträgen mit dem gleichen Limit der ältere Vorrang hat. Market-Orders werden sofort zum besten verfügbaren Preis ausgeführt, Limit-Orders verbleiben im Buch, bis sie ausgeführt werden oder verfallen. Offene Orderbücher sind für alle einsehbar, geschlossene Orderbücher nur für bestimmte Teilnehmer oder gar nicht.

Unabhängig, ob offen oder geschlossen: Das beste Geld/Brief-Angebot ist der Preis, den du von deiner Depotbank angezeigt bekommst beziehungsweise der auf Finanzportalen veröffentlicht wird.

Bild 22: Auszug Factsheet mit Geld / Brief-Preisen. Quelle: onvista.de.

Offene Orderbücher tragen zur Transparenz im Wertpapierhandel bei und erleichtern fundierte Handelsentscheidungen.

Sie ermöglichen Einschätzungen zu kurzfristigen Kursbewegungen, helfen bei der strategischen Platzierung eigener Orders und geben Aufschluss über die Liquidität eines Wertpapiers. Hier hilft es dir, die Mechanismen der Preisfeststellungen für deine Orders zu verstehen.

Von den Börsen und Handelsplätzen in Deutschland bietet nur Xetra ein offenes Orderbuch.

Info-Tipp: Offenes Orderbuch

Mehrere Internetseiten bieten das offene Xetra-Orderbuch zur Einsicht der Preise an, allerdings meist mit 15 Minuten zeitlicher Verzögerung. Aktuellere Preisinformationen, Echtzeitpreise, liegen dann hinter einer Bezahlschranke.

- boerse-frankfurt.de bietet eine begrenzte Anzahl an Preisen auch in Realtime,
- finanznachrichten.de, onvista.de, finanzen.net, stock3.com kostenlos mit Zeitverzögerung.

Auch Depotbanken und Broker, die sich an aktivere Kundinnen und Kunden richten, ermöglichen den Einblick ins Orderbuch.

Deep Dive: Xetra

Xetra ist ein Handelsplatz der Deutschen Börse und der größte Marktplatz für deutsche Aktien und in Europa für ETFs. In der Berichterstattung über den deutschen Aktienmarkt wird Xetra häufig noch die elektronische Computerbörse genannt, obwohl inzwischen der gesamte Börsenhandel so abläuft. Das hat traditionelle Gründe: Zur Zeit der Einführung von Xetra gab es noch Präsenzhandel.

Der große Unterschied von einer »vollelektronischen« Börse zu anderen Marktplätzen liegt darin, dass auch die Market Maker, die mit der Bereitstellung von Preisangeboten beauftragt sind, wie alle anderen im Handelssystem agieren.

Das offene Orderbuch bietet Einblick in die zehn besten Kauf- und Verkaufsangebote für jedes gelistete Wertpapier.

Neben Xetra bieten mehrere Börsen weltweit ein offenes Orderbuch an, wobei die Transparenz und Zugänglichkeit variieren können: Die Orderbücher der Börsen in Wien und Australien sind einsehbar, die der Börsen Nasdaq, London und die Euronext, die mehrere europäische Märkte umfasst, bieten ebenfalls in Teilen offene Orderbuch für viele ihrer gehandelten Wertpapiere an.

So kommen Börsenpreise zustande

Wie aus den Kauf- und Verkaufsangeboten Preise ermittelt werden, unterscheidet sich je nach Anlageklasse und Marktplatz leicht. Wertpapiere werden an vielen Börsen und außerbörslichen Plätzen gehandelt.

Der Handel von Aktien auf mehreren Börsen gleichzeitig begann bereits um 1900 und entwickelte sich im Zuge des technologischen Fortschritts. Mit der Einführung von Telegrafie und Telefonie ließen große Unternehmen mit internationalem Geschäft die Aktien an mehreren Börsen notieren. Globalisierung der Finanzmärkte und vollelektronischer Handel führten zu einer noch stärkeren Vernetzung der Börsen weltweit.

Heute werden viele Wertpapiere und Rohstoffe weltweit rund um die Uhr auf vielen Marktplätzen angeboten beziehungsweise gekauft. Es gibt aber, anders als im Einzelhandel, keine unverbindlichen Preisempfehlungen oder gar Preisbindungen. Dafür gibt es die Referenzmärkte. Das sind in der Regel die Börse oder das Handelssystem, an dem ein Wertpapier am meisten gehandelt wird, das also die höchste Liquidität hat. Für große deutsche Aktien und ETFs zum Beispiel ist das Xetra, für die US-amerikanischen Aktien die New Yorker Börsen NYSE und Nasdaq, bei den meisten internationalen Wertpapieren die jeweilige Heimatbörse – meist die Börse, an der ein Unternehmen seinen Börsengang gemacht hat und deren Regeln es befolgt.

Die Kurse am Referenzmarkt dienen als Orientierung für andere Handelsplätze, die ihre eigenen Preisangebote danach ausrichten. Dafür sorgt auch die Transparenz und Schnelligkeit des weltweiten Handels. Auf Preisschieflagen reagiert der Markt sofort und gleicht sie durch Käufe und Verkäufe wieder aus.

Was Aktienpreise bestimmt

Angebot und Nachfrage sind der grundlegende Mechanismus der Preisbildung. Wenn mehr Menschen kaufen wollen als verkaufen, steigt der Kurs und umgekehrt. Dahinter steht ein dynamischer Prozess von Erwartungen, Interpretationen der Nachrichten und ihre individuellen Strategien, die an der Börse im Orderbuch zusammenkommen. Der Preis, zu dem die meisten Aktien gehandelt werden können, wird zum aktuellen Kurs. Dabei spielen auch die Market Maker im Orderbuch eine wichtige Rolle, indem sie kontinuierlich Kauf- und Verkaufskurse stellen und so für Liquidität sorgen.

Kleinere Handelsplätze orientieren sich an diesen Preisen und bieten ihrerseits darauf basierend eigene An- und Verkaufspreise an.

An den großen Handelsplätzen wie Xetra gibt es inzwischen recht viel Hochfrequenzhandel. Das sind automatisierte Handelsstrategien, die durch den Einsatz von leistungsstarken Computern und komplexen Algorithmen versuchen, aus kleinsten Preisänderungen Gewinne zu ziehen. Ein viel diskutiertes Thema, weil diese Handelsform einerseits die Liquidität erhöht, andererseits eine höhere Volatilität dadurch befürchtet wird.

Die Bedeutung von Liquidität

Liquidität im Börsenhandel bezieht sich auf die Möglichkeit, Wertpapiere schnell und zu fairen Preisen kaufen oder verkaufen zu können.

In liquiden Märkten werden die Aufträge von Anlegerinnen und Anlegern schneller ausgeführt. Dies ermöglicht dir eine zügigere Reaktion auf Marktbewegungen. Bei liquide gehandelten Wertpapieren führen einzelne Transaktionen nicht zu signifikanten Preisschwankungen. Du kannst größere Positionen aufbauen oder auflösen, ohne den Marktpreis zu deinen Ungunsten zu beeinflussen.

In liquiden Märkten sind die Unterschiede zwischen Kauf- und Verkaufskursen kleiner. Dies reduziert deine indirekten Kosten.

Je höher die Liquidität, desto zuverlässiger ist die Preisbildung. In liquiden Märkten spiegeln die Preise die aktuelle Marktbewertung genauer wider. Das bietet dir einen fairen Wert.

Liquide Wertpapiere lassen sich leichter in verschiedenen Marktphasen handeln. Das Risiko, dass du ein Wertpapier nicht verkaufen kannst – dass du in einer Position ›gefangen bist‹, wie es in der Börsensprache heißt –, ist geringer. Du kannst deine Positionen bei Bedarf schneller anpassen oder schließen. Dies ist umso wichtiger, je aktiver und kurzfristiger du handelst. Bei liquiden Wertpapieren ist die Wahrscheinlichkeit geringer, dass der tatsächliche Ausführungspreis stark vom erwarteten Preis abweicht. Das nennt man ›Slippage‹. Mit einem Limit kannst du Slippage auch verhindern (↪ siehe Kapitel 10.1).

Für Anlegerinnen und Anleger ist die Liquidität ein wichtiger Faktor bei der Auswahl von Wertpapieren und Märkten. Sie beeinflusst die Handelsstrategien, das Risikomanagement und die Gesamtperformance des Portfolios. Besonders bei größeren Positionen oder bei der Notwendigkeit, schnell auf Marktveränderungen reagieren zu können, spielt die Liquidität eine entscheidende Rolle.

Tipp: Handelsspannen

Liquidität kannst du am Handelsvolumen erkennen. Vergleiche die Anzahl der gehandelten Wertpapiere verschiedener Handelsplätze. Die Internetseiten der Handelsplätze und große Finanzportale zeigen die Umsätze an. Auch deine Depotbank sollte diese Information aus Transparenzgründen anbieten, wenn bei dieser mehrere Handelsplätze zur Verfügung stehen.

Eine zweite, sehr wichtige Indikation für Liquidität sind die unterschiedlichen Handelsspannen, die an den gleichen Stellen zu finden sind.

Was ETF-Preise bestimmt

Der Referenzmarkt für ETFs in Europa ist Xetra. Auf dem Marktplatz sind ›Designated Sponsors‹ beauftragt, für die Handelbarkeit der ETFs zu sorgen und mit den Anbietern der ETFs Anteile gegen die Wertpapiere im ETF zu tauschen. Designated Sponsors sind Market Maker, die permanent An- und Verkaufspreise mit Stückzahlen in das Handelssystem einstellen. Sie agieren als normale Marktteilnehmer, ihre Aufträge stehen neben deinem. An den An- und Verkaufspreisen von Xetra orientieren sich auch andere Marktplätze.

Auch ETF-Preise entstehen durch Angebot und Nachfrage. Die Anbieter veröffentlichen auf Tagesbasis die Zusammensetzung der ETFs und minütlich einen indikativen Nettoinventarwert, der anzeigt, welchen Wert die Papiere in diesem Moment haben. Außerdem sind sehr viele im Markt aktiv. So sorgt der liquide Handel für einen ständigen Ausgleich des ETF-Preises mit dem aktuellen Wert der Wertpapiere im Fonds.

Was Anleihenpreise bestimmt

Im Rentenmarkt, der deutlich größer ist als der Aktienmarkt, laufen nur etwa 5 Prozent des Handels über Börsen und andere Plattformen, auf denen private Anlegerinnen und Anleger aktiv sind. Hier findet der Handel zwischen den Banken über institutionelle Plattformen des Referenzmarkts statt.

Auch Anleihepreise werden nach Angebot und Nachfrage bestimmt, dahinter stehen die in ↪ Kapitel 4.3 beschriebenen Einflussfaktoren, wie Erwartungen an die Zinsentwicklung, Bonität des Anbieters und weitere Risikoaufschläge.

Wie aktiv verwaltete Fonds an der Börse gehandelt werden

Auch aktiv verwaltete Fonds können an der Börse gekauft und verkauft werden. In Deutschland bieten die Regionalbörsen in Frankfurt, Hamburg, Stuttgart, München und Berlin den Fondshandel an, in der Schweiz die BX.

Die darauf spezialisierten Handelsbanken nutzen Referenzmodelle basierend auf dem zuletzt veröffentlichten Wertpapier-Korb des Fonds, um ständige Kursangebote zu stellen, während die Emittenten nur einmal täglich einen Nettoinventarwert berechnen.

Auch einige Neobroker bieten inzwischen Fonds an.

Tipp: Fondshandel

Diese Art des Fondshandels ermöglicht dir die schnellere Umsetzung einer Anlageidee zu dir vorher bekannten Preisen. Außerdem kannst du Ordertypen wie Stop-Loss-Orders nutzen. Achte auf die Kosten. Ob der Weg über die Börse günstiger ist, hängt von der Ordergröße, den Preisen der Depotbank und der Marktsituation ab.

Es gibt Situationen, in denen Fonds nur über die Börse gehandelt werden können, zum Beispiel wenn der Emittent die Rücknahme ausgesetzt hat. Achte in dieser Situation unbedingt auf Preisauf- oder Abschläge vom Nettoinventarwert des Anbieters.

Wie Zertifikate gehandelt werden

Rund 1,5 Millionen Anlagezertifikate, Hebelprodukte und Optionsscheine stehen in Deutschland und Österreich Anlegerinnen und Anlegern zur Verfügung. In der Schweiz sind es wegen höherer Angebotskosten deutlich weniger. Sie werden an den meisten Börsen und auf den OTC-Plattformen sowie über die Depotbank direkt mit den Anbietern gehandelt. Etwa 80 bis 90 Prozent der Umsätze laufen außerbörslich.

Emittenten, also Herausgeber dieser Wertpapiere, wie Banken und Finanzinstitute, entwickeln und geben Zertifikate als strukturierte Produkte heraus. Sie bestimmen die Ausgestaltung der Zertifikate, einschließlich Basiswert, Laufzeit und Auszahlungsprofil.

Sie stellen nicht nur permanent die An- und Verkaufskurse für ihre Zertifikate, die ›Emittenten-Quotes‹, sondern sind auch als Market Maker tätig und sorgen so für Liquidität im Handel.

Auch wenn Zertifikate an Börsen gehandelt werden, orientieren sich die Kurse oft an den Quotierungen der Emittenten.

Die Rolle der Emittenten im Zertifikatehandel ist somit sehr umfassend und zentral für die Funktionsweise dieses Marktsegments. Sie sind nicht nur Produktanbieter, sondern auch maßgeblich für die Preisbildung und Liquidität verantwortlich.

10.2 Ab an die Börse

Genug der Theorie zu Auswahl und Anlageentscheidung, jetzt geht es ans Handeln.

In wenigen Schritten einen Sparplan eröffnen

Die leichteste Übung am Anfang: einen Sparplan anlegen. Du hast bereits ein Depot und weißt, welches Wertpapier du besparen möchtest, einen ETF, einen Fonds, eine Aktie, Gold oder Bitcoin, je nach deinen Anlagezielen und deiner Risikobereitschaft.

Du legst die Sparrate fest, die bestimmt, wie viel du regelmäßig investieren möchtest. Los geht es tatsächlich ab 1 Euro, angesichts der Kosten fang besser ab 25 Euro monatlich an.

Tipp: Kostenkontrolle

Versuche die Kosten unter einem Prozent pro Sparplanrate zu halten. Leider hängen die indirekten Kosten davon ab, wo der Sparplan wann zu welchem Preis ausgeführt wird. Das kannst du bei deiner Bank erfragen, aber nicht beeinflussen. Auf dem Handelsplatz Xetra sind Sparpläne übrigens kostenlos, und die indirekten Kosten fallen häufig am niedrigsten aus. Was deine Bank von diesen Vorteilen an dich weitergibt, ist allerdings intransparent. Häufig haben die Banken aber ein kostenloses Sparplanangebot.

Definiere den Sparrhythmus, ob du monatlich, zweimonatlich, vierteljährlich oder in einem anderen Intervall sparen möchten. Häufig kannst du dich auch für einen Tag entscheiden, ob am 1., 15. oder an einem anderen Tag des Monats. Sollte die Depotbank das Geld nicht automatisch vom Konto einziehen, richte einen Dauerauftrag ein, der am besten zwei Tage vor der Ausführung des Sparplans überweist, sonst wird die Rate nicht angelegt.

Tipps: Pay yourself first

Wenn du ein regelmäßiges Einkommen hast, kann es sinnvoll sein, den Sparplantag direkt nach Eingang des Einkommens zu setzen. Dann merkst du es kaum und kommst nicht in Versuchung, den Sparplan auszusetzen. Sparpläne für Einzelaktien sind eher taktische Investments. Du solltest dich regelmäßiger damit beschäftigen, ob du weiter in diese Aktie investieren möchtest. Etliche Banken verknüpfen die Sparplanmaske inzwischen mit Einmalorders. Das ergibt nicht wirklich Sinn, gib die Einmalorder lieber separat auf. Ob du deine Sparrate automatisch wachsen lassen willst, ist Geschmackssache. Dies ist aber sinnvoll, wenn du beispielsweise eine Gehaltserhöhung bekommst. Du kannst also anteilig deine Sparplanrate erhöhen und profitierst somit umso mehr vom Zinseszinseffekt.

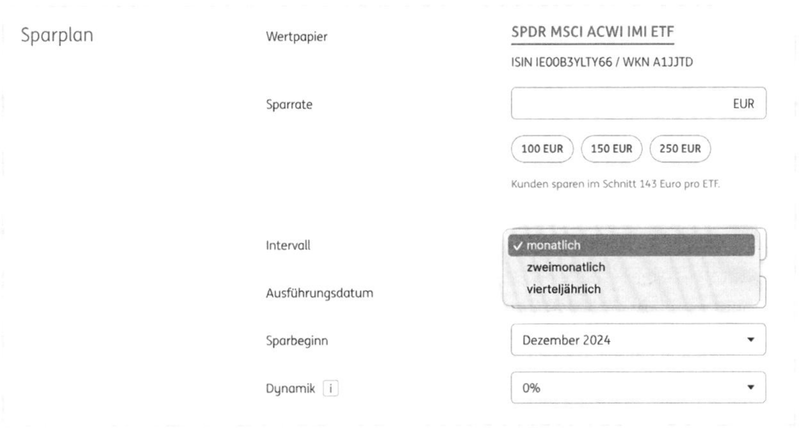

Bild 23: Ordermaske für das Anlegen eines Sparplans. Quelle: ING.

In wenigen Schritten ein Wertpapier kaufen oder verkaufen

Wie geschickt du eine Order aufgibst, hängt natürlich auch davon ab, ob es ein deutscher Bluechip, eine US-Aktie, ein ETF oder eine Anleihe ist. Einiges ist aber bei allen gleich, allen voran Ordertypen- und zusätze.

☺ Funfact: Einstiegszeitpunkt

Viele Anlegerinnen und Anleger warten auf den perfekten Einstiegszeitpunkt. Diesen gibt es nicht. Wenn du deinen Einstieg immer wieder nach hinten verschiebst, behinderst du dich selbst, fängst im schlimmsten Fall gar nicht erst an zu investieren und verpasst so vielleicht deine erste Börsenrallye.

Tipps: Marktlage

Mach dich vor der Orderaufgabe mit der Marktlage vertraut. Schau, ob es an der Börse ruhig oder gerade etwas ungemütlich ist. Das siehst du an den Indexbewegungen.

Wenn du strategisch langfristig ausgerichtet bist, geht es dir um die Zeit im Markt, es ergibt dennoch Sinn, besonders hektische Tage auszulassen, um kurzfristige Kursausschläge zu deinen Lasten zu vermeiden. Sieh dir Geld- und Brief-Preise deines Wertpapiers an verschiedenen Marktplätzen an, schau, wo gerade am meisten Umsatz ist und wo die Handelsspanne am kleinsten ausfällt.

Wenn du eine größere Summe investieren möchtest, aber unsicher bist, ob jetzt der richtige Zeitpunkt ist, teile diese Summe in drei Teile auf und definiere einen Zeitraum, in dem du das Geld investiert haben möchtest. Auch eine Aufteilung in unterschiedliche ETFs kann sinnvoll sein.

Video: »Jetzt wird gekauft – wie du geschickt eine ETF-Order aufgibst«

zeigt Edda Vogt an einem konkreten Beispiel. Scanne den QR-Code auf S. 12, um zum Video zu gelangen.

Checkliste: Mit Ordnertypen die Wanderroute optimieren

Limit- oder Market-Order

Die wichtigste erste Entscheidung ist die zwischen einer Limit- oder Markt-Order. Market-Orders werden zu dem nächstmöglichen Preis ausgeführt. Sie heißen deswegen auch ›Bestens‹ beim Verkauf und ›Billigst‹ beim Kauf. Market-Orders sind die einfachste Form und werden von Profis häufig genutzt, um direkt einen Auftrag ausgeführt zu bekommen. Für private Anlegerinnen und Anleger empfiehlt sich nahezu immer das Setzen eines Limits.

Limit-Orders legen eine Preis-Ober- bzw. Preisuntergrenze fest. Die Order wird nur dann ausgeführt, wenn dein Kaufpreis auf oder unter diesem Limit liegt, beziehungsweise dein Verkaufspreis das Limit erreicht oder überschreitet. Limit-Orders dienen dazu, den Preis, zu dem deine Order ausgeführt wird, zu kontrollieren.

Tipps

Setz dein Limit einfach in die Handelsspanne zwischen den Geld- und Briefpreis, vor allem, wenn du ein sehr viel gehandeltes Wertpapier kaufen oder verkaufen möchtest. Wenn du auf Xetra aktiv bist, kannst du dir deinen Auftrag vielleicht sogar im offenen Orderbuch ansehen, falls du nicht gleich ausgeführt wirst. Du erkennst ihn am Limit und Volumen. Wenn sich der Markt in die andere Richtung entwickeln sollte, kannst du das Limit jederzeit anpassen.

Die Gültigkeit festlegen

Bei den meisten Ordermasken fehlt jetzt noch deine Angabe, wie lange die Order gültig sein soll. Darin unterscheiden sich die Depotbanken sehr. Manche geben ›tagesgültig‹ vor, dann wird dein Auftrag nur innerhalb des aktuellen Handelstags ausgeführt. Nicht ausgeführte Aufträge verfallen automatisch zum Handelsschluss. Andere ermöglichen die Angabe eines Datums, bis zu dem ein Auftrag gültig bleibt. Unbefristete Orders bleiben so lange im Orderbuch, bis sie ausgeführt, manuell gelöscht werden oder automatisch verfallen. Wie lange, variiert von Handelsplatz zu Handelsplatz. Mal sind es 90, mal 360 Tage.

Bild 24: Ordermaske mit Limiteingabe. Quelle: Consors.

Mit Stopps Verluste begrenzen

Stop-Orders können ein wichtiges Instrument im Börsenhandel sein, um deine Risiken zu begrenzen und deine Handelsentscheidungen zu automatisieren. Sie sind ein Instrument für aktive kurz- bis mittelfristig motivierte Investments, denn sie erfordern ein gutes Verständnis der Marktdynamik.

Eine Stop-Order ist ein Auftrag zum Kauf oder Verkauf eines Wertpapiers, der erst aktiviert wird, wenn der Preis des Wertpapiers den Stoppkurs erreicht oder durchbricht. Bei einer Stop-Market-Order wird die Order in eine Market-Order umgewandelt und zum nächstmöglichen Preis ausgeführt. Bei einer Stop-Limit-Order wird daraus eine Limit-Order, und das Limit muss eingehalten werden.

Am bekanntesten sind Stop-Loss-Orders, die zum Verkauf eines Wertpapiers genutzt werden, wenn der Kurs unter einen bestimmten Wert fällt. Sie dienen zur Begrenzung von Verlusten oder zur Sicherung von Gewinnen.

Stop-Buy-Orders werden genutzt, um in einen Aufwärtstrend einzusteigen oder eine Short-Position abzusichern, einen Verkauf von Aktien, die man noch nicht besitzt. Durch den Kauf zum Stop-Preis vermeidet man, später teurer kaufen zu müssen, wenn man liefern muss.

Tipps zum Setzen von Stop-Orders

Ein großer Nachteil ist das Risiko, dass dein Wertpapier bei hoher Volatilität unerwartet verkauft wird und der Kurs direkt danach wieder in die Höhe schnellt. Beziehe also die Volatilität mit ein und lass einen Puffer. Angaben zur Volatilität eines Wertpapiers findest du in Finanzportalen.

Berücksichtige außerdem die Liquidität deines Wertpapiers. Wird es wenig gehandelt, könnte die Ausführung verzögert oder zu ungünstigen Kursen erfolgen. Oder es kommt zu einer Slippage, einem Kursrutsch. Setze deswegen besser auf ein Stop-Limit- statt einer Stop-Market-Order, auch wenn diese die Gefahr birgt, nicht ausgeführt zu werden.

Setze deine Stopps nicht auf markante Kursschwellen. Auf Preismarken wie 50 oder 100 Euro sitzen viele Stopps anderer Anlegerinnen und Anleger, die dann ausgelöst werden und wegen ihrer hohen Anzahl an Verkaufsorders zu weiteren Preisverlusten führen.

Beziehe auch allgemein beachtete charttechnische Marken in diese Überlegungen mit ein.

😩 Not-so-fun-Fact

Es gibt eine Strategie aktiver Traderinnen und Trader, gezielt unterhalb von besonderen Kursschwellen Limit-Orders zu platzieren, zum Beispiel bei 95 Euro als fiktiven Aktienpreis. Sie rechnen damit, dass bei 100 Euro viele Stopp-Loss-Orders aktiviert werden, um zum nächstmöglichen Preis ausgeführt zu werden. Das drückt den Preis der Aktie weiter nach unten. Dort »lauern« dann ihre limitierten Kaufaufträge. Diese Strategie wird auch Stop Fishing oder Stop Hunting genannt.

Wenn du klassische Stop-Orders einsetzt, überprüfe deine Stopps regelmäßig, ob sie noch zu den aktuellen Marktbedingungen passen, und passe sie gegebenenfalls an. Eine Alternative sind intelligente Ordertypen. Trailin-Stop-Orders ziehen das Stopp-Limit automatisch nach, wenn der Preis steigt. Damit können Gewinne abgesichert werden, ohne dass manuell ein neuer Stopp gesetzt werden muss.

Ausführungsbeschränkungen

Es gibt Ordertypen, mit denen du festlegst, wie deine Order ausgeführt wird. Die Fill-or-Kill-Order wird entweder vollständig ausgeführt oder komplett gelöscht, falls die gesamte Ordermenge nicht sofort verfügbar ist. Damit kannst du verhindern, nur ein paar Wertpapiere zu bekommen oder nur einen Teil zu verkaufen. Die Immediate-or-Cancel-Order wird vollständig oder teilweise sofort ausgeführt. Nicht ausgeführte Teile der Order werden direkt wieder aus dem Orderbuch entfernt.

Auction-only-Orders ist eine Spezialität im Xetra-Handel. Auf Xetra wird der laufende Handel mindestens dreimal am Tag durch eine Auktion unterbrochen: zur Eröffnung, am Mittag und zum Handelsschluss. Mit diesem Ordertyp wird dein Auftrag nicht im normalen Handel ausgeführt, sondern ausschließlich in einer Auktion. Der Sinn dahinter: In den Auktionen werden die Orders gebündelt, was zu höherer Liquidität und damit zu kleineren Spannen und besseren Preisen führen kann. Sehr aktive Anlegerinnen und Anleger setzen gezielt diesen Ordertyp ein.

💹 Tipp: Angebot deiner Bank prüfen

Nicht jeder Ordertyp ist bei allen Depotbanken verfügbar. Außerdem haben sie manchmal unterschiedliche Namen.

Bedeutung der Handelszeit

Inzwischen kannst du von frühmorgens bis tief in die Nacht Wertpapiere kaufen und verkaufen. Dennoch ist die Handelszeit ein Kriterium für deinen Erfolg. Während der Haupthandelszeiten sind das Handelsvolumen und die Liquidität in der Regel am höchsten. Das bedeutet für dich engere Spreads zwischen Kauf- und Verkaufskursen, schnellere Orderausführung und marktgerechte Preise.

Wenn du internationale Wertpapiere auf einem deutschen Marktplatz kaufst oder verkaufst, dann bezieh die Handelszeiten an den Heimatbörsen mit ein.

Für die meisten Privatanleger sind die regulären Xetra-Handelszeiten (9:00 bis 17:30 Uhr) ausreichend. Der außerbörsliche Handel bietet zwar erweiterte Zeiten, aber oft mit geringerer Liquidität und weniger Transparenz. Daytrader und aktive Händler sollten die Handelszeiten genau beachten, um die liquidesten Phasen zu nutzen. Langfristige Anleger können die Handelszeiten meist vernachlässigen, solange sie keine zeitkritischen Orders platzieren müssen.

Insgesamt ist es wichtig, die Handelszeiten zu kennen und bei der Orderplatzierung zu berücksichtigen, um bestmögliche Ausführungen zu erzielen und unerwartete Preisbewegungen außerhalb der Haupthandelszeiten zu vermeiden.

☞ Checkliste

- Überlege dir, wie wichtig es dir ist, den Marktplatz auswählen zu können. Darauf basierend benötigst du eventuell eine andere Bank, die dir mehr Auswahlmöglichkeiten bietet.
- Sei dir bewusst, dass Kosten an ganz unterschiedlichen Stellen entstehen können, und frage dich jederzeit: Cui bono?

♥ Persönlicher Tipp

Wenn du ein Wertpapier kaufen oder verkaufen möchtest, kannst du es dir auch einfach machen. Nicht, indem du den erstbesten Handelsplatz nimmst, den du angezeigt bekommst, denn das muss nicht unbedingt der beste sein. Entscheide dich stattdessen für den Marktplatz mit dem meisten Handelsvolumen zur Haupthandelszeit und platziere deinen Auftrag mit Limit mitten in die Spanne.

Gastbeitrag von Christiane Hölz

Steuerliche Weitsicht – Strategien für Privatanleger

@ DSW

In der Welt des Investierens sind nicht nur Renditen und Risiken entscheidend, sondern auch die steuerlichen Aspekte. Steuern können den Gewinn aus Ihren Anlagen erheblich beeinflussen. In diesem Beitrag werden steuerlichen Überlegungen für Privatanleger behandelt und wertvolle Tipps gegeben, um die Steuerlast zu minimieren.

Kapitalertragsteuer und der Verkauf von Anlagen

Grundsätzlich gilt: Gewinne aus dem Verkauf von Kapitalanlagen wie Aktien, Anleihen oder Fondsanteilen, unterliegen der Kapitalertragsteuer von 25 Prozent, zuzüglich Solidaritätszuschlag und gegebenenfalls Kirchensteuer. Die Steuer wird automatisch von der Bank einbehalten und abgeführt.

Steuerliche Besonderheiten bei bestimmten Anlagen

Nicht alle Anlagen werden steuerlich gleich behandelt: So sind vor 2009 erworbene Wertpapiere steuerfrei. Bei thesaurierenden Fonds, die Erträge direkt reinvestieren, zahlen Anleger jährlich eine fiktive Vorabpauschale, die sich am Basiszins der Bundesbank orientiert. Bei der Veräußerung fallen dann weniger Steuern an als bei ausschüttenden Fonds, die gänzlich mit Verkauf oder Rückgabe besteuert werden. Gewinne aus Kryptowährungen sind steuerfrei, wenn sie nach einer Haltefrist von einem Jahr realisiert werden.

Sparerpauschbetrag und Nichtveranlagungsbescheinigung

Ein wesentlicher Aspekt für Privatanleger ist der Sparerpauschbetrag (aktuell 1.000 Euro/Jahr für Alleinstehende, 2.000 Euro/Jahr für Verheiratete). Bleiben die Kapitalerträge unter diesem Betrag, fallen keine Steuern an. Durch das Stellen eines Freistellungsauftrags können Anleger unnötige Steuerzahlungen vermeiden und ihre Renditen optimieren. Wichtig ist es, den Sparerfreibetrag sinnvoll zu nutzen. Wenn Anleger beispielsweise in verschiedenen Depots investieren, können sie in jedem Depot einen Freistellungsauftrag erteilen, um den Freibetrag voll auszuschöpfen.

Liegt das zu versteuernde Einkommen unterhalb des Grundfreibetrags, können Anleger beim Finanzamt eine Nichtveranlagungsbescheinigung beantragen, dann behält die Bank keine Kapitalertragsteuer ein.

Strategien zur Steueroptimierung

Verluste aus dem Verkauf von Wertpapieren oder anderen Kapitalanlagen können mit Gewinnen aus Kapitalerträgen verrechnet werden. Ein Verlustvortrag auf die Folgejahre ist möglich. Aber Achtung: Verluste aus Aktiengeschäften können nur mit Gewinnen aus Aktienverkäufen verrechnet werden, während Verluste aus zum Beispiel Fonds oder Anleihen flexibler verrechnet werden können.

Durch die Verlagerung von Veräußerungen von Kapitalanlagen in ein Jahr, in dem andere Einkünfte geringer sind, können Anleger ihren persönlichen Steuersatz optimieren.

Auch die Auswahl von thesaurierenden Fonds kann vorteilhaft sein, da die Erträge nicht sofort ausgeschüttet werden und somit die Steuerlast hinausgezögert werden kann.

Quellensteuern

Viele Länder erheben Steuern auf Kapitalerträge, die an ausländische Anleger gezahlt werden. Durch Doppelbesteuerungsabkommen haben deutsche Anleger jedoch in vielen Fällen die Möglichkeit, diese Quellensteuer ganz oder teilweise zurückzufordern. Alternativ kann auch im Voraus eine Quellensteuerbefreiung beantragt werden, um eine doppelte Besteuerung zu vermeiden. Anleger sollten sich daher über die steuerlichen Regelungen in den Ländern informieren, in denen sie investieren. Bei der Auswahl internationaler Anlagen kann es auch sinnvoll sein, auf die steuerliche Behandlung der jeweiligen Länder zu achten, um unerwartete Steuerlasten zu vermeiden.

Fazit

Steuern sind ein unvermeidlicher Teil der Geldanlage, aber mit etwas Geschick lassen sich Steuerlasten minimieren. Privatanlegende sollten sich über die steuerlichen Rahmenbedingungen informieren und gezielt handeln, um unangenehme Überraschungen zu vermeiden. Der Schlüssel zu einer erfolgreichen Anlage mit Weitblick liegt auch darin, sich frühzeitig mit steuerlichen Fragen auseinanderzusetzen.

Als Juristin ist Christiane Hölz hauptberuflich als Geschäftsführerin der Deutsche Schutzvereinigung für Wertpapierbesitz e. V. (DSW) tätig. Die satzungsgemäße Aufgabe der DSW ist der Schutz der ideellen und materiellen Interessen der Wertpapieranleger. Frau Hölz verfügt über umfangreiche Expertise u.a. in den Bereichen Anlegerschutz, Public Affairs und Corporate Governance. Zudem hat sie weitreichende Erfahrungen, auch auf europäischer Ebene, als Financial Expert, im Kapitalmarkt- und Gesellschaftsrecht sowie in Nachhaltigkeitsthemen.

☞ Checkliste

- Überlege dir, wie lange du investieren möchtest, und ab wann du tatsächlich entsparen möchtest oder musst.
- Überlege dir, welchen Weg du gehen möchtest, wenn du entsparst.
- Definiere dein Budget, das du benötigst, um deine Rentenlücke zu schließen, und kalkuliere, wie viel du tatsächlich benötigst.
- Denke daran, dass du auch noch aktiv im Markt bist, obwohl du dich in der Entsparphase befindest.
- Beachte rechtliche und steuerliche Implikationen und informiere dich rechtzeitig.

♥ Persönlicher Tipp

Gerade vor dem Hintergrund, dass wir gern unsere Lebenserwartung unterschätzen und überhaupt der ganze Themenkomplex für viele unangenehm und schambehaftet ist: Wir glauben, dass wir uns mehr

Altersvorfreude verschaffen können, wenn wir uns damit rechtzeitig auseinandersetzen und der Realität gut gewappnet ins Auge schauen.

Jeder Wunsch ist legitim, ausgeben, vererben oder stiften. Wer es ausgeben will, kann mit etwas Risikobereitschaft mehr aus seinem Vermögen machen. Insbesondere das Bild der an der Börse aktiv handelnden älteren Dame ist vielleicht etwas ungewohnt. Aber das ändert sich zum Glück gerade. Auch im fortgeschritteneren Alter kann Geldanlage ein Lifestyle-Thema sein und Spaß machen.

➲ Zusatzkapitel 11: »Level 100 - verkaufen und verbrauchen«

Scanne den QR-Code auf Seite 12 und lies alles über das Entsparen, die Kapitalentnahme, das Risikomanagement und die steuerlichen Aspekte deiner Nachfolgeplanung.

Schlusswort der Autorinnen

Mit dem Schließen dieses Buches endet deine Reise in der Welt der Geldanlage nicht – jetzt beginnt sie erst richtig! *Investieren mit Weitblick* soll dir als Kompass dienen, um deinen eigenen Weg durch die facettenreiche Landschaft der Finanzen zu finden.

Zuerst möchten wir ein riesiges Dankeschön an alle aussprechen, die dieses Buch möglich gemacht haben.

Ein besonderer Dank geht an die großartigen Gastautoren, die mit ihrem Fachwissen und ihren einzigartigen Perspektiven das Buch bereichert haben. Die Beiträge haben unserem Ratgeber eine zusätzliche Tiefe und Vielfalt verliehen, die unschätzbar wertvoll ist.

Ebenso möchten wir denjenigen danken, die unermüdlich Korrektur gelesen und mit ihrem kritischen Blick dazu beigetragen haben, die Inhalte verständlich und zugänglich zu gestalten. Eure Unterstützung war von unschätzbarem Wert.

Und die letzten Sätze gehen an dich: Lass dieses Buch nicht im Regal verstauben. Nutze es als dein persönliches Finanz-Handbuch, als Quelle der Inspiration und als Motivator. Egal, ob du gerade deinen ersten Sparplan eingerichtet hast oder bereits komplexe Anlagestrategien verfolgst – auf deiner Geldreise gibt es immer etwas Neues zu lernen und zu entdecken.

Jeder Schritt bringt dich näher an dein Ziel. Sei neugierig, frag nach und scheue dich nicht, Hilfe zu holen. Wir wünschen dir viel Erfolg und Freude dabei.

Wir freuen uns über Feedback, große und kleine Erfolgsgeschichten. Du erreichst uns in den sozialen Netzwerken und über feedback@boersenfreundin.de.

Edda und *Fabienne*

Anmerkungen

1 https://www.dai.de/detail/aktionaerszahlen-2023-erneut-ueber-12-millionen-aktiensparer-trotzen-der-zinswende.
2 https://www.goingpublic.de/hv-magazin/wertpapierbesitz-in-oesterreich-steigt-deutlich/?t.
3 https://www.dai.de/fileadmin/user_upload/210225_Aktionaerszahlen_2020.pdf.
4 https://www.welt.de/finanzen/article199852398/Finanzen-Geld-fuer-Paare-oft-groesseres-Tabu-als-Sex.html, https://www.welt.de/finanzen/article3477403/Deutsche-reden-eher-ueber-Sex-als-ueber-Geld.html.
5 https://www.4investors.de/aktien-tipps-wissen/boersenstammtische.php.
6 https://www.uts.edu.au/sites/default/files/FDG_Seminar_140917.pdf?t.
7 Vgl. Destatis (Statistisches Bundesamt) Gender Pay Gap sowie Pressemitteilung Nr. N017 vom 26. April 2024: https://www.destatis.de/DE/Themen/Arbeit/Verdienste/Verdienste-GenderPayGap/_inhalt.html; https://www.destatis.de/DE/Presse/Pressemitteilungen/2024/04/PD24_N017_13.html (jeweils aufgerufen am 30.10.2024).
8 Vermächtnis-Studie (2023): https://www.zeit.de/gesellschaft/2023-05/vermaechtnis-studie-ergebnisse-2023.pdf (aufgerufen am 25.10.2024).
9 Bundesverband deutscher Banken (2023): Female Finance: https://bankenverband.de/geldanlage/umfrage-female-finance-2023/ (aufgerufen am 28.10.2024).
10 Geldbiografien wurden als wissenschaftliche Ausgründung entwickelt und markenrechtlich geschützt.
11 Vgl. Happel (2017): Geld und Lebensgeschichte.
12 Vgl. Happel (2023): Auf Kosten der Mütter.
13 Investment in einen thesaurierenden DAX-ETF nach Kosten von November 2014 bis 2024.
14 Durchschnittliche Wertentwicklung eines MSCI-World-ETFs inklusive Nettodividenden abzüglich 0,2 Prozent ETF-Kosten.
15 https://brixx.com/de/the-rule-of-72-in-finance-and-accounting.
16 Erkenntnisse und Zitate von Teilnehmenden der Studien: (1) Duraj, K., D. Grunow, M. Haliassos, C. Laudenbach und S. Siegel (2024): »Rethinking the Stock Market Participation Puzzle - A Qualitative Approach« sowie (2) Duraj, K., C. Laudenbach und V. Linder (2024): »Geld und Finanzen in Hessen«. Beides im Auftrag des Hessischen Ministeriums der Finanzen.
17 https://www.imf.org/en/Blogs/Articles/2024/01/14/ai-will-transform-the-global-economy-lets-make-sure-it-benefits-humanity.

18 https://www.tagesschau.de/wirtschaft/verbraucher/riester-rente-kosten-altersvorsorge-100.html?t.

19 https://yougov.de/economy/articles/31435-die-deutschen-vertrauen-zwar-banken-nicht-aber-dem.

20 https://www.ey.com/de_de/newsroom/2023/02/grosser-beratungsbedarf-aber-wenig-vertrauen-in-banken.

21 https://www.dzbank.de/content/dzbank/de/home/die-dz-bank/presse/schwerpunktthemen/2024/mehr-wachstum-durch-aktienkursgewinne--geldvermoegen-der-deutsch.html.

22 Der Begriff Bargeld wird unterschiedlich verwandt. In diesem Kontext sind mit Bargeld ausschließlich Münzen und Scheine gemeint. Diese und alle anderen Verwahrformen für liquide Mittel wie Girokonten und Sparbücher bilden zusammen die Anlageklasse Cash.

23 https://extraetf.com/de/etf-profile/IE00B3YLTY66?tab=chart.

24 https://www.boerse-frankfurt.de/studie.

25 https://www.financialplanningassociation.org/sites/default/files/2021-08/AUG04%20The%20Asset%20Allocation%20Hoax.pdf.

26 Siehe exemplarisch: Ibbotson/Kaplan (2000), Statman (2000), Balsamo u. a. 2017).

27 Balsamo, James / Kelly McShane / Brian Scott / Christos Tasopoulos (2017): »The global case for strategic asset allocation and an examination of home bias«; Feb. 2017; Vanguard Research; Quelle: investor.vanguard.com; Ibbotson, Roger / Kaplan, Paul: (2000): »Does Asset Allocation Policy Explain 40, 90, or 100 Percent of Performance?« In: The Financial Analysts Journal; Vol. 56; No. 1; 2000; Statman, Meir (2000): »The 93.6 % Question of Financial Advisors.« In: Journal of Investing; Vol. 9; Issue 1; 2000.

28 Annahme: Durchschnittsrendite des MSCI World Net Total Return inklusive Netto-Dividenden nach Quellensteuer. Quelle: msci.com.

29 https://www.bundesbank.de/de/presse/pressenotizen/bundesbank-wie-bargeld-in-der-zukunft-genutzt-wird-921810.

30 https://www.tagesschau.de/wirtschaft/verbraucher/weltspartag-geldvermoegen-deutschland-festgeld-tagesgeld-sparbuch-100.html.

31 https://www.tagesschau.de/wirtschaft/verbraucher/nullzinsen-sparer-banken-100.html.

32 https://www.finanzen100.de/finanznachrichten/wirtschaft/statistik-so-teilt-sich-der-weltweite-finanzmarkt-auf_H778376918_77478/.

33 Ausgenommen von der EU-Prospektpflicht sind Kleinemissionen mit einem Gesamtgegenwert von weniger als acht Millionen Euro; Angebote, die sich ausschließlich an qualifizierte Anlegende richten; Privatplatzierungen, die an weniger als 150 nicht qualifizierte Anlegende pro EU-Mitgliedstaat

gerichtet sind; sowie Anleihen, die von EU-Mitgliedstaaten oder deren Zentralbanken gegeben werden.

34 https://www.bafin.de/DE/PublikationenDaten/Datenbanken/Prospektdatenbanken/prospektdatenbanken_node.html.

35 Bei den Langläufern sind 20 und 30 Jahre noch ziemlich gängig. Es gibt aber auch 100-jährige Anleihen, etwa von Österreich, und Anleihen ohne Laufzeitbeschränkung, ewige Renten.

36 https://www.wolframalpha.com.

37 Gemessen am MSCI World: https://www.dividendenadel.de/msci-world-renditedreieck.

38 https://de.allianzgi.com/de-de/maerkte-und-themen/expertenmeinungen/dividendenstudie-2025

39 https://www.test.de/Geschlossene-Fonds-Die-schlimme-Bilanz-einer-Branche-4910691-0/.

40 https://publikationen.ub.uni-frankfurt.de/frontdoor/index/index/year/2021/docId/57949.

41 https://www.dsw-info.de/anlegerschutz/investmentfonds/.

42 Stand Oktober 2024: https://www.spglobal.com/spdji/en/research-insights/spiva/about-spiva.

43 https://www.oliverwyman.de/content/dam/oliver-wyman/v2-de/publications/2018/Nov/POV_OliverWyman_Kundenloyalit%C3%A4t_bei_Banken.pdf; https://www.destatis.de/DE/Themen/Querschnitt/Demografischer-Wandel/Hintergruende-Auswirkungen/demografie-ehen.html?t.

44 https://cdn.extraetf.com/downloads/research/2024/extraETF-Studie-ETF-Marktstatistik-August-2024.pdf.

45 https://www.test.de/Anlagestrategie-Pantoffelportfolio-Einzahlphase-5179990-0/?t.

46 Stand: 31.08.2024.

47 https://www.boerse-frankfurt.de/wissen/wertpapiere/etfs-und-etps/in-etfs-anlegen/absicherung-der-wechselkursrisiken.

48 Im Mittel = 0,75 Prozent extra Kosten.

49 https://envestor.de/etf-gebuehren.

50 Die BaFin hat 2013 strengere Regeln eingeführt, z. B. mindestens zwölfmonatige Abrechnungsperioden oder dass Verluste erst aufgeholt werden müssen, bevor neue Gebühren anfallen.

51 https://opus4.kobv.de/opus4-whu/files/508/pm260808_a2.pdf.

52 https://www.dasinvestment.com/offene-immobilienfonds-juli-2024-abfluesse-steigen.

53 https://www.boerse-frankfurt.de/nachrichten/offene-immobilienfonds-zu-riskant-wegen-fehlender-marktnaehe.

54 https://www.portfolio-institutionell.de/kein-kompromiss-sondern-ein-komplement/?t.
55 https://www.justetf.com/de/academy/rohstoffe-und-inflation.html?t.
56 Edelmetall-Handbuch der Deutschen Börse.
57 https://www.xetra-gold.com/fileadmin/user_upload/Downloads_Deutsch/Studien/Mercer_Goldstudie_2020_Report_Deutsch.pdf.
58 Stand November 2024: https://coinmarketcap.com/.
59 https://bitmarkets.com/de/insights/article/bitcoin-etf-institutional-adoption-soars-25?t.
60 https://koinly.io/de/guides/krypto-steuer-deutschland.
61 https://extraetf.com/de/wissen/kryptowaehrungen-im-etf-portfolio#alles-was-man-uber-den-einsatz-von-kryptowahrungen-im-portfolio-wissen-muss.
62 https://envestor.de/themen-etfs-performance-2023.
63 https://gerd-kommer.de/investieren-in-ipos/?t.
64 https://www.whitebox.eu/finanzwissen/magazin/home-bias.
65 https://www.ch.vanguard/content/dam/intl/europe/documents/ch/de/etf-trading-guidance-best-practices-eu-de-pro.pdf.

Literaturverzeichnis

Link-Tipp: Liste hilfreicher Websites und weiterführender Angebote

Da Verlinkungen oft schneller altern als bedrucktes Papier, haben wir auf der Webseite zum Buch investieren-mit-weitblick.de etliche der hier genannten Tools und Informationsquellen zusammengestellt.

George S. Clason: *Der reichste Mann von Babylon: Erfolgsgeheimnisse der Antike – Der erste Schritt in die finanzielle Freiheit.* München: Goldmann, 2002.

Christoph Geyer: *Einfach richtig Geld verdienen mit Technischer Analyse.* Weinheim: Wiley, 2022.

Prof. Dr. Holger Graf: *When Lambo? Ein ehemaliger Goldman Sachs Banker erklärt die Finanzwelt.* Selfpublished, 2024.

Birgit Happel: *Auf Kosten der Mütter: Warum finanzielle Selbstbestimmung für Frauen mit Familie so wichtig ist – Mit vielen Tipps zur Geldbiografie.* München: Kösel, 2023.

Napoleon Hill: *Die deutsche Ausgabe von ›Think and Grow Rich‹.* München: FBV, 2021.

Dr. Gerd Kommer: *Souverän investieren mit Indexfonds und ETFs. Ein Investmentbuch für fortgeschrittene Privatanleger.* Frankfurt am Main: Campus, 2024.

Andre Kostolany: *Die Kunst, über Geld nachzudenken: Das Vermächtnis des Börsengurus: Börsen verstehen und reich werden.* Berlin: Ullstein, 2015.

Claudia Müller und Isabel Sorg: *Über Geld spricht man doch! Wie Kinder spielerisch einen guten Umgang mit Geld lernen.* München: Kösel, 2024.

John J. Murphy: *Technische Analyse der Finanzmärkte.* München: FBV, 2006.

Lisa Osada: *Aktien-Life-Balance: Entspannt investieren in Wertpapiere und ETFs mit @Aktiengram.* München: EMF, 2023.

Jessica Schwarzer: *Wie wirklich jeder entspannt reich werden kann: 15 Ausreden, die nicht mehr zählen.* München: FBV, 2021.

Martin Weber et al.: *Die genial einfache Vermögensstrategie: So gelingt die finanzielle Unabhängigkeit.* Frankfurt am Main: Campus, 2020.

Glossar

72er-Regel: Faustformel, mit der es sich schnell abschätzen lässt, wie lange es dauert, bis sich investiertes Kapital verdoppelt. 72 / Jahresrendite = Dauer der Verdopplung in Jahren.

Abschlagsteuer: Die Abschlagsteuer (25 Prozent plus Solidaritätszuschlag und ggf. Kirchensteuer), auch Abgeltungssteuer genannt, ist auf Kapitalerträge wie Zinsen, Dividenden und realisierte Kursgewinne zu bezahlen. Sie fällt direkt an der Einnahmequelle bei der Depotbank an.

Aktien: Aktien sind Anteile an einem Unternehmen. Den Aktionärinnen und Aktionären gehört ein Stück des Unternehmens. Je nach Ausgestaltung sind mit Aktien verschiedene Rechte verbunden: Recht auf Gewinnbeteiligung und Stimmrechte etwa.

Aktienfonds: Ein Aktienfonds ist ein Portfolio mit einer Mindestanzahl verschiedener Aktien unterschiedlicher Unternehmen. Eine Art Korb, der es Anlegerinnen und Anlegern ermöglicht, mit dem Kauf von Fondsanteilen an der Wertentwicklung vieler Aktien gleichzeitig teilhaben zu können.

Aktienmarkt: Der Aktienmarkt ist der Bereich des Kapitalmarkts, auf dem Anteile an Unternehmen in Form von Aktien gekauft und verkauft werden.

Aktiensplit: Bei einem Aktiensplit teilt ein Unternehmen die bestehenden Aktien in kleinere Anteile auf, ohne dass der Gesamtwert des Unternehmens sich verändert. Beispielsweise werden aus einer Aktie zwei Aktien, die denselben Anteil am Unternehmen bedeuten. Bei einem reversen Split werden Aktien zusammengelegt.

Aktionär, Aktionärin: eine Person oder Institution, die Aktien eines Unternehmens besitzt und damit Anteilseignerin des Unternehmens ist.

Aktive ETFs: Aktive ETFs sind börsengehandelte Fonds, die sich auf einen Index beziehen, in der Auswahl der Wertpapiere im Fonds aber auch aktiv eingreifen. Ziel ist eine bessere Wertentwicklung als der Index.

Altcoin: Coin, Englisch für Münze, ist ein Synonym für eine Kryptowährung. Bitcoin war die erste Kryptowährung. Als Altcoins werden alle anderen Kryptowährungen bezeichnet.

Anlageklassen: Vermögensgegenstände mit sehr ähnlichen Eigenschaften, deren Preise unterschiedlich auf Rahmenbedingungen wie Zinsen oder Konjunkturentwicklungen reagieren. Klassische Anlageklassen sind Aktien, Anleihen, Immobilien oder Rohstoffe, alternative Anlageklassen sind Private Equity, Kunst, Schmuck, Oldtimer oder Kryptowährungen.

Anlagestrategie: Plan, mit der Investition von Kapital bestimmte finanzielle

Ziele zu erreichen, basierend auf persönlichen Zielen, Risikobereitschaft und möglichen Marktentwicklungen.

Anlagezertifikate: Anlagezertifikate sind Schuldverschreibungen von Banken, deren Wertentwicklung an einen Basiswert gebunden ist. Das können zum Beispiel Aktien, Indizes, Rohstoffe oder Währungen sein.

Anleger, Anlegerin: Person oder Institution, die Kapital in Wertpapiere investiert, meist mit Renditezielen, es gibt aber auch andere Motive wie Finanzierung einer bestimmten Sache oder Aufbewahrung von Geld.

Anleihen: Wertpapier, das von Unternehmen, Staaten oder anderen Organisationen ausgegeben wird, um sich von den Käuferinnen und Käufern Geld zu leihen. Diese bekommen dafür Zinsen.

Asset-Backed Securities (ABS): handelbare Wertpapiere, die durch Vermögenswerte oder Forderungen, wie Krediten oder Leasingverträgen, besichert sind. Die zugrunde liegenden Vermögenswerte erwirtschaften regelmäßige Rendite.

Ausgabeaufschlag: Traditionelle Gebühr, die beim Kauf von Fondsanteilen oder anderen Finanzprodukten erhoben wird. Ursächlich als Bezahlung für Beratung und Vertrieb gedacht, sind diese Kosten aus der Zeit gefallen. Banken und Fondsgesellschaften erheben sie noch, es gibt aber Möglichkeiten wie spezielle Fondsplattformen und den Handel über die Börse, um Ausgabeaufschläge zu vermeiden.

BaFin (Bundesanstalt für Finanzdienstleistungsaufsicht): deutsche Aufsichtsbehörde für Banken, Versicherungen und Finanzdienstleister, die den Schutz der Anleger und die Stabilität des Finanzsystems sicherstellt.

Bärenmärkte: Börsenphase mit fallenden und dann stagnierenden Preisen an den Börsen. Anlegende haben pessimistische Erwartungen und sind nicht bereit, zu investieren. Wer bereits investiert ist, setzt auf Durchhalten. Das Gegenteil mit positiven Erwartungen und steigenden Preisen sind Bullenmärkte.

Basiswerte: Vermögenswerte wie Aktien, Anleihen, Rohstoffe oder Indizes, auf denen Derivate basieren. Das können Terminmarktpapiere wie Optionen oder Futures sein, aber auch Zertifikate und Hebelpapiere. Die Basiswerte bestimmen die Wertentwicklung des Derivats.

Berater, Beraterin: Fachperson mit gesetzlich geregelter Zulassung, die Kundinnen und Kunden in finanziellen Angelegenheiten auf deren persönliche Situation zugeschnitten berät und ihnen hilft, geeignete Anlagestrategien zu entwickeln.

Bluechips, auch Large Caps: Aktien großer, etablierter Unternehmen mit hohem Börsenwert.

Bonität: Kreditwürdigkeit eines Unternehmens oder einer Person. Die Bonität gibt an, wie wahrscheinlich es ist, dass Schulden wie z. B. ausgegebene Anleihen zurückgezahlt werden.

Börsenfreund, Börsenfreundin: jemand mit Interesse an Geld- und Anlagethemen, mit dem man sich darüber austauschen kann.

Börsengang: Aktien eines Unternehmens werden erstmals an der Börse gehandelt. Werden diese Aktien zum ersten Mal überhaupt der Öffentlichkeit angeboten, spricht man von einem IPO, kurz für Initial Public Offering.

Börsentagebuch: digitales Tool oder Buch, in dem du deine Orders mit Kauf- und Verkaufspreisen und idealerweise den dahinterliegenden Überlegungen notierst, damit du die Wertentwicklung leichter verfolgen und deine eigene Strategie entwickeln kannst.

Cash: Anlageklasse der sofort verfügbaren Finanzmittel, umfasst Bargeld in Form von Münzen und Banknoten, Tagesgeld und Guthaben auf Sparbuch und Girokonto sowie Anleihen und Festgeld mit Laufzeiten unter einem Jahr.

Cashflow: Geldfluss eines Unternehmens, gemessen werden Zufluss und Abfluss liquider Mittel innerhalb eines bestimmten Zeitraums.

Closet Indexing, auch Indexschmusen genannt: Aktives Fondsmanagement investiert in Wertpapiere, die in ähnlicher Gewichtung im Vergleichsindex enthalten sind, dessen Wertentwicklung aber übertroffen werden sollte. Wegen der höheren Kosten meist weniger rentabel aus Anlagesicht.

Cost-Average-Effekt, auf Deutsch Durchschnittskosteneffekt: regelmäßige Investments mit festem Betrag in Wertpapiere wie Aktien, Fonds oder ETFs, deren Preise schwanken, führen zum Kauf von mehr Anteilen bei niedrigen Kursen. Dadurch sinkt der durchschnittliche Kaufpreis. Höhere Renditen sind statistisch nicht nachweisbar, der Effekt wirkt sich vor allem auf das persönliche Sparverhalten positiv aus.

Credit Spreads: Unterschiede zwischen den Renditen von Anleihen mit unterschiedlichen Risiken; sie geben Aufschluss über die Risikobewertung aus Anlagesicht und damit das Vertrauen in die Kreditwürdigkeit des Anbieters. Häufig werden die Credit Spreads ähnlicher Emittenten verglichen, wie zum Beispiel einzelner Staaten. Der Credit Spread zum risikolosen Zins drückt die Risikobewertung für eine einzelne Anleihe aus.

Datenblatt: Zusammenfassung aller wichtigen Kennzahlen, Kursdaten, Stammdaten, Nachrichten und Unternehmensangaben zu einem Wertpapier auf einer Finanz- und Börsenwebseite.

DAX: wichtigster deutscher Aktienindex mit den 40 größten börsennotierten Unternehmen des Landes nach ihrem Börsenwert. Der Börsenwert ergibt sich aus Kaufpreis mal Anzahl der handelbaren Aktien.

Depot: Konto für Wertpapiere zur Verwahrung und Verwaltung von Investments wie Aktien, Anleihen und Fonds.

Depth Relations: Kommunikation der Unternehmen mit ihren Anlegerinnen und Anlegern nennt man Investor Relations, speziell bei Anleihen auch Depth Relations.

Derivate: Finanzinstrumente, deren Wert von einem zugrunde liegenden Vermögenswert abhängt; sie werden häufig zur Absicherung oder Spekulation eingesetzt.

Diversifikation: Verteilung der Investments auf verschiedene Anlagenklassen und innerhalb einer Anlageklasse auf diverse Aktien, Anleihen oder Immobilien; Ziel ist ein geringeres Risiko, weil Verluste in einer Anlage durch Gewinne in einer anderen ausgeglichen werden können.

Dividende: Ausschüttung von Unternehmensgewinnen an Aktionäre und Aktionärinnen; sie wird auf der Hauptversammlung festgelegt und meist in Form von Bargeld ausgezahlt, seltener in zusätzlichen Aktien oder Sachdividenden. Legendäre Beispiele für Sachdividenden war der Kasten Bier von Binding oder der Schlafanzug von Calida.

Dotcom-Bubble: beschreibt den spekulativen Anstieg der Bewertungen von Internetunternehmen Ende der 1990er-Jahre, gefolgt von einem dramatischen Crash im Jahr 2000. Dotcom stammt von den Internetadressen mit .com am Ende. Deutsches Pendant ist der Ausdruck »Irgendwas mit Internet«. Bubble ist eine Blase.

Duration: misst das Zinsänderungsrisiko eines festverzinslichen Wertpapiers. Die Duration gibt an, wie empfindlich der Preis einer Anleihe gegenüber Zinsänderungen ist.

Effektive Rendite: tatsächliche Rendite eines Investments unter Berücksichtigung aller Kosten und Erträge über einen bestimmten Zeitraum.

Eigenkapitalrendite: Gewinn eines Unternehmens im Verhältnis zum eingesetzten Eigenkapital, zeigt die Rentabilität für Aktionärinnen und Aktionäre an.

Emittent: eine Institution oder ein Unternehmen, das Wertpapiere ausgibt, um sich Kapital zu beschaffen.

Emittentenrisiko: Risiko eines Verlustes wegen Zahlungsunfähigkeit des Anbieters eines Wertpapiers; relevant bei Schuldverschreibungen aller Art wie Anleihen oder Zertifikaten.

ETC (Exchange Traded Commodity): börsengehandelte Wertpapiere, die den Preis eines Rohstoffs abbilden und das Investment in diesen ermöglichen; anders als ETFs rechtlich Schuldverschreibungen, werden jedoch gehandelt wie ETFs.

ETF (Exchange Traded Funds): Investmentfonds, die mit bestimmten

Transparenzregeln an Börsen gehandelt werden und eine Vielzahl von Vermögenswerten enthalten oder abbilden können; rechtlich Sondervermögen.

ETF-Sparplan: Ein ETF-Sparplan ermöglicht es, regelmäßig zu festen Raten in börsengehandelte Fonds (ETFs) zu investieren und so schrittweise ein Portfolio aufzubauen; ist eine der beliebtesten Sparformen der Gegenwart.

ETN (Exchange Traded Note): börsengehandelte Wertpapiere, die den Preis eines anderen Wertpapiers, eines Währungspaars u.a. abbilden und es damit investierbar machen; rechtlich wie ETCs Schuldverschreibungen, werden jedoch gehandelt wie ETFs.

Euro Short-Term Rate, kurz €stra: Referenzzinssatz der Europäischen Zentralbank für Über-Nacht-Kredite in Euro; Nachfolger des Euribor.

Factsheet: siehe Datenblatt.

Fair Value: der innere Wert eines Wertpapiers, vor allem bei Aktien relevant, bezeichnet dessen geschätzten tatsächlichen Wert und kann mit verschiedenen Methoden berechnet werden. Eine davon sind die abgezinsten zukünftigen Gewinne. Auch bei ETFs und Derivaten bezeichnet der Fair Value den tatsächlichen Wert in Abweichung vom Marktpreis, der durch Angebot und Nachfrage entsteht.

Festgeld: Sparprodukt mit fester Laufzeit und garantiertem Zinssatz; das Geld ist während der Zeit nicht verfügbar.

Finanzplanung: Analyse der finanziellen Situation einer Person oder eines Unternehmens zur Sicherung der langfristigen Finanzierung oder zur Erreichung anderer finanzieller Ziele.

Finfluencer: Influencer im Finanzbereich mit nennenswerter Reichweite in den Social-Media-Kanälen, die über Investitionen und persönliche Finanzen informieren.

Fractions: Bruchteile von Wertpapieren oder Anteilen; sie ermöglichen es Anlegern und Anlegerinnen, kleinere Beträge zu investieren, fallen bei Sparplänen mit festen Beträgen statt Stückzahlen an.

Geldmarkt-ETFs: Fonds, die in kurzfristige Geldmarktinstrumente wie Schatzwechsel oder Termingelder zur Erzielung stabiler Erträge investieren.

Gesamtkostenquote: siehe TER.

Handelsspannen: Unterschied zwischen Kauf- und Verkaufspreisen eines Wertpapiers; Teil der indirekten Handelskosten bei einem Investment.

Herdentrieb: Phänomen an der Börse, dass Anlegerinnen und Anleger dazu neigen, das Verhalten anderer Marktteilnehmer bei steigenden oder fallenden Kursen nachzuahmen, ohne eigene kritische Analyse oder Recherche; Motiv dahinter sind häufig Angst oder Gier.

Honorarberatung: Finanzberatung gegen Honorar, häufig unabhängig von Banken und eine gute Alternative zur provisionsbasierten Bankberatung.

ICO (Initial Coin Offering): ICOs sind Finanzierungsmethoden für Kryptowährungsprojekte, bei denen neue digitale Token verkauft werden.

Index: statistisches Maß zur Verfolgung der Wertentwicklung einer Gruppe von Vermögenswerten oder Märkten.

Indexfonds: Investmentfonds, deren Ziel es ist, einen bestimmten Marktindex abzubilden, indem sie in der Regel in die Wertpapiere im Index investieren; sie bieten breite Diversifikation bei niedrigen Kosten an. Erfüllen sie bestimmte Transparenzregeln, gelten sie als ETFs.

Inflation: allgemeiner Anstieg der Preise für Waren und Dienstleistungen über einen bestimmten Zeitraum; verringert die Kaufkraft des Geldes.

Innerer Wert: siehe Fair Value.

Investor Relations: Investor Relations umfasst alle Kommunikationsmaßnahmen eines Unternehmens gegenüber seinen Aktionärinnen und Aktionären zur Bereitstellung relevanter Informationen über das Unternehmen.

IPO: siehe Börsengang.

Kapitalertragssteuer: siehe Abgeltungssteuer.

Kapitalmarkt: Teil des Finanzmarktes für langfristige Finanzierungen durch den Handel mit Aktien und Anleihen. Andere Bereiche des Finanzmarkts sind der Geld-, Kredit- oder Devisenmarkt.

Konjunkturindikatoren: wirtschaftliche Datenpunkte wie Verbrauchervertrauen, Wachstum des Bruttoinlandsprodukts oder Arbeitslosenquote zur Beurteilung der wirtschaftlichen Lage eines Landes.

Korrelation: misst den Zusammenhang zwischen zwei Variablen. In der Finanzwelt zeigt sie an, wie sich zwei verschiedene Anlagen zueinander verhalten, und wird in absoluten Werten zwischen -1 und 1 ausgedrückt. Bei einem Wert von +1 entwickeln sich beide Geldanlagen exakt gleich, bei -1 genau in die gegenläufige Richtung, 0 zeigt keinen Zusammenhang.

Kryptowährungen: digitale Währungen basierend auf Blockchain-Technologie; sie ermöglichen dezentrale Transaktionen ohne zentrale Autorität wie eine Zentralbank.

Kupon: Zinssatz einer Anleihe, die zudem regelmäßig verzinst wird; bezieht sich auf den nominalen Wert der Anleihe.

Kursindex: Ein Kursindex misst nur die Preisentwicklung eines Marktes ohne Berücksichtigung von Dividendenzahlungen. Große internationale Indizes wie S&P 500 und STOXX Europe 600 werden meist als Kursindex angegeben, der DAX dagegen als Performance inklusive Dividenden.

Large Caps: siehe Bluechips.

Leitzins: Der Leitzins ist der Zinssatz, zu dem Banken Geld bei der Zentralbank leihen können; bestimmt das allgemeine Zinsniveau in einer Volkswirtschaft.

Liquidität: Fähigkeit eines Vermögenswerts, schnell ohne signifikanten Preisverlust in Bargeld umgewandelt zu werden.

Market Maker: Finanzmarktteilnehmer, der für bestimmte Finanzinstrumente An- und Verkaufskurse bereitstellt und damit Handel ermöglicht, auch wenn in diesem Moment kein direkter Gegenpart für eine Transaktion vorhanden ist.

Marktzins: Zinssatz, der auf dem Markt für Kredite und Anlagen gilt. Er wird durch Angebot und Nachfrage bestimmt, die sich am Leitzins orientiert.

Maximum Drawdown: Risikomaß, das historisch den größtmöglichen Rückgang des Preises vom höchsten bis zum tiefsten Punkt innerhalb eines bestimmten Zeitraums misst.

Mid Caps: Unternehmen mit mittelgroßer Marktkapitalisierung, liegen zwischen den Large- und Small Caps.

Modifizierte Duration: Zinsänderungsrisiko eines festverzinslichen Wertpapiers unter Berücksichtigung seiner Laufzeit und Kuponzahlungen.

Multi-Asset-ETF: börsengehandelter Indexfonds, der in verschiedene Anlageklassen investiert, häufig Aktien und Anleihen, meist mit einer festen Aufteilung.

Nennwert: Nominaler Wert einer Anleihe, auf den sich die Verzinsung und die Rückzahlung bezieht; bemisst den Anteil, den man an einer Anleihe hält. Gekauft und verkauft wird die Anleihe zum aktuellen, realen Preis, der durch Angebot und Nachfrage entsteht. Aktien können traditionell auch einen Nennwert haben, der aber für die Anlage nicht mehr von Bedeutung ist.

Neobroker: digitale Finanzdienstleister, die den Handel mit Wertpapieren hauptsächlich über Online-Plattformen oder Apps anbieten. Sie haben häufig niedrige Handelsgebühren und richten sich vor allem an Privatanlegende, die selbstständig investieren möchten.

Nettoinventarwert (NAV): gibt den aktuellen Marktwert aller Vermögenswerte eines Fonds abzüglich seiner Verbindlichkeiten pro Anteil an. Bei ETFs wird minütlich ein indikativer Nettoinventarwert auf Basis der aktuellen Börsenpreise der Wertpapiere berechnet, in die der ETF investiert ist.

Optionen: Finanzinstrumente, die dem Käufer das Recht geben, aber nicht die Pflicht, einen bestimmten Vermögenswert zu einem festgelegten Preis innerhalb eines bestimmten Zeitraums zu kaufen oder zu verkaufen.

Pari: wenn der aktuelle Preis einer Anleihe ihrem Nennwert entspricht, nennt man das pari. In der Praxis: 100 Prozent an der Anleihe kosten 100 Prozent in Euro. Liegt der darüber, nennt man das über pari, darunter entsprechend unter pari.

PFOF (Payment for Orderflow): Der Neobroker erhält für die Weiterleitung von Kundenaufträgen vom Handelsplatz, meist ein Market Maker, eine Zahlung.

Performance-Index: bezieht Zins- und Dividendenzahlung der Wertpapiere im Index in die Berechnung mit ein. Der DAX wird in der Regel als Performance-Index veröffentlich. Siehe Kurs-Index.

Pfandbrief: besichertes Wertpapier, das von Banken ausgegeben wird und durch Hypotheken oder öffentliche Kredite gedeckt ist; gilt deswegen als relativ sicher.

Quanto: bezeichnet die Absicherung von Währungsrisiken bei einem Zertifikat.

Rating-Agentur: bewerten laufend die Kreditwürdigkeit von Unternehmen und Staaten, um eine Einschätzung des Risikos eines Investments zu ermöglichen.

Rebalancing: Prozess der laufenden Anpassung eines Portfolios, um die ursprüngliche Aufteilung auf verschiedene Anlageklassen wiederherzustellen, weil sich durch Preisveränderungen die Anteile verändert haben.

REITs (Real Estate Investment Trusts): Unternehmen, die in Immobilien investieren und ihre Einnahmen hauptsächlich durch Mieteinnahmen oder den Verkauf von Immobilien erzielen; sie ermöglichen den Zugang zu Immobilienmärkten.

Rendite: Gewinn oder Verlust eines Investments im Verhältnis zum eingesetzten Kapital, wird oft als Prozentsatz pro Jahr ausgedrückt.

Riester-Rente: staatlich geförderte private Altersvorsorge in Deutschland, die vor allem für Arbeitnehmer und deren Familien gedacht ist.

Risiko: Unsicherheit über zukünftige Erträge eines Investments; umfasst sowohl das Potenzial für Verlust als auch für Gewinn.

Risikoloser Zins: Basiszinssatz in einer Volkswirtschaft, die auf dem Leitzins basiert.

Risikostreuung: siehe Diversifikation.

Robo-Advisor: automatisierte Plattformen zur Vermögensverwaltung, die mithilfe von Algorithmen und basierend auf den Zielen und dem Risikoprofil Anlagestrategien erstellen und umsetzen.

Rohstoffe: natürliche Ressourcen oder landwirtschaftliche Produkte, die auch als Wertpapier gehandelt werden können, wie Öl, Gold oder Weizen.

Rürup-Rente: Die Rürup-Rente ist eine Form der privaten Altersvorsorge in Deutschland, die sich besonders an Selbstständige und Freiberufler richtet und steuerliche Vorteile bietet.

Schutzklausel, auch Convenant: Regeln in Verträgen; bei Anleihen bieten sie Anlegenden und Anbietern bestimmte Rechte wie Sonderkündigungen.

Sharpe-Ratio: Risiko-adjustiertes Verhältnis von Ertrag zu Risiko eines Investments. Hilft zu beurteilen, ob Anlegende für das eingegangene Risiko angemessen durch Rendite entlohnt werden.

Sonderkündigungsrecht: erlaubt es einem Vertragspartner, einen Vertrag unter bestimmten Bedingungen vorzeitig zu beenden. Üblich bei Anleihen, wenn sich bestimmte Rahmenbedingungen ändern.

Sparplan(rate): regelmäßige Einzahlung in ein Anlageprodukt, um über Zeit Kapital aufzubauen; oft genutzt für langfristige Ziele wie Altersvorsorge.

Squeeze-out: Prozess, bei dem Minderheitsaktionäre unfreiwillig aus einer Gesellschaft ausgeschlossen werden, meist durch Mehrheitsaktionäre.

StaRUG (Gesetz über den Stabilisierungs- und Restrukturierungsrahmen): Das StaRUG ermöglicht Unternehmen in finanziellen Schwierigkeiten eine frühzeitige Restrukturierung zur Vermeidung einer Insolvenz. Die Anteile von Minderheitsaktionären können ohne Entschädigung wertlos werden im Prozess.

Steuerfreibetrag, auch Sparer-Pauschbetrag: beträgt 1.000 Euro pro Jahr für Singles und 2.000 Euro für Verheiratete (Stand Dezember 2024). Dieser Freibetrag gilt für alle Kapitalerträge, einschließlich Aktiengewinne und Dividenden. Gewinne und Erträge bis zu diesem Betrag sind steuerfrei.

Stock-Picking: Auswahl einzelner Aktien durch Anleger mit dem Ziel, eine höhere Rendite als der Markt zu erwirtschaften.

Stop-Loss-Orders: Aufträge zum Verkauf eines Wertpapiers, wenn dessen Preis einen bestimmten Punkt erreicht oder unterschreitet; Ziel ist die Begrenzung von Verlusten.

Strategisches Investieren: langfristige Anlagestrategie mit einem Zeithorizont von mindestens acht bis zehn Jahren.

Stückelung: Aufteilung eines Wertpapiers in kleinere Einheiten. Bei Anleihen sind es die Beträge, die investiert werden können; meist in 1.000er- oder 100.000er-Schritten.

Systematisches Risiko: beschreibt das Risiko von Verlusten durch Marktbewegungen; kann nicht durch Diversifikation innerhalb des gleichen Marktes verhindert werden.

Taktisches Investieren: Anlagestrategie, bei der Investierende versuchen, von kurz- und mittelfristigen Marktbewegungen zu profitieren.

Technische Analyse: Methode zur Bewertung von Wertpapieren und Prognose zukünftiger Preisentwicklungen durch Analyse statistischer Daten wie Preisbewegungen und Handelsvolumen. Die Ideen: Alle relevanten

Informationen – fundamentale, politische, psychologische oder sonstige Faktoren – spiegeln sich bereits im aktuellen Marktpreis wider, Preise entwickeln sich in Trends, Geschichte wiederholt sich.

Termingeld: siehe Festgeld.

Terminmarkt: Markt für den Handel mit Terminkontrakten, bei denen Käufer und Verkäufer sich auf zukünftige Preise einigen.

Transaktionspreis: Preis, zu dem ein Kauf oder Verkauf eines Vermögenswerts tatsächlich stattfindet.

Transparenz: Offenheit und Klarheit von Informationen, Preisen und Bedingungen in Finanzmärkten oder -produkten.

UCITS (Undertakings for Collective Investment in Transferable Securities): EU-Regulierung für Investmentfonds, die strengen Auflagen unterliegt und Anlegern Schutz bietet.

Unsystematisches Risiko: spezifische Risiken eines Investments durch das Unternehmen selbst; kann durch Diversifikation reduziert werden.

Vehikel (Investmentvehikel): Finanzinstrumente oder -strukturen wie Fonds oder Zertifikate, über die Anleger in Wertpapiere investieren können.

Vermögensverwaltung: professionelle Dienstleistungen für Investments im Auftrag von Kundinnen und Kunden; kann Anlageentscheidungen und -umsetzung beinhalten.

Vermögenswirksame Leistungen (VL): teils staatlich geförderte Sparleistungen eines Arbeitgebers zur Förderung des Vermögensaufbaus der Mitarbeitenden.

Verrechnungskonto: dient zur Abwicklung von Zahlungen in Zusammenhang mit einem Wertpapierdepot.

Verschuldungsgrad: Verhältnis von Schulden zu Eigenkapital eines Unternehmens; zeigt dessen finanzielle Stabilität an.

Volatilität: Schwankungsbreite der Preise eines Wertpapiers oder eines Index über einen bestimmten Zeitraum; hohe Volatilität bedeutet größere Preisschwankungen.

Währungsrisiko: Risiko von Verlusten aufgrund von Wechselkursänderungen bei internationalen Investitionen.

Wertpapierprospekt: gesetzlich vorgeschriebenes und reguliertes Dokument mit Informationen über ein Finanzinstrument, das potenziellen Investoren zur Verfügung gestellt und von der BaFin freigegeben wird.

Xetra: Handelsplatz und Börse; Referenzmarkt für wichtige deutsche Aktien weltweit und ETFs in Europa.

Zentralbanken, Synonym Notenbanken: Institutionen, die Geldpolitik betreiben und das Bankensystem eines Landes regulieren; sie steuern unter anderem Zinssätze und Geldmengen.